姜维公　主编

吉林省文化发展专项资金项目“‘三交’视域下《中国地方志集成》中吉林地区古代民族史料汇编(批准号:001001006006)”结项成果

吉林旧志中社会生活与社会流动史料整理与研究

——以《中国地方志集成·吉林府县志辑》为中心

黄为放　吴诗玙　高鸣阳　著

全国百佳图书出版单位

图书在版编目（CIP）数据

吉林旧志中社会生活与社会流动史料整理与研究：以《中国地方志集成·吉林府县志辑》为中心 / 黄为放，吴诗玙，高鸣阳著. -- 长春：长春出版社，2024. 12.
(松江丛书 / 姜维公主编). -- ISBN 978-7-5445-7655-0

Ⅰ. D691.9

中国国家版本馆 CIP 数据核字第 20241KM159 号

吉林旧志中社会生活与社会流动史料整理与研究：以《中国地方志集成·吉林府县志辑》为中心

著　　者　黄为放　吴诗玙　高鸣阳
责任编辑　孙振波　闫　伟
封面设计　宁荣刚

出版发行　长春出版社
总 编 室　0431-88563443
市场营销　0431-88561180
网络营销　0431-88587345
地　　址　吉林省长春市朝阳区硅谷大街7277号
邮　　编　130103
网　　址　www.cccbs.net

制　　版　荣辉图文
印　　刷　三河市华东印刷有限公司

开　　本　170毫米×240毫米　1/16
字　　数　310千字
印　　张　19
版　　次　2024年12月第1版
印　　次　2025年3月第1次印刷
定　　价　108.00元

整理说明

一、《吉林旧志中社会生活与社会流动史料整理与研究——以〈中国地方志集成·吉林府县志辑〉为中心》主要收集清代、民国时期吉林地区旧志中的社会生活和社会流动的史料，并进行学术研究。“旧志”指吉林省1949年以前的地方志书。本书时间范围上溯清代、下限至中华人民共和国成立为止（1616—1949），部分史料根据需要延伸至1949年以后。参考《〈中华民族交往交流交融史料汇编〉编纂体例》的解读，本书将吉林旧志中“社会生活”与“社会流动”的相关史料分为“服饰、饮食、居住与出行”“婚姻与丧葬风俗”“礼教”“教育”“交通”“族群与民事”等部分进行整理。

二、书中涉及的吉林旧志以《中国地方志集成·吉林府县志辑》所收录方志为主，少数旧志来自《长白丛书》《中国边疆研究文库·东北边疆卷》等。这些方志主要包括：金毓黻《民国长春县志》；石绍廉编《民国德惠县乡土志》；吉人修，吴荣桂、陈永奉纂《民国双阳县乡土志》；打牲乌拉总管衙门纂修《光绪打牲乌拉地方乡土志》；吴录贞修，周维桢纂《民国延吉县志》；姚祖训修，毛祝民纂《民国磐石县乡土志》；王瑞之编《民国辉南风土调查录》；车焕文《民国抚松县志》；刘天成、苏显扬修，张拱垣、于云峰纂《民国辑安县志》；邢麟章、王瀛杰修，李耦纂《民国东丰县志》；伪吉林省公署民生厅《吉林乡土志》；林传甲《大中华吉林省地理志》；张凤台《长白汇征录》；萨英额《吉林外记》；魏声和《鸡林旧闻录》；穆铁森《吉林志书》；杨同桂《吉林舆地说略》等十七部旧志。这些方志底本主要有康熙刻本、木犀轩藏清抄本、道光间刊昭代丛书本、光绪间刊仰视千七百二十九鹤斋丛书本、小方壹斋舆地丛钞本、民国间商务印书馆铅印丛书集成初编本，以及辽海丛书本、1985年黑龙江人民出版社龙江三纪本等十余种。本编对这些旧方志订讹补遗，择善而从。

三、本书分为上下两编，共有十一章，章下分节，内容用文言文表述，以文字记述为主，辅以表格等。上编为“吉林旧志中的各地民众社会生活与社会流动史料”，根据吉林旧志的内容，结合《〈中华民族交往交流交融史料汇编〉编纂体例》，分为服饰、饮食、居住，婚姻与丧葬风俗，礼教，教育，交通，族群与民事六章内容，共设服饰、饮食、居住、婚嫁、丧葬、宗教、祭祀等节；下编为“吉林旧志中各地民众社会生活与社会流动史料研究”，共五章，包含《吉林旧志中社会生活与社会流动史料概论》《枕戈待旦孰同仇，击楫中流空洒涕——宋小濂〈巡阅东省铁路纪略〉记》《曹廷杰方志著作中东北边防措施初探》《〈吉林通志〉国内研究综述》《〈皇华纪程〉所见吴大澂的中俄边界勘察》等对吉林旧志的史料、体例及社会生活与社会流动内容进行整体研究的论文。

四、本书正文中所引史料，文字采用国家统一公布的通用规范汉字，行文遵守现代标点和段落规范。本书在前人基础上对旧志中相关史料进行摘录、点校、分类、整理，对行文中出现的民族名称等问题以注释的形式进行解释。对东北某些地名和族名均保持史料的原始称呼，地名使用现行标准名称。本书借鉴学界研究成果，对重出、讹误、存疑的史料进行辨析、考证，以注释形式列出，适当解读其体现的“三交”内涵。

目　录

上编　吉林旧志中社会生活与社会流动史料整理

下编　吉林旧志中社会生活与社会流动史料研究

上　编
吉林旧志中社会生活与社会流动史料整理

第一章 服饰、饮食、居住与出行史料汇编

一、服饰

《鸡林旧闻录·人口》

混同江中洲渚（西南距伯力四百里），土名敦敦，有薙发黑斤种人之村屯。自此以下，若阿吉、若普禄、若乌洛图，俱蓄发不薙，两鬓修髯，大似日本北海道虾夷。以上四区域，各藏铜坛一器，视为重宝。土人云，先有贵族妇人以是充奁具。稽之前清宬史，每有宗女下嫁东海夷酋之事，其或此欤？

自伯力东北行一千二百余里，至阿吉大山。其间，沿松花江两岸居者，皆称黑斤，亦呼“短毛子”，共约五、六千人，男女皆薙发。女未字者，顶挽椎髻，已嫁，则垂双辫，鼻贯金环，用布一幅，曰“勒勒”，自颈斜掩至膝，宽以掩盖两乳为度。腰以上，剪色布或鱼皮为花贴之，腰下用铜片圆径一寸及二寸许，共二十余枚，凿空如云纹，呼曰“空盆”，以次垂裙上，行则丁冬有声。黑斤语类满人，衣服亦悉如满制，喜紫色，袖束花带，宽二三寸，足着靰鞡（见后），以兽皮或鱼皮为之。自膝至踝，每剪色布或鱼皮为花。男子耳亦戴环，形质稍异。无文字，削木裂革以记事。不知岁闰弦朔，问其年，以食答抹哈鱼（见后）几次为对。夏捕鱼作粮，冬捕貂易货。渔用网，用钩，所驾渔舟，名曰“几喇”，用妇女荡桨。捕貂用藏弩，貂行绳动则射，鼠、鹿、狐、獭皆然，百不失一。善睇兽踪，迹之必获。以数犬驾舟，形如橇，长十一二尺，宽尺余，高如之。雪后则加板于下，铺以兽皮，以钉固之，令可乘人，持篙刺地，上下如飞。游行栖止之处，用树皮或草为小屋，有“安口”（桦皮为之）、“搓罗”（草葺圆棚）、“胡莫纳”（桦皮小圆棚，夏

令所居)，“麻衣嘎”(不薙发黑斤人所居，以上皆捕鱼之舍)、“傲荀”(冬行晚宿之所，以树皮或布为之)、“阿吉嚷莽”(行船晚宿岸边布棚)、“刀伦”(同上)等名目。家居则皆草房，有暖炕。门沿大江，置晾鱼木架。得鱼则割为四片，曝之架，骨投狗食。不识金银，富者蓄蟒缎锦皮，以自封殖。族中酋长，则将先代所遗甲胄，长官所给告身，炫异过客，喜饮酒，醉，辄以示人。子姓卑幼，远行归，左执壶，右捧杯，劝其尊长饮。依亲属之近远，次第跪进一巡。再酌，则亲属各一沾唇，而后自饮。其尊长，旋以嘴亲其两脸。居恒亲故往来，以抱见为礼，见官长则跪拜。好吸烟，终日呼吸自如。无医药，有疾惟跳神祈禳。刻木作圭形，置炕头以祀祖、父。岁久，则送入林中，更刻木肖鸡、鸭、猫、狗形，或为人骑马形，置木匣中，藏于家，名“额奇赫”，亦曰“搜温”。冬入山捕貂，置于林木上，宰牲置酒而跪祷之。又范银或铅，为十余小人形，悬胸次，有祷祝辄为位而奠之。又刻木为熊、虎形置林中，遇吉凶事故，必抱置炕头，陈饮食品跪祷。既毕，仍送原处。又有刻木为人形者，名“喀勒喀马”。夏得青、黄鱼，或冰解烹鲜，则焚香(名“崔克勒”香)陈时食，叩祷如前。此礼专称“搜温”。(契丹有头鱼宴之典礼，当类此)。

生子无论冬夏，概沐以凉水。最忌出痘，一屯偶染，合屯皆徙，或迁出痘人于林中，为“胡莫纳”以居之(见前)，愈而后归。(此俗凡黑斤、奇勒尔、鄂伦春、济勒弥、奇雅喀喇，皆然)。一乡一族各有长，不平往诉，辄集证人评其枉直。其法：杀人者死，余视事轻重，令讼不胜者纳服物以自赎，名曰“纳威勒”。既定，谳讼者及证人皆服，而后乡族之长以杖叩地三四，示无改易。否则再议，一讼动有牵宕累月者。

按：前清同治八年，驻防珲春协领讷穆锦，以地方辽阔，居户星稀，曾派骁骑校博兴，往今之临江赫斤部(珲人呼为肃城大沟)，召来部众男女二百余。是人不改习惯，冬服狍皮，夏服答抹哈鱼皮(珲人即呼此种人为“答抹哈人”)，拟编为旗籍。时值天痘流行，突然发生，死亡过半，半乃逃回，仅剩十余人居此，已四十年，户口亦无所增，习惯与本地人仍各不同，全恃捕猎为生。黑斤人何以患痘独烈，患者辄死，是亦生理学、医学上应研究之疑问。

混同江下游及东海沿岸，其间土著之黑斤族，以薙发与不薙发为大界划。薙发者，自伯力迄阿吉大山止，其习惯风俗既如上所述矣。此类种人，在前清定例，每岁酋长必至三姓副都统署献纳貂皮。自割隶俄国后，俄人常遣希腊教僧，蛊以妖言，又迫令改装。二十年前，华侨众多，习俗薰染，尚不易与之同化，而其间已有一二俄语、俄服，甘为虎伥者。近顷以来，世变势衰，已什有九不知曩年隶属中邦，此土之为戎索矣。不薙发之黑斤种人，自阿吉大山，顺混同江东北行，至黑勒尔地方，两岸居者共约二三千人，俗与薙发黑斤同，惟语言互异，通呼“长毛子”。男垂辫，染济勒弥人风气，多喜弄熊，向亦贡貂于三姓。又自黑勒尔以下，直至混同江入海口，共约六百余里，旧为费雅喀人所居，今则合鄂伦春、奇勒尔二族，统称济勒弥人。女未嫁者，椎髻垂背；嫁则合梳双辫，横束脑后。语言复与不剃发之黑斤不同，而鄂伦春、奇勒尔二族又各能操本部语言，与纯粹土著之费雅喀人有别，但无文字、医药。不知岁时弦朔，钱货庋居则江东诸族固一致也。夏乘小舟，每至口外各岛，江沱海汊，冬驾扒犁至索伦河南，与诸种人为物质交换。每家畜犬数十，既羸老便宰食，而衣其皮，寒暑一裘不易。喜弄熊，呼曰“马发”，富者每以多物换致，习为射戏，亲朋远近聚观。［其俗筑室既成或迁居，则射熊狗，江冰将合，出门行猎则联合为大祭。别射马熊，先食熊头于野，敬其长老，而后家食。食器用木斫成，长六七寸，如舟形，曰“俄边喀图”；如钵形，曰“柯当”；小者曰“木格苏”，妇女惟食熊脾，天癸未净，避不会食。食毕，藏碗林岩中，不留于家，远不祥也，其食麻勒特鱼（见后）亦然］。

混同江口外沿海岛屿，及江之下游土著，满语亦谓奇雅喀喇。英、美国人游历至此，常以重价购其衣服用具以去，为人类学之研究。

外兴安岭以南，黑龙江以东，恒滚河以西、以北土著，则为奇雅喀喇及鄂伦春二种人，善驭四不象，逐兽逾岭，捷如猿猱。今此种人大半已入俄国马队。四不象：蹄似牛，首似马，身如驴，角如鹿，此盖家畜与野兽血统混淆，循物竞进化之原理，遂成此特别之体状。故其性最驯，又善走，且不刍不豢，惟食石苔。石苔，固寒带地方惟一之适宜植物也。需用，絷之使来；暇辄纵牧于山林，任其所之。近是种人并多被俄遣戍于小亚细亚毗连回部地方。至朝鲜人之侨居佣耕该处者，二十年前已一再迫逐，勒令断发充兵，改装入籍。国权不振，凌践由人，初不待日本并吞，情状已惯见矣。

混同江海口一带济勒弥人，亲死，削木为像，略具口眼，衣以熊皮，食必以少许祭纳像口。妻丧夫亦然，增系一犬于像旁，胸次悬刻木小人二，有事辄祷。或刻熊、蛇、山魈形，有大祈禳，则延萨玛教徒为跳神之术。萨玛教为东夷一种宗教，在昔，满洲人亦迷信之（近人著有《俄国政俗通考》混入鞑鞑种中，殊讹错）。此教今日盖在松、黑、乌三江下游，南及朝鲜咸镜诸道，皆染此习。凡人患病，辄延男巫，亦有女觋至家，左执鼓，以铁丝贯钱数十，横系鼓之两耳，胁肩蹈足而行，援桴鼓之，使钱不相并，取其铮锹有声（黑斤等种不用钱，为易中品喜藏此物）。腰围裙曳地，又以长带系铜铃、铁铛裙后，先喃喃作咒，旋作狐、鼠诸精魅，言能作幻人术，以利刃刺病人患处，甚至截作两段，刀出如故。吉林临江等处，亦有此陋俗。至黑斤地方，则先以数人作萨玛状，绕室行，一巫忽由炕跳地，以两足左右跳荡，作诸诡态，吃火饮酒，或索鱼头与狗血，任其意旋，以刃自拟其腹，数壮夫作势推之，皆作仰跌状。问其术，谓“搜温”“额奇苏”诸神，喜跳荡为乐，久不跳便将为祟。该巫自言，能于密室中见星月。又以皮带长数丈，置壁隙，使壮者数辈，坚持其端，而墙外一端自蜿蜒出，外固虚无一人，其恢诡迷妄多类此。济勒弥人，垢秽尤甚，门前皆置晾鱼木架，夏月过之腥恶刺鼻。清初与苦夷（即库页岛上人种）至阿吉大山上游、莫尔气对岸，桑乌林木城中，岁受服物之赏。由三姓副都统署，派旗员将事该族，名曰“穿官”，亦贡献所产貂皮等土物。据土人言：五十年前每年又渡海至西山国“穿官”，即以木城所受清官颁物纳之该国，该国则遣官至所居海滨，赏黄狐、水獭、白貂诸皮，彼此授受俱跪（黑斤、济勒弥人俱呼日本为西山国，至今尚然）。亦至三姓城。自罗刹来，不许我等“穿官”，见土像即毁，弄熊辄阻，又强令截发，妇女畏怕尤甚，安得中国逐去罗刹，言下似不胜慨者（按此系三十余年前情状，今迥异矣）。余谓济勒弥人与日本通使往还，谅其时桦太岛（即库页）尚属日本，为俄以千岛强换以前之事（甲辰年日俄战后，岛又半隶日本），故所言渡海者，即渡萨哈连海湾而至该岛耳。

俄领伯力以东，因拔纳斯科（东北距库页岛五百余里，与阿勒干同为东海沿岸要寨）迤南，同为奇雅喀喇地方。又有一种人，华人通呼其人曰“二腰子”。语言与黑斤、济勒弥又异，盖东夷之别种也。人数约四五千，削木以记事，男女均蓄发，从耳后垂两辫及肩下，用红丝束成椎髻，垂及乳际。其下，又以彩穗贯五色圆珠，陆离缤纷，自为美观。颈后复有彩线，横系双辫，有丧则解去。人死掩棺于土，婚姻由家长主持，其礼俗颇有华风。性更好洁，妇女月必有数日背人独居，其夫亦不与近。勤浣沐，嗜烟酒，多王姓、牛姓，自言系中国牛皋、王贵之后，避乱居此。皋、贵何人？不见历史，疑莫能明也（瑷珲城旁近，窦姓最多，自谓系窦尔东之后，亦迄未见记载）。此可证南美墨西哥荒徼发现沙镜、古钱（十余年前事，两字系刻钱幕者），西域炖煌[1]掘得唐人写本，吾汉族文化踪迹之远到，自古然矣。

“二腰子”之一族，迷信萨玛袄教，一如黑斤。而巫术更神，能为吞刀吐火，吐蛇蛙于地，旋咽嚼无余诸诡状。是人善枪击、骑射（以盈把黄瓤木为弓，长五尺，用兽皮作弦，弛弦则弓直如矢。矢以一种蜂桦木为之，长如臂，镞长如食指。又以黄瓤木为竿，长七尺余，上置利刃，名曰“低答”，即短矛也。此木性劲直，故武器悉取材于此），能与猛兽角斗，独殪熊虎。济勒弥、黑斤等种人，俱畏其勇。冬令出行，乘类似扒犁之踏板橇车，逐兽如飞。顾喜与华人互市，性亦相近，盖乌苏里江左右各夷人，此为半开化之民族矣。是土割畀于俄数十年，独此族人无有与同化者，俄人亦畏惮之，不令编伍易服。

按：以上所记边民风俗，多采自十年前或三五年前游客笔记、官中文牍，皆信而可征。特自前清光绪二十八年，俄国乌苏里铁道告成（此线系双城子接东清路交界驿之枝线，其干线竣工尚早四年，为光绪二十四年），自乌苏里江以东，哈克斯肯之旷野，彼民移植，势如决堤。凡黑斤、济勒弥诸种人，日循天演之公理，渐即凌夷，存者又迫逐迁徙，已半入东北冱寒之区域。恐再阅数十星霜，人种地理学之研究，益无依据。第是种果犹仅存，其俗必无或改，只上述何地，为何种人所栖止，地点不能无移换。阅者要仍以河洮遗族，陷没戎羌，志痛当不以历史陈迹、异域记闻为比也。呜呼！噫嘻！

黑斤、费雅喀、济勒弥[2]人，在今日吉林省东北边。自依兰以东，如桦、富、临、绥等属，皆有其踪迹。但血统多已混合，沿河渔鱼者，辄混称为“鱼皮鞑子”；其傍山林以居之猎人，则称之为“打牲人”，或漫称为“打牲索仑”，第以职业区别之而已。

自吉林改为行省后，旗务处曾筹划安插赫斤人之策：计口授田，十年蠲其租税，使之生聚。据旗务处之调查，在富锦县城，赫斤人当清室初年，有四百余户，三百年来仍不加多，以所生子女多半死于痘疫，生活上太猥陋故也。

吉林省之土著，除八旗外，大抵山东人居多。百年以来，清廷政令解

---

① 即“敦煌”。

② 又写作帖烈灭、吉烈灭、吉烈迷、乞列迷、乞里迷、乞列宾等。

弛，佣工或挖参者先后纷集，日增月盛。凡劳力之人，几于无地非山东人也。其来时，肩负行囊，手持一棒，用以过岭作杖，且资捍卫，故称之为“山东棒子”。最奇者，“鱼皮鞑子”以不通语言、不谙交易，每一“鱼皮鞑子”之家，必用一“山东棒子”，谓之“管家人”。一切家产皆令掌之，并占其室，不以为怪。

……

厥后，韩人越垦土、鸭两江外我岸者日众，更有侵占之意。穆克登立石并已暗移至长白山东南（相距七十里），与红土河源相对，但不知此举属于何年。先是，清廷当光绪八年，有刷还朝鲜流民之议，朝人惧迁，遂取证已移动之穆克登碑，诡言红土河为土门江之初源，又言长白山阴向东北行，有石堆数十，复向东北，有土堆百数（是处为西南登长白山之正道，沿黄花松沟两岸。有云此土石堆系当年禁樵采之标识，或云猎者所置），所以为界者。继乃言，图们、豆满实两江，上国海兰河、布尔哈通河（今延吉境），实土门江。豆满固左右属朝鲜者。光绪十一年，我国遂会勘，始得勘明图们江之源：正源红丹水，北源红土山水，南源西豆水（西豆在韩境。其实北源乃石乙水，红土山水，又石乙之北源，二水合而东南，汇红丹水。未汇合前，统名石乙水）。韩人仍争执，十三年因再勘，而我微退让，允循石乙水为界，俾餍其心。讵知有此一让，葛藤转甚，又改而指红土山中一溪涧为图们正源，卒未解决而罢。以上纷纷，闻皆韩臣鱼允中嗾使。然其时所争，迎拒得失，已不出旧界数十里，历来混指之说，早自消灭矣。此光绪十一年前后事也。五年前（戊申、己酉），中国、日本于吉韩界务忽有重要之问题发生，所谓“间岛”交涉是也。此时，日已预备灭韩，故情形已一变，而日本所凭以为交涉之根据，则原因犹在昔（中韩界务未了，光绪三十年，两国俱欲勘定，以竟前议。而日使内田力阻，以军事未平为解，盖预留翻案地步。时日、俄已备开战也）。

日、俄战事将终，有日人亀井版本等私制地图，潜将我界延吉地方之牛心山脉、海兰河以南，悉绘入韩界。同时，派测绘者至千人，专测此一带土地。日政府月费十万金，侨装密侦之武员有三十三人。而此事之主动发难人斋藤中将亦在内。蓄谋之深远，盖非伊旦夕。光绪三十三年七月十一日，日政府忽有照会致清政府云：“间岛”容为清国抑韩国之领土？今统监府（时日本驻统监于韩都汉城，由伊藤博文充任），派斋藤中将来“间岛”保护韩人。时清廷初不知“间岛”系何解释，而此项无中生有之大交涉，已破空而起。且是照会甫来，而日本所谓保护之兵已北逾图们江进逼，双方齐举，令人错愕。

按：图们江自茂山以下，江滩延亘，以光霁峪前一片之滩地略大，华人名为假江，亦名江通，横里许，纵约数里，本连接左岸我界。光绪七年，韩人往垦，乃私掘一沟，此滩遂宛在江中，仍岁纳租银于我垦局。二十九年，韩官李范允行文妄指假江为“间岛”，混称韩领，垦局拒斥。旋由延吉厅署与订契约云：“古‘间岛’即光霁峪假江地，向准锺城韩人租种，今仍允如旧。”是“间岛”二字时始见于公文，然区区一滩，其细已甚。

按：又一说，“间岛”名词实“垦岛”之讹，以韩人语音垦字读如阚，因口语之音转，又日人时思借此地为侵略根据，遂强作间字云。

中、韩在光绪二十九年之争议，韩指假江为“间岛”，原不过蕞尔土壤，为租借垦种之关系。至中日交涉起，日人乃廓而大之，其说曰豆满江（豆满即图们，以中、韩语音之讹，强歧而为二，日本至是遂亦袭其旧说），各地异名。左侧支流，向西逆溯，中国人谓之布尔哈通河，西南分歧名骇浪河，上游又有南出支流，韩人称为土门江。在豆满、土门间区域为“间岛”（意殆以海兰河南、图们江北，今和龙县境消纳于“间岛”范围。海兰，即彼所称骇浪也）。已又诞而出之其说曰：“间岛”即女真，距豆满江千里之夹皮沟，亦其区域，中有韩氏之小独立国，沿辉发河，达松花江南岸，岛之面积大比日本之九州（意殆将以吉省东南路，今桦甸、蒙江、磐石并延吉各属，悉纳入“间岛”之范围。夹皮沟韩氏事迹见后）。是说已愈辩而愈妄，其计乃在弄假而成真。由是，两国文书争执变幻诪张，及前清宣统元年七月，始将其前后谬说，一齐驳斥，乃才解决。幸得边隅无缺，邻谋未逞。顾当事磋摩，几及五载，亦吾国外交之要史也（时督办边务之陈昭常、吴禄贞，俱明达有为。图们江为中、韩国界，江左旧属中国之铁证，采之档案，旁搜韩史，并及日本与俄国之朝野记载，至有三十一种，抵隙导定，令无辩难之余地，方能就范）。奈清廷畏葸失败，卒许开六道沟、百草沟、龙井村、和龙峪四商埠，订合办吉会铁路之约，当事虽力争已无及矣。清初以后，朝鲜贡道出奉天（由韩新义州过江至凤凰城，中国乃伴送之入贡），中韩互市于鸭绿江之中江台（九连城东，江中洲渚），若吉省图们江左岸，固自来采断塞主义者，其奈韩境人稠土瘠，一逾江流，北入我界，便沃壤膏原，天然宝库（今延吉、和龙、汪清等属，正当长白山之东，以金矿为最富，有石建坪等线金产地，有黑顶子、珲春河等砂金产地。开采期始自同治间；而延吉正西约百里，天宝山银矿发现在光绪初，尤称宝藏。余如铁矿、煤矿蕴蓄俱厚，加以森林蓊蔚，猎业斯兴，河流纵横，渔业兼适，皆农业之副产地，富饶为吉省冠)。故清廷以韩民越垦，屡下严令刷还；令弛、辄又侵入。光绪初，法禁稍懈，至者遂多。已而吴大澂勘边至此，曾有一例剃发入籍、编甲升科之请，韩王尼之未果。十一年，俄人有与朝鲜陆路通商之意，当事欲安抚之，所以与韩改订通商章程。一面有越垦局之设，旧令悉除，韩民麇集。越五年，准领照升科（十六年），旋改设抚垦局。初，韩人踪迹限于海兰河南（今和龙县属），其后华民佣雇为佃，租给开耕，蔓延益远。及光绪三十年，中、日“间岛”交涉起，韩民已几遍延吉，垦民已达五万余户。

按：光绪十一年，中、韩勘界争执原因，即惟越垦韩人故。因我界韩侨既多，惧我一旦逐去，韩王故借界议延宕，冀保其民人生计也。中、日“间岛”之交涉，亦惟越垦韩人之故，因日将灭韩，韩人即其人，有人斯有土，遂从而生心，觊觎吾土地也。今日边务已经解决，国界依然。然而，韩人于延、珲、和、汪四属，举族来迁人数已逾四十万。匀计户口，韩人将过半数，其间桀黠者，多“一进会”中人，领荒租地，诡托混冒。吾深惧“一进会”为犬，而日人嗾[①]之；“一进会”为傀儡，而日人牵其绳索而动也；则延边即朝鲜之复辙也。履霜坚冰，亦曰殆哉！

魏声和：《鸡林旧闻录》，李澍田主编：《长白丛书》（初集），长春：吉林文史出版社，1986 年，第 41—47、51—53 页。

二、饮食

《长春县志》卷五《人文志》

生子，三日浴儿，亲友馈以鸡子、面食，曰“送粥米”（今俗曰“下奶”）。主人作汤饼款之，曰“食喜面”。弥月，亲友各携金钱、绣缋、儿饰相贺，曰“满月”。主人仍备酒馔酬之。百日作蒸食，谓“可生发”。周晬，列笔墨、玩具于前，令儿随意捡取，以观志向，俗称“抓周晬”。

张书翰，马仲援修；赵述云，金毓黻纂；杨洪友校注：《长春县志》，长春：长春出版社，2018 年，第 252 页。

---

① 唆使。

《民国德惠县乡土志》卷八《风俗及习惯》(附工商界习惯)

1. 概言

全境人民率皆务农，工商业者仅占三分之一，质朴而能耐劳，不尚奢侈，而宽大于恩感，最喜和平，俭而温恭，而属开化虽晚，进步颇速，乃天性之固有，亦风俗习惯之使然也。

2. 生活状况

人民经济状况不同，其生活状态亦异。普通之家以农为生，夫耕妇馌，男女齐忙，胼手胝足，劳苦不辞。丰年，仰事俯蓄皆足以赡。凶岁，则其忙一年，衣食住尚难周全矣。

甲　食物

谷类以小米、秫米、包米为大宗，菜类以白菜、萝卜、土豆为大宗，此皆经年常食之品。

乙　嗜好品

嗜好者，土产品：猪肉、白面及大米。普通之家仅年节与待客用之，平素食之者寡。瓜果糖类土产亦有，但不及外来者，故市面销售全系外货。

丙　饮料水

饮料水有茶水、汽水、白酒、黄酒等等。通常饮者则为白酒与茶水二种。

丁　家庭

全境民户之家庭制度甚完率，皆由祖父母、伯叔父母及兄弟姊妹与子媳等组织而成，一切遵守古礼，严尊卑长幼之分、男女之别、父慈子孝、兄友弟恭。各以其性之所长与环境关系，或为士农，或为工商。纯是男治外，谋阖家之生计；女治乎内，任烹饪针黹。诸凡工作各有分据，举家长一人总理家中一切事宜。

石绍廉编：《民国德惠县乡土志》，《中国地方志集成·吉林府县志辑 1》，南京：凤凰出版社，2006 年，第 444—445 页。

三、居住

《大中华吉林省地理志》第六十三章《居处》

吉林省城房屋租价，略比京师昂三倍。昔年旧式房屋，皆三面土炕。近日南来人多，或但用一面炕，或撤炕改用床矣。不用炕则用铁炉，或壁立器，或暖气管，为价益昂。大抵暖气管惟长春、滨江，洋式楼房多用之。壁立器，则公廨所用，铁炉则私家寓所用之。木柴、石炭，日益昂贵，冬日安居，小屋比大屋易暖；茅屋比瓦屋易暖，旧屋比新屋易暖；正屋比厢房易暖。无论房屋如何污秽，经裱糊顶棚，四周雪白到地，亦俨如新屋。墙基之厚，倍于内地，御寒之计，亦优越于内地也。

林传甲：《大中华吉林省地理志》，李澍田主编：《长白丛书》（五集），长春：吉林文史出版社，1993 年，第 350 页。

四、出行

《长春县志》卷五《人文志》

扒犁，土人曰法喇，以木为之，犁如驾，车而无轮，辕长而软。行雪运木者也；驾一牛（《柳边纪略》）。今乡农冬季进城，尚有用牛马扒犁载粮，行冰雪中者，因道途坦滑，便于运转故也。

张书翰，马仲援修；赵述云，金毓黻纂；杨洪友校注：《长春县志》，长春：长春出版社，2018 年，第 252 页。

《大中华吉林省地理志》第六十四篇《器用》

交通用器具

车　有三种大车用以运货，轿车可载旅客，推车多使用于高粱地。

船　民船昔用船厂所制，水师营多福建人，以收驾轻就熟之效。

橇　中国式者长七八尺，宽二尺半，辕杆长一丈五六，驾马一匹，可载七八百斤。

驮子　驮兽多用骡，亦可用驴马，平均每百斤日须一元五角，故惟山地始用之。

扒犁　行冰上，利用狗，使犬部落所用。

林传甲：《大中华吉林省地理志》，李澍田主编：《长白丛书》（五集），长春：吉林文史出版社，1993 年，第 352 页。

第二章　婚姻与丧葬风俗史料汇编

一、婚姻

《长春县志》卷五《人文志》

婚

本邑衣冠文物，得风气之先，婚礼多沿古制。大抵男女初议婚，由媒妁执两姓庚帖互易之，各延星士推占命造，即仪礼“问名”之义，俗曰“合婚”。迨双方首肯，男姓乃备布帛、簪珥，纳之女家，即“纳采”也。婚前具猪酒服饰之属，书男女年庚及婚期于龙凤柬（即婚书权舆），复纳之女家，即“纳征”兼“请期”也，俗谓之“过礼”，亦谓之“通信”。及婚期亲迎日，新郎盛服御舆，导烛马管乐赴女家，既而女家姆媵相送至婿家。新妇入门，降舆止于庭，交拜神案前（《酉阳杂俎》：北方婚礼，夫妇拜于青庐，即此也），谓之“拜天地”。婿前导，妇抱宝瓶后随，置马鞍于门限上，令新夫妇跨过，取“平安”之意（《袁氏世范》①：士族当婚之夕，以两椅相背置一马鞍，令婿坐其上饮以三爵，女家三请而后下，谓之“上高座”，此其遗意乎）。入室，婿揭盖头置怀内，上床绕行一匝，妇向吉方，谓之“坐帐”，妆毕行合卺礼。日中，妇家戚党咸至，享以盛馔，谓之馆饭，有“馆甥”遗意。翌晨见翁姑，谒祖祢，即“庙见”遗意。复以次拜宗族戚党，谓之“分大小”。逾七日，妇宁母家，婿随往，宴响如仪，越日同回。期月后，妇再归，谓之住“对月”，乃金俗之遗也。揭来欧风东渐，衣冠之士歆慕殊俗，谓之文明结婚，损益繁缛，尚无乖于古也。婚嫁及时从俗，勿渎明伦，敦本意，在兹乎。

① 宋代袁采创作的童蒙读物。

回族婚丧 回族婚制，颇近欧俗，侧重自由。凡男性求婚，先倩媒妁致意女家，父兄须阴征女之心理，如掩面泣即示允意，否则不相强也。既定婚，男家选主麻日（吉日也，每月有四，凡举行祭祀、礼拜，均于是日行之），具贽品，偕媒妁及教长，赴女家行拿手礼（手交互合，口诵经文），交换赠物，并祭祖告女已字人。及婚期，男家设筵，邀亲宾行亲迎礼。教长、主婚人、证婚人、介绍人，招待来宾等依次入席，立婚书。仪注与新式结婚礼颇同，惟由女家主婚人代女向新郎索养身钱为迥异耳。嗣由教长以下行捧手礼（捧手覆面，默邀教主庇佑），礼毕乃退。翌日新妇拜见戚党，乃请教长通经，新郎赴先茔祭祀，虔告已身成室云。

张书翰，马仲援修；赵述云，金毓黻纂；杨洪友校注：《长春县志》，长春：长春出版社，2018年，第248—249页。

《民国德惠县乡土志》卷八《风俗及习惯》（附工商界习惯）

3. 婚礼

先由媒妁通言，经两家允许，再由男家略备贽品，前往女家致意，行纳彩礼。如女家首肯，即将女之生年月日时间送于男家，行问名礼，请日者推算其命之优劣，与男命有无冲克，如均相宜，媒人再往告女家行纳吉礼，并由男家具备聘礼，亲往女家送之，行纳征礼。旋即遣媒人定娶期，告之女家，行请期礼。至婚期，男家门列鼓乐，新郎身披彩红，头冠新帽，乘马或坐轿前赴女家迎娶。翌晨迎新娘归入门后，择吉时降舆，由少年妇女搀扶下轿，地铺红毡，以红帕盖首，手执宝瓶至香案前，婿跪拜天地，燃放炸炮，然后婿导妇至洞房，以手揭帕，抛于檐上，偕妇坐帐，行合卺礼，大略如此。

石绍廉编：《民国德惠县乡土志》，《中国地方志集成·吉林府县志辑1》，南京：凤凰出版社，2006年，第445页。

《民国延吉县志》卷九《礼俗》

婚嫁

延吉人民婚嫁礼制由男女两家家长各延请媒妁，一人介绍以婚书，写男女生辰八字，互相收执。婚成，执布帛谒见长者。通常行聘用布二十匹，簪珥多寡不等，聘金至多银十六斛，至少银一斛，择吉后如期至岳家亲迎。嫁女者纳聘后，即预备妆奁过门，以针凿献翁姑。合卺后，即恭执子媳礼。至童养媳之办法，自十岁以前，接至家中，按已生女看待。迨及笄，请亲友择吉完成婚礼。

石绍廉编：《民国延吉县志》，《中国地方志集成·吉林府县志辑 2》，南京：凤凰出版社，2006 年，第 349 页。

《民国辉南风土调查录》第十一章《礼俗》

第二节　婚礼

辉邑地处边僻，礼仪单简。结婚手续先由媒妁议婚，两家合意，再以男女年龄卜吉凶。年命相合，则议聘礼，大概不外猪酒布匹首饰等，物亦有以钱折算者。婚成，书男女年龄于红笺，谓之庚帖，亦曰媒柬，即由男家择定吉日，过定礼后，再通知迎娶日期。迎娶之前，将所议婚礼送至女家，是曰过大礼。男家备酒筵，设鼓乐，招宴亲友，女家亦备妆奁送之男家，是曰过嫁装。迎娶仪式，男家备彩舆，请亲友乘马同行，是曰娶亲。女家亦择亲友男女数人从女至男家，是曰送亲。迎妇到门敷，设香案，跪拜如礼，是曰拜天地。妇入洞房后，与婿行合卺礼。凡外来亲友皆送钱物于婿家，斯曰男家开筵客，一切如仪，此结婚之普通礼节也。

王瑞之编：《民国辉南风土调查录》，《中国地方志集成·吉林府县志辑 4》，南京：凤凰出版社，2006 年，第 41 页。

《民国抚松县志》卷四《礼俗》

嫁　娶

男女婚嫁，一遵父母之命，二承媒妁之言。普通人情，总以资产相当，始能议婚。初议婚时，由媒妁酌量男女两家足可相当，始分头探寻。各有可意，遂将男女庚帖互换，各倩星士推卜，谓之合婚；如各无妨碍，婚姻始定。于是女家先往男家一观，以一饭为妥协，谓之相门户。嗣后，男家备簪珥布帛等品，纳之女家，谓之换盅，又谓看媳妇。迨婚时，则倩星士诹吉开帖，详注男女庚辰及过礼迎娶之期、娶送婚者宜用何命、忌何属人、坐帐方向极为详备。至日，男家具彩礼物品偕媒人送至女家，谓之过礼，又谓之下柬。女家设筵享客，即便议定迎娶各事宜。迨至吉期前一日，女家送妆奁于男家；送法：或用人抬，或用车载。男家接到后，即布置洞房中。喜期，新郎亲迎，备对马成双随新郎行，谓之陪光，亦谓之马客。又备轿一乘，上悬铜镜，意可辟邪，纱灯鼓乐前导，引新郎至女家，由女家人引入，与新娘屋内面坐，经娶送两女客喂饭及饺子，谓之喷饭。由新娘之弟兄或叔父抱在轿上，谓之抱轿。轿行后，女家亲属相送，谓之送亲。轿将至男家，由男家翁扣筛子于轿上。到喜堂前，先由童女二人各持铜盆，内盛铅粉，向新娘脸上擦粉，谓之添胭粉。再由少妇二人各持铜盆，一盛火，一盛梳水，向新娘头上理发，着新娘烤手。新娘头蒙布，怀抱宝瓶降轿，由娶送两女客左右扶持。新郎捧盒在前，新娘在后，爆竹奏乐，以红毡铺地，男女步其上，至香案前，双双交拜，俗谓之拜天地。拜毕，男女齐入洞房，到门，由新郎以秤杆揭新娘首帕，放于房上，谓之揭盖头。入洞房，向喜神方坐，谓之坐福。男家备盛宴以享嘉宾。晚间，新郎新娘对坐食面，谓之食宽心面，又谓之吃五大碗。翌晨，拜祖先及宗族戚友，以别尊卑长幼。越七日，新娘偕新郎归宁母家，谓之回门，又谓之占九，一饭即归。此婚嫁之大概情形也。

张元俊监修、车焕文总编：《民国抚松县志》，抚松：抚松县长白山文化研究会，抚松县收藏协会，2017 年，第 129—130 页。

二、丧葬

《长春县志》卷五《人文志》

丧

丧礼隆简，亦沿古制。初终，小殓于床，为饭一盂，即仪礼之“设敖”也。由阴阳家择殓期及殃煞避忌，谓之“殃榜”。三日具棺，大敛于堂，阖族成服，以丧闻。日晡，丧家具冥楮、刍灵、鼓乐，延僧道祈忏，以青纱轿舁灵位，诣附近祠庙，亲宾咸集，各以纸箔、俑具为赙，谓之“送行”，亦云“接三”。阅六日为匝七，设乐建醮，延宾致奠。及夕，祭于烟突下，取“来复”之义。自是，届七皆如之，七七而止。启殡期定，通讣远近，并撰行述，凡亲宾致送挽章、祭幛者，皆张之丧幕，用志光宠。丧家延尊宿硕望，礼祭题主。发引日，移柩于舆，铭旌或丹旐前导，继以明器、挽幛，丧主执幡行舆前，女舆从于后，亲宾暨有服者，皆步从，即“执绋”之义也。迨至墓田，开兆临穴，哭尽哀乃窆。或以佳城未卜，及先茔远在异地者，则浮厝于寺观内，所以防盗发免暴露，亦仁人孝子不得已之用心也。既禫服阕，岁时拜扫如仪，饰终返始之礼备矣。

回族婚丧　丧制，初终停验，不得逾三日，殡期延教长（即阿訇也）诵经祈祷。浴尸毕，缠以白布或白绫。其棺公用，通替不以窆，其墓用砖木砌成，落棺于上，抽其屉，纳亡者于圹中。尸仰则喜，俯则泣；仰谓升天，俯谓入地，故而喜戚各异，从其俗也。有舍身者，则以蜂蜜置盘中，涂身殓之，百年后人与具化，能疗异疾（《辍耕录》：回回地殓以棺，仍满用，有年七八十岁老人，自愿舍身济众，绝不饮食，惟澡身啖蜜，经月便溺皆蜜，既死，国人中亦不多得，俗曰“蜜浸之”，镌年月于棺瘗之，候百年后启封，则成密剂，遇人折伤肢体，服少许立愈。虽彼蜜人，番言木乃伊）。

张书翰，马仲援修；赵述云，金毓黻纂；杨洪友校注：《长春县志》，长春：长春出版社，2018年，第249—250页。

《民国德惠县乡土志》卷八《风俗及习惯》（附工商界习惯）

4. 葬礼

丧仪极为繁重，总遵古训，其繁简亦难趋于一致。今就中产之家为习俗之最普者，略为志之。

人咽气时，先理发浴足，整着衣衾，停尸于堂。焚豫制之纸马或纸牛（男用马，女用牛），曰倒头牛或倒头马。孝眷等以同赴村头土地庙哭奠，谓之报庙。连报三次后门倒，墙头竖一纸幡，称为过头纸，以年龄多寡定纸张之数目，外加两张合天地之数，男则竖于门左，女则竖于门右。孝子四出，何亲邻报丧路远，则派人讣告，然后筹备入殓。搭灵棚，设香案，供奉肴馔果品，棚首两侧竖以纸幡，并及时购买白布为子女制孝衫。其余凡属五服之亲族，各依行辈分外成服，男东女西，恪守灵幛，谓之成服。次日下午，有送行之举，亲友均持香楮来祭。届时孝子负主位及所用彩纸扎制之车马、男女童仆、具资等物，咸舁至土地庙前，安放安适，孝子负主位绕行庙之左右三圈，呼亡者升舆，另由一人宣读路引，将主位置于车上，由其长子执杆登凳向西南三呼“明光大路”，然后举火一炬之。同时孝眷及亲友向西南望共拜送，则孝子返身还叩，以谕亲友拜送之意。回家备酒席以款之，晚间设祭曰辞灵。次晨择吉发引起棺前，孝子头顶丧盆，手执名幡，号于灵前。棺甫起动，即将丧盆摔于地上，起身负幡，俗称曰打灵头幡。引柩前行，舁棺者有十六人、二十四人、三十二人、六十四人不等。至茔地下棺安葬，覆土为冢，孝眷导向墓，再拜，卸去孝服。此举办丧葬之大概情形也。

石绍廉编：《民国德惠县乡土志》，《中国地方志集成·吉林府县志辑 1》，南京：凤凰出版社，2006 年，第 445—446 页。

《民国延吉县志》卷九《礼俗》

丧葬

延吉人民丧葬礼制以初丧之时为小殓，阅日为大殓，三日成服开吊，戚串通外咸往焉。□通人家七日安葬，长子执幡引路至殡宫，跪地捧土三把，执柩上。然后安厝逾三日，再往添土。弥月行墓祭礼。贫苦之家，往往有无力埋葬停柩在野[①]，以致因丧废业。自正寝以至出殡，通常之家十日，殷实者二十七日或一月，仕官者三月为止。

石绍廉编：《民国延吉县志》，《中国地方志集成·吉林府县志辑 2》，南京：凤凰出版社，2006 年，第 349 页。

《民国辉南风土调查录》第十一章《礼俗》

第三节　丧礼

辉俗，凡人故后，须赴附近之庙前报告其人已死，意盖为祈神佑也。殁后三朝，设鼓吹，置纸箔而叩奠之，谓之接三殁。第七日家人具香楮酒醴布奠，谓之办首七。停柩期长者过三七、五七、七七，皆在家祭奠。殡之前日，中流之家必扎席棚请僧道，多制纸糊童男女及车马等焚化。庙前或墓前请堪舆家选择。出殡时，用僧道鼓吹导送，家人亲友皆随行，丧服如制。

王瑞之编：《民国辉南风土调查录》，《中国地方志集成·吉林府县志辑 4》，南京：凤凰出版社，2006 年，第 41—42 页。

《民国抚松县志》卷四《人事》

丧　葬

凡人初终，先置床于堂前，衣衾布置完好。为子弟者即出室外，立高凳

① 野外。

上，手持扁担，高呼：“往西方大路走！”谓之指明路。又用蓝纸剪成被，将亡人从头至踵蒙好，用生铁或石块镇压四角。凡亲属之卑幼者，女去笄、男易冠，皆着白布衫，伏地左右哭泣。亡人前供一盂，上插裹棉之箸三枚；燃油灯一盏，长日不息，置瓦盆一，为盛纸灰之用。诸所齐备，子弟报庙，翌日或越日成殓，有棺无椁。亲族于斯日咸具纸帛，奠于灵前，择日发引送葬。葬后三日祭坟，谓之圆坟。七日一祭，祭七七，谓之烧七。百日祭谓之烧百日，年终祭谓之烧周年。三周年服满。此丧葬之大概情形也。

张元俊监修、车焕文总编：《民国抚松县志》，抚松：抚松县长白山文化研究会，抚松县收藏协会，2017 年，第 130 页。

第三章　礼教史料汇编

一、宗教

《长春县志》卷五《人文志》

宗教

佛道

佛法之入震旦也，据别史所载，谓秦时与宝利防等交通，西汉时从匈奴得金人，实为我国知有佛之嚆矢①。其见于正史，信而有征者，则东汉明帝永平十一年，印度之摄摩竺法兰，赍经典至，佛之教义始东被焉。自此，经三国以至六朝隋唐，遂为佛教极盛时代，僧侣极众。别有女子披剃者，内典谓之比邱尼，其所居兰若曰庵。

道者，老学之支流也，有二派：一丹鼎派，起于汉初；二符箓派，起于汉末。有张道陵者，实传此术，延至后世，尊为真人，奉为天师。宋南渡时，白云长春真人得先天大道，元祖闻其名，间关征聘，经女真，从渤海，八年而后得见，三请乃命驾，归为龙门宗。今中国北部道流，皆其法嗣也。其有女子入道者，曰女冠，汉时已有之，俗呼道姑。考旧制，佛教设僧录司，有僧录、僧纲；道教设道录司，有道录、道纪，岁给银米有差。国变以来，祠曹遂废，宗风弗振，渐有凌夷之感矣。晚近，长邑人士专信释道甚虔，惟缁流羽士，戒行高洁、宏扬佛法者，尚无闻焉。

回教

回教为天方教，亦曰清真教，肇兴于阿拉伯，今土尔其是也。其教崇拜

① 响箭，比喻事物的开端，即先声。

上帝，上帝者造物主也；信奉造物主者，不得信他神，拜偶像。自唐宋以后，始入中国东部，其至辽东者为东干派，其教长曰依玛木，教师曰阿訇，亦作阿轰。教徒相称曰亦把译作巴。其礼俗有两大主麻节，主麻者，华言"聚会礼拜"之意。每七日值牛娄鬼亢四宿为主麻日，教民咸入寺诵经祈祷。其经典有《话赖经》《美诗》《可兰经》《加塞教典》等。其饮食，禁忌猪肉，凡禽有蹼、兽反刍者乃食之，亦取洁之义也。按唐武德初，回鹘摩罕默德来中国，探三教之异同，归而著书创教，阐明性理，谓灵魂不灭，合以天堂地狱、善恶因果诸说，为回教所由防也。长埠一隅，回教徒甚夥，于清同治元年在县城北门外建清真寺，为膜拜诵经之所。近年并附设小学，以施教焉。

天主教

天主教奉罗马教皇为宗主，其教旨：信上帝，辟他神，斥偶像，重灵魂，西洋所称旧教是也。明崇祯间，意大利人利玛窦东来，著书传教，大学士徐光启从受洗礼，为中国人信奉天主教之始。逮及有清，圆明园一役，文宗北狩大行，条约既成，传教士浸遍内地。道光初年，有法人袁司铎同教徒华人夏姓者，至长邑乡三区王胡窝堡布教，斯为东渐之始。咸丰初，构建祈拜教堂，信徒达数百人，天主教遂盛行于邑之西北隅。及庚子变乱，拳匪仇洋，教民多惨罹荼毒，虽天心悔祸，旋泯猜嫌，然势亦为之稍杀矣。现于本城东四道街建天主教堂，附设学校一所，入学者皆教民子弟。司铎（亦称神父）法国人。

基督教

基督教亦曰耶苏教，系出天主，经路德之改革，倡始于英吉利国，西洋所称新教是也。自前清同光间始入中国北部，为诸宗教东渐最晚者。其信条沿袭旧教，而脱其桎梏，拜上帝，斥偶像，尊重自由平等，崇尚博爱慈善，是其觉民牖世之功，江河不废也欤。长春教会在商埠地东三马路，并于城里西三道街设福音讲堂，有女医院，附设男女学校，规模甚宏整焉。传教牧师英国人。

在理教

在理数起于清初，其始祖杨莱如，山东即墨县人，明万历进士。明亡后入劳山学道，后传道于燕齐间，遂立在理教。在理者，言在儒释道三教之理中，奉佛教之法，修道教之行，习儒教之礼也。惟戒烟酒，不禁茹荤，多用咒歌偈语，北人颇信奉之。长春商埠地有同善社、忠信堂、守善堂，及头道沟附属地之惠善社等，按月举办善斋，有众催党、承办各名目，凡信仰者谓之入缘，入时纳费有差。

佛教会

长春佛教会在商埠西五马路。前经邑人马金堂、王明山等，招致信士组设教会，以宏扬佛法为宗旨；征集会员，选举会长，讲经说法，激发信心，各界善士趋之若鹜。每值中元节日，倡办盂兰法会，在伊通河畔燃放花灯，超渡幽冥，诚空前之盛举，但其迹似近于迷信，惟在有识者自辨之耳。

道院

道院设于本城西四道街，恒以降神扶乩，寓意劝惩。巨商富室信仰颇坚，输财助货，为数甚巨。每届冬令，施粥舍衣，救恤饥寒；并备有多数棺木，掩骼旅瘗，哀轸死亡。附设平民小学，教育寒畯子弟，但课程半揉杂经卷，似应加以改善尔。

张书翰，马仲援修；赵述云，金毓黻纂；杨洪友校注：《长春县志》，长春：长春出版社，2018 年，第 263—265 页。

《双阳县乡土志·人民》

宗教

回教，五千余人。

天主教，男一百五十三人，女一百一十九人。

佛教，城镇皆有信徒，但供奉无册籍可考。

道教，城镇皆有信徒，无册籍可考。

吉人修，吴荣桂、陈永奉纂《民国双阳县乡土志》，《中国地方志集成·吉林府县志辑 1》，南京：凤凰出版社，2006 年，第 519 页。

《民国延吉县志》卷九《礼俗》

宗教

延吉全境宗教有五，即释教、道教、回教、耶稣教、天主教是也。除道教有龙门、蓬莱两派外，其余各教尚无分门别户。释教仅十数人，道教约数十人，回教中人大都以□军为业，然亦不过百数十人。华民之崇奉天主教者，男女约四百余人。崇奉耶稣教者，男女约五百余人，惟垦民迷信尤甚。故崇奉亦最居多数。信天主教者，男女计有二千五百余人，信耶稣教者男女计有一千一百余人，惟此二教，一人信之，全家老幼男女皆为教中人，与他教不同。至人民信奉神道之沿习，其所供者大都有观音菩萨、关圣帝君及皂王胡仙四□。商家则供财神，烧商则供酒仙，剃头者则供罗祖真人。乡民近山者供山神，附林者供蟒神，赴境垦民则供白祀神（即唐时薛仁贵也）。又有礼教（诸云在礼）人民为戒除烟酒起见，故多服从之，然既从而复出，可以自由。此外并无各种神秘教派。

石绍廉编：《民国延吉县志》，《中国地方志集成·吉林府县志辑 2》，南京：凤凰出版社，2006 年，第 349—350 页。

《民国辉南风土调查录》第十章《宗教》

第一节　佛教

僧寺在县城东北隅，庙堂一间，住持僧一人。

第二节　道教

全圣宫，在县城西门外，民国元年修，庙堂三间，面积五十六方丈，祀三霄娘娘。住持道一人。

城隍庙，在小西门里，民国元年修，庙堂一间，面积一百二十五方丈。住持道一人。

五圣宫，在小西门里，民国八年修，庙堂三间，正殿祀关帝，东偏殿为娘娘宫，西偏为大神。住持道一人。

九圣祠，在大阳，宣统三年修，庙堂三间，面积六千方丈，祀龙王诸神。住持道一人。

海云宫，一在平安川，光绪十六年修，庙堂六间，面积一百二十方丈，合祀关帝、三霄娘娘。住持道一人。一在托佛别，光绪十八年修，庙堂四间，后一前三，面积一百五十方丈，合祀关帝、三霄娘娘。住持道一人。一在辉发城，光绪十八年修，庙堂四间，前一后三，面积一百六十方丈，合祀关帝、娘娘。住持道一人。一在腰岭子，宣统三年修，庙堂三间，面积一百二十方丈，合祀关帝、三霄娘娘。住持道一人。

凌云观，在楼街，光绪二十年修，庙堂三间，面积八十方丈，祀三霄娘娘。住持道一人。

老君庙，在杉松岗，光绪二十五年修，庙堂三间，面积四十方丈。住持道一人。

朝阳宫，在三间房厂，宣统元年修，庙堂三间，面积一百方丈，祀三霄娘娘。住持道一人。

青龙宫，一在大北岔，光绪十八年修，庙堂一间，面积一百二十方丈，祀关帝。住持道一人。一在缸窑，光绪二十一年修，庙堂一间，面积九十方丈，祀关帝。住持道一人。

第三节　回教

回教为天方教，亦曰清真教。本县有回民数十户，皆经营饮食店及屠宰事业，未立寺院会所。

第四节　天主教

天主教为法国所传。其传教之人曰神父。县境有教堂一处，在蛤蚂河[①]，草房十间，面积一百三十方丈，宣统元年成立。会长李永春，信教人一百七十二名。

第五节　耶稣教

耶稣教又名基督教，为英国所传。其传教之人曰牧师，教堂曰福音堂。县境只有一处，在本城南街，草房三间，面积九十方丈民国二年成立。教士戴兴邦，信教人一百二十名。

王瑞之编：《民国辉南风土调查录》，《中国地方志集成·吉林府县志辑4》，南京：凤凰出版社，2006年，第39—40页。

《民国抚松县志》卷四《人事》

宗　教

吾国夙多迷信，乐善好施者，恒舍庙地以为积福之缘，因此庙宇林立。每建一庙，不惜巨资，峻宇雕墙，穷极奢丽，僧道等据为养身之源。民国成立，参用西法欲破迷信，庙不在祀典者，全行拆毁，改作办理新政地址。民国法律有信教自由一条，僧道等遂据此争执，当局亦不能禁止，庙宇故未尽

① 黑龙江支流松花江支流牡丹江的支流，位于今黑龙江省宁安市东部。

拆毁。抚松设治未久，庙宇尚少，现东关有庙一处，庙堂三间，神位甚多，地址为张聘之所舍。南关有武庙一处，房三数间，现又重修，庙舍规模已备，地址为徐德所舍。距城八里，在里马鹿沟仙人洞，增修关帝庙，庙宇数间，工程浩大，兴工数载，今已告竣工；地址为徐肇业所舍。至于山神、土地以及老把头之小板庙，无地无之。城里西南隅，由由公竹亭建板房旌烈祠一处，将阵亡军士供于祠中，以旌其烈。现由县长张公杰三在南门外另建瓦房三间，将城内旌烈祠移于南门外，工程早已告竣矣。再，张公拟于城内东南建修文庙一处，筹画已定，来春即可兴工。此庙若成，人知尊孔，文风自蒸蒸日上矣。

道教　可分两种：其一蓄发、持斋、念经、不婚娶者曰道士；其一不蓄发、或持斋或不持斋、婚娶生子无异于常人者曰伙居道。抚松荒僻，信徒甚少，道士仅有数名，即伙居道亦甚寥寥。

回教　亦名天方教。独回族崇奉之教规极严，不吸烟，不饮酒，不食猪肉。抚松原无回教，近年始渐有移居者；惟以为数过少，又以初至迁徙无定，建设清真寺一处。

附寺庙表

寺院名称	所在地	创建时代	创建施主	供像	住守者	常住人数
武庙	大南门外	民国十七年	徐殿候	关岳	范教发	二名
龙泉宫	东门外	民国十二年	张聘之	关帝	杨永海	七名
岫云观	马鹿沟	民国十二年	徐肇业	关帝	刘至有	一名

张元俊监修、车焕文总编：《民国抚松县志》，抚松：抚松县长白山文化研究会，抚松县收藏协会，2017 年，第 128 页。

《民国东丰县志》卷三

宗教

今人谓文化逾进，科学逾明，则宗教势力逾趋衰灭，斯固然已。然时至今日，人心不古，奸伪萌生，机阱百出，法律不能摄其行，道德不足范其心，举世风俗其何由淑，亦幸有神道，足以补偏而救弊，使为暴者怵于冥罚，不敢张胆为恶而无忌。是诚足以挽救世道人心于万一者也，况耶也？佛也？其教旨皆以仁爱和平为前提，倘能昌明而光大也，非特足以挽近世之颓风，亦实足以遏将来之战祸，是乌容轻视之哉，亦在人有以善用之耳。

天主教

教宗创自耶稣。白种人信奉最多。自明成祖时传入中国，至清而愈盛，清末许外人传教内地。故县设治之初，即有法兰西人来县传教。教堂在县署东大街路南，规模甚壮，信徒颇多。司教者曰神甫，所传者《新约》《旧约》等书。欧战时法人回国，今主教者为华人信徒，以教堂附近为最多，乡镇中惟沙河镇有教会，他处则无。统计全县教民连同耶稣共一千七百余名。

基督教

即耶稣教，与天主教同源。县境有耶稣教，约在天主教后，并无固定教堂。从前在天增大南胡同路西，租民房数间而已，及民国四年被毁，至今尚无会址，信徒视天主较少。

回教

一名天方教。教宗创自默罕摩德，县境之有回教，在前清宣统初年。彼时回民极少，至近年，始渐多。布教处曰清真寺，在大南门里路东，主教者曰阿訇，司传教，并管理县中回民焉。然信斯教者率限于回人，其他民族之人回教者，从来未有，亦不与他族通婚嫁，故不能同化于汉人也。

李耦编：《民国东丰县志》，《中国地方志集成·吉林府县志辑 10》，南京：凤凰出版社，2006 年，第 78 页。

《民国辑安县志·宗教》

宗教

自古以神道设教，原为辅政治所不及，信仰者，则谓福善祸淫，天理昭彰，所以维系人心者，良非浅鲜。今虽科学昌明，痛斥迷信，惟数千年相沿成风，有非一朝一夕所能破除者。况信仰自由载在宪法，然则宗教之于今日仍有存在之价值，可想见矣。本县宗教有佛教、道教、耶稣教、天主教、回教、理教之别，兹分叙于下。

一、佛教

传自印度，初汉之时，其徒东来止于鸿胪寺，故名其居曰寺。魏晋之际，高句丽聘西僧宏通释典故，入辽东县城，为高句丽故都，惟以年代湮远，无从考询。境内无佛寺，僧徒亦少。

二、道教

其祖为李耳，著有《道德经》《感应篇》传于世。其徒有华山、龙门等派，男徒所居曰观；女子入道曰女冠，亦曰尼，其居曰庵；有室家者曰火居道。以阴阳符咒唪诵[①]为事，境内庙宇多无住持，仅有道观三处，道徒不过数人，皆系中年出家，并无尼庵。

刘天成编：《民国辑安县志》，《中国地方志集成·吉林府县志辑7》，南京：凤凰出版社，2006年，第135—136页。

二、祭祀

《长春县志》卷五《人文志》

祀典

附学宫

古者，有功于民则祀，既以示尊崇，更可资模楷，故当君天下之时，历代莫不注重祀典，所以昭诚敬、申景仰也。孔子生于东鲁，时值衰周，以天纵之资，集群圣之大，道全德备，生民未有，为当时学者之宗，垂后世立国之法，祭祀之典，历久未替。兹将历代追封、立庙及祀典各项，摭拾旧籍，详为考列焉。

周鲁哀公十六年夏四月己丑，孔子卒。公诔之曰：旻天不吊，不慭遗一老，俾屏余一人以在位，茕茕余在疚。呜呼，哀哉！尼父无自律（见《左传》）。汉封孔子九代孙腾为奉祠君。又武帝元朔二年，拜孔臧为太常，恩赐如三公礼（见《阙里治》）。

按：终汉之世，代有封谥。后汉光和元年，曾置鸿都门学，画孔子及七十二弟子像（见《后汉书·蔡邕传》下）。

宋孝武帝孝建元年，诏开建庙制，同诸侯之礼，厚给祭秩（见《宋书·本纪》六）。

齐武帝永明三年，诏定设轩县之乐、六佾之舞，牲牢器用，悉依上公

① 指念咒语或诵经念经的活动。

（见《南齐书·礼志》）。

梁武帝天监四年六月，初立孔子庙（见《资治通鉴》一百四十六）。

北魏太和十三年，始立孔子庙堂于京师。十六年改谥宣尼曰文圣尼父，告谥孔庙（见《魏书·本纪》）。

按：孔子庙，于太和以前，未尝出于阙里，立庙于京师，自太和始也。

后齐制，新立学，必释奠礼先圣先师，每岁春秋二仲常行其礼，每月旦，祭酒领博士以下人等拜孔揖颜（见《隋书·礼仪志》九）。

隋制，国子寺每岁以四仲月上丁，释奠于先圣先师。年别一行乡饮酒礼（同上）。唐太宗贞观四年，诏州县学皆作孔子庙（见《新唐书·礼乐志》十五）。

按：唐贞观二年，诏从房玄龄等议，升孔子为先圣，以颜回配，见《文献通考》。又二十一年，诏以左邱明等二十二人，因代用其书，垂于周胄，并命享宣尼店堂（见《旧唐书·本纪》三，《礼仪志》二十四）。

春秋二仲行释奠之礼，初以儒官自为祭主。许敬宗等奏曰：凡在小神，犹皆遣使行礼释奠。既准中祀，据理必须禀命。今请国学释奠，令国子祭酒为初献，祝辞称皇帝敬遣，仍令司业为亚献，国子博士为终献；其州学，刺史为初献，上佐为亚献，博士为终献；县学，令为初献，丞为亚献，博士既无品秩，请主簿及尉通为终献。若有缺，并以次差摄，准祭社同给明衣，修附礼令，以为永则（《旧唐书·礼仪志》二十四）。

显庆三年，诏先圣用宣和之舞（《文献通考》四十三）。

乾封元年，追赠孔子为太师（同上）。

开元十一年，春秋二时释奠，诸州依旧用牲牢，其属县用酒脯而已。又十九年，天下州县等停牲牢，惟用酒脯，永为常式（《旧唐书·礼仪志》二十四）。二十七年，诏二京之祭：牲太牢，乐宫悬，舞六佾矣。州县之牲，以少牢而无乐。又二十八年，诏春秋二仲上丁，以三公摄事。若会大祀，则用仲丁，州县之祭上丁（《新唐书·礼乐志》十五）。

宋初，增修先圣及亚圣、十哲塑像；七十二贤及先儒二十一人，皆画像于东西廊之板壁。太祖亲撰先圣及亚圣赞；从祀贤哲先儒，并命当时文臣为之赞。其春秋二丁及仲冬上丁，贡举人谒先圣先师，命官行释奠之礼，皆如旧典（《文献通考》）。

太祖建隆三年，诏庙门准立戟十六枝（同上）。

淳化四年，从监库使臣请，宣圣庙六衙朔望焚香（《阙里志》），

祥符二年，诏文宣王庙木圭易以玉，赐桓圭一，加冕九旒，服九章，从上公之制（《玉海》）。又春秋释奠，用中礼（《关里文献考》）。又四年，诏州城置孔子庙（《宋史·本纪》八）。五年，改谥元圣文宣王为至圣文宣王（同上，以国讳故）。

至和二年，封孔子后为衍圣公（《文献通考》四十四）。

崇宁三年，诏文宣王殿以大成为名（《宋史·礼志》八）。

大观四年，诏先圣庙用戟二十四，文宣王执镇圭，并如王者之制（《文献通考》四十四）。

政和三年，诏颁群雍大成殿名于诸路州学（《宋史·礼志》八）。

建炎十年，复释奠文宣王为大祀，其礼九，社稷州县为中祀，用王普请也（《玉海》）。

辽太祖神册三年，诏建孔子庙（《辽史·本纪》一）。

金熙宗天会十五年，立孔子庙于上京（《续文献通考》四十八）。

皇统元年，上亲祭孔子庙，北面再拜（《金史·本纪》四）。

大定十四年，参酌唐开元礼，定拟释奠仪数，乐用登歌（《金史·礼志》）。是年，加宣圣像十二旒、十二章（《春明梦余录》二十一）。

明昌二年，诏诸郡邑：文宣王庙隳废者复之（《金史·本纪》九）。孔子庙门置下马碑（《阙里志》）。

泰和四年，诏刺史州郡，无宣圣庙学者，并增修之（《金史·本纪》十二）。

元太宗五年，敕修孔子庙，八年复修孔子庙（《元史·本纪》二）。

太宗三十一年，成宗即位，诏中外崇奉孔子；又诏曲阜林庙，上都、大都、诸路府州县邑庙学、书院、赡学士地及真士庄，以供春秋二丁朔望祭祀，修完庙宇。自是，天下郡邑庙学无不完葺，释奠悉如旧仪（《续文献通考》四十八）。

成宗大德十一年，武宗即位，加封“至圣文宣王”为“大成至圣文宣王”。春秋二丁释奠用太牢（《元史·本纪》二十二）。按：阎复之加封孔子制，即此时作。

至顺元年，加封孔子父齐国公叔梁纥为启圣王，母鲁国夫人颜氏为启圣王夫人（《元史·本纪》三十四）。又三年，封孔子妻郓国夫人亓官氏为大成至

圣文宣王夫人（《元史·本纪》三十六）。

明太祖洪武三年，诏革诸神封号，惟孔子封爵如旧（《明史·礼志》四）。释奠孔子，初用大成旧乐，六年始命詹同、乐韶凤等更制乐章（《明史·乐志》一）。七年，仲春上丁日食，改用仲丁（《明会典》九十一）。十五年，诏天下通祀孔子，并颁释奠仪注：凡府州县学，笾豆以八器物，牲牢皆杀于国学，其祭以正官行之（《明史·礼志》四）。又是年，诏孔子以下，去朔像易木主（《阙里志》）。十七年，敕每月朔望，祭酒以下行释菜礼，郡县长吏以下诣学行香（《明史·礼志》四）。二十六年，颁大成乐于天下（同上）。

永乐八年，正文庙圣贤绘塑衣冠，令合古制（《明会典》九十一）。

宣德三年，以县训导李译言，命礼部考正从祀先贤名位，颁示天下（《明史·礼志》四）。

成化十二年，从祭酒周洪谟言，增乐舞为八佾，笾豆各十二（同上）。又十六年，命所在过孔门者，皆下马（《阙里文献考》① ）。

弘治九年，增乐舞为七十二人，如天子之制（《明史·礼志》四）。

嘉靖九年，太学张璁言：请于大成殿后别立室，祀孔子父叔梁纥，而以颜路、曾皙、孔鲤配之，帝以为然。又言：孔子宜称“先圣先师”，不称王；祀宇宜称庙，不称殿；祀宜用木主，其塑像宜毁；笾豆用十，乐用六佾；配位公侯伯之号宜削，止称先贤先儒。帝命礼部会翰林诸臣议，于是议定：孔子神位题“至圣先师孔子”，去其王号及“大成文宣”之称；改大成殿为先师庙，大成门为庙门。其四配，称复圣颜子、宗圣曾子、述圣子思子、亚圣孟子；十哲以下，凡及门弟子，皆称先贤某子；左邱明以下，皆称先儒某子，不复称公侯伯。并制木为神主，拟大小尺寸，著为定式；其塑像即合屏撤。春秋祭祀遵国初旧制，十笾十豆。天下各学，八笾八豆，乐舞止六佾。凡学别立一祠，祀孔子父叔梁纥，题启圣公；孔子神位以颜无繇、曾点、孔鲤、孟孙氏配，俱称先贤某氏。帝从所议（《明史·礼志》二）。

清崇德元年，遣官祭孔子庙。

顺治元年，定每岁春秋仲月上丁日，直省府州县各行释奠于先师之礼，以地方正印官主祭，陈设礼仪，均与国子监丁祭同（《会典事例》三百五十五）。

---

① 清代孔继汾撰写的文献考察著作。

二年，谕礼部；孔庙谥号，加称“大成至圣文宣先师孔子”。十三年，颁释奠乐章六，奏用平字，舞用六佾，三献均进文法之舞。十四年，诏从给事中张文光言，去“大成文宣”四字，改主为“至圣先师孔子”。

康熙二十四年，颁御书额于太学及天下文庙。二十五年，议准直省武官协领、副将以上，遇文庙祭祀，并令陪祭行礼（《会典事例》）。二十八年，颁御书赞于天下学，并制赞序。五十年，题准本朝乐章皆用平字。因州县未曾颁发，仍袭前明错用和字，着直省各巡抚通行府州县儒学，皆改和字为平字，以归画（一同上）。

雍正元年，追封孔子先世五代为王，并改启圣祠为崇圣祠。二年，颁“生民未有”额于太学、阙里、天下文庙。是年，又议准大成殿四配十二哲，每位一案，两庑二位共一案。崇圣祠四配异案，两庑二位共案；其两庑内有单位者仍独设一案（《会典事例》）。三年，命州县丁祭用太牢。又奏准将文庙祭器、乐器式样刊刻，颁行直隶各省，画一制造（同上）。五年，谕以八月二十七日为圣诞之期，内外文武各官及军民人等，致斋一日，不理刑名，禁止屠宰，永着为令。又制定省会之区，凡遇丁祭，督抚、学政皆亲诣行礼，毋得苟简从事。又十一年谕，文庙春秋祭仪，宜备物尽诚，以申敬礼。若有除荒减费之州县，即于存公银内拨补，以足原额，务令粢盛丰洁，以展肃将祀禋之诚。十二年，议准直省文庙祭器、乐器有未全备者，该地方官详明督抚，照额设原数备齐，如有损坏，亦即详明修补。府州县官并教官离任时，俱各查明交代，如有损坏遗失之处，责令赔修（见《学政全书》）。

乾隆元年，议准凡文庙祭器、乐器有未制备者，均动项成造，仍于完竣时报部核销（《学政全书》）。三年，颁御书“与天地参”额于太学、阙里及天下文庙。又颁御制联：“齐家治国平天下，信斯言也，布在方策；率性修道致中和，得其门者，譬之宫墙。”六年，命定祭先师庙乐律。八年，钦定圣庙乐章，颁发曲阜及天下学，令乐舞生肄习，虔肃将事（同上）。九年，议准直省文武大员及各属正印官，于朔望文庙行香，礼毕之后应亲诣崇圣祠行礼。或有事不能亲诣，即委令教官敬谨行礼（同上）。十六年，议准直省文庙春秋丁祭，准设礼生四名，皆以生员充设（同上）。十八年，命廷臣考据史传，于先贤先儒之中，复按年序次考定允行。又谕各省府州县：孔子庙每岁以春秋仲月与上丁日释奠，省城以巡抚为正献；有总督省分总督正献，两序以布政使、按察使及道员，两庑以知府、同知为分献，崇圣祠以学正为正献。府州县无道员分驻者，知府、知州、知县正献，两序以佐贰及所属，两庑以廪生分献；崇圣祠，教谕正献，两序训导分献，两庑廪生分献（《会典事例》）。

嘉庆元年，御书“圣集大成”额于太学、阙里及天下文庙。

道光元年，御书“圣协时中”额于太学、阙里及天下文庙。

同治元年，御书“圣神天纵”额于太学、阙里及天下文庙。二年，谕礼部将祀典次序绘图，颁发各直省督抚、学政，转饬府厅州县等官遵照办理。经礼部议，遵乾隆十八年之例，按年序次绘图颁发，并声明从祀定例，以示限制。

光绪初年亦有御书匾额，至季年并将祀孔典礼升为大祀。

宣统元年亦曾颁书匾额于天下，祀典仍旧，直至逊国，未尝易焉。

按：有清祀孔典礼，载于《文庙祀典考》及《会事典例》，甚为详备，兹难赘列。

清既逊位，民国肇兴，体制虽更，而祀孔典礼未废。民国三年二月，大总统令：据政治会议呈祀孔典礼一案，业经开会议决，佥以为崇祀孔子，乃因袭历代之旧典，以夏时春秋两丁为祀孔之日，仍从大祀，其礼节、服制、祭品，当与祭天一律。京师文庙应由大总统主祭，各地方文庙应由该长官主祭，如有不得已之事故，得于临时遣员恭代。其他开学首日，孔子生日，仍听各从习惯，自由致祭，不必特为规定。是年八月，经政事堂礼制馆馆长徐世昌拟订《祀孔典礼》一卷，附有说明书，酌古准今，率循旧典，新仪式焕，极为详明，呈奉批准，通令遵照在案。十八年，南京国民政府以训政伊始，新制方兴，曾有将孔子祀典废止之说，然迄未见诸明令，故至今仍循例致祭，未有或替。惟丁祭之礼取消，专祭诞日，其祭期改用阳历，为之稍异耳。

按：《祀孔典礼》所载大总统祀孔子仪，及各地方行政长官祀孔子仪，道尹、县知事祀孔子仪，虽各有增加改窜，要其大致，与逊清尚无稍差异，惟去释奠之称，而改为祀，因与祭天相同故也。并易称文庙为孔子庙，而大成殿未加更易，犹称旧名（现已统称孔子庙，去大成殿号）。改题避讳各木主，去专制之积习。至仪文、器数之增损，无论京内外，均定一律，并采用明洪武之四拜礼，拜于殿门之外。乐章则暂仍清旧制，但去平字，而以和为名；用六奏，以示不与祀天之九奏同也。

附：本邑祀孔典礼秩序表

［典仪］　执事者各执其事，司乐者鼓初严，执事官就位。鼓再严，燃烛焚香。鼓三严，主祭官、陪祭官及献官亦各就位。［赞引］诣拜位前正立。

［典仪］　迎神，司乐者作乐，乐奏昭和之章，乐止。主祭官、陪祭官行跪拜礼。［对引］叩首，再叩首，三叩首，四叩首。平身。

［典仪］　请献官行初献礼。［赞引］诣帛爵位前正立，司帛者进帛。［对引］献帛。［赞引］司爵者进爵。［对引］献爵。

［典仪］　请献官读祝。［赞引］诣读祝位前正立，司祝者进祝。［对引］阅祝版署名，授祝版。［赞引］司祝者读祝，复位正立。

［典仪］　献官、陪祭官行跪拜礼。［对引］叩首，再叩首，三叩首，四叩首，平身。

［典仪］　司乐者作乐，乐奏雍和之章，乐止。［引献官］引献官行亚献礼。［赞引］诣帛爵案前正立，司爵者进爵。［对引］献爵。［赞引］司帛者进帛。［对引］献帛。［赞引］复位正立。

［典仪］　献官、陪祭官行跪拜礼。［对引］叩首，再叩首，三叩首，四叩首。平身。

［典仪］　司乐者作乐，乐奏熙和之章，乐止。引献官行终献礼。［赞引］诣帛爵案前正立，司爵者进爵。［对引］献爵。［赞引］　司帛者进帛。［对引］献帛。［赞引］复位，正立。

［典仪］　主祭官、陪祭官行跪拜礼。［对引］叩首，再叩首，三叩首，四叩首。平身。

［典仪］　司乐者作乐，乐奏渊和之章，乐止。引主祭官受福胙。［赞引］诣福胙位前正立，司福胙者进福胙。［对引］受福胙。［赞引］司福酒者进福酒。［对引］受福酒。［赞引］复位正立。

［典仪］　主祭官行跪拜礼。［对引］叩首，再叩首，三叩首，四叩首。平身。

［典仪］　撤馔，司乐者作乐，乐奏昌和之章，乐止。送神。司乐者作乐，乐奏德和之章，乐止。主祭官、陪祭官行跪拜礼。［对引］叩首，再叩首，三叩首，四叩首。平身。

［典仪］　主祭官西向立，司祝者捧祝，司帛者捧帛，由中道送入燎所。

举燎，望燎，复位，礼全，退。

按：崇圣祠礼同。

祀孔典礼执事人名单

大成殿主祭官	县长	
陪祭官	吉长镇守使	
与祭官	军政警学绅商各机关人员	
大成殿分献官	以审、检二厅长及税捐局长等分任	
东西庑分献官	以省立第二师及第二中两校校长分任	
崇圣殿主祭官	教育局长	
分献官	以各校及教育会长分任	
纠仪官	教育局长	
典仪官		
大成殿	赞引	
	对引	
东西庑	分赞	
	司乐	以城区第一校
	司祝	
	司帛	
大成殿	司爵	
	焚香	
	司福	
	燃烛	
四配	司帛	
	燃烛	
	司爵	
	焚香	
东西庑	司帛	
	燃烛	

按：单中所列各执事人，均于祭期前先行指派，届期齐集文庙，着大礼服，行跪拜礼。无大礼服者，可着常礼服。

祀祭名宦、乡贤礼，考《会典事例》，载：清顺治初年，定直省府州县建名宦、乡贤二祠于学宫内，每岁春秋释奠先师同日，以少牢祀名宦、乡贤；以地方官主祭行礼。终清之世，沿行未替，及入民国，业已废止矣。

按：名宦祠，长春县城只有李太守金镛一处，系邑人感戴太守德政，呈请建立。现已改驻长春县教育局，祀礼久阙，惟剩空祠矣。其事迹具详于名宦门中。

祀关岳典礼，民国始行，前此仅人民于各该地庙或祠中焚香拜祷，赛会酬神。惟其迹颇近于迷信，几与其他淫祠相等，然习欲已久，当时亦即任之，未尝加禁或指正也。民国肇造，崇敬先贤、模范军人，倡导右武，故明令列于祀典，亦春秋二祭。其祭亦以各地方军事长官主祭，其所属各级军官及其他各界人员为陪祭。所有祀仪与祀孔庙无甚差异，惟长春祭祀关岳时，仅就旧有关庙中添置一岳忠武王木主，更于东西列置张飞等二十四人配享之木主，迄未建有合祀专祠也。

附：配享诸名将木主次序表

［东列］张飞　王濬　韩擒虎　李靖　苏定芳　郭子仪　曹彬　韩世忠　旭列兀　徐达　冯胜　戚继光

［西列］赵云　谢玄　贺若弼　尉迟敬德　李光弼　王彦章　狄青　刘琦　郭侃　常遇春　蓝玉　周遇吉

按：长春军事机关有吉长镇守使驻节于此，故历年主祭，由镇守使任之。民国十一年，吉林督军孙烈臣迁移行辕来长，曾一度主祭，旋督辕迁回，复仍由镇守使主祭矣。

张书翰，马仲援修；赵述云，金毓黻纂；杨洪友校注：《长春县志》，长春：长春出版社，2018 年，第 253—262 页。

《民国辉南风土调查录》第十一章《礼俗》

第一节　祀典

文庙地基设治时，指留城东南隅，后因该处地势洼下，基址狭小，不敷建设，改换城内东北隅。在高小学校迤东，惟因学款艰窘，至今未能建立。现正设法筹款，俟集有成数，即行修筑。

关帝庙、财神庙，原留地基在城东北隅，后经公会议定，改换城西南隅。本年已购备材料，俟来春和暖即开工建筑。

城隍庙在城内西南隅，系原留城基。现仅修盖正殿三间、僧舍二间，每年一祭。

王瑞之编：《民国辉南风土调查录》，《中国地方志集成·吉林府县志辑4》，南京：凤凰出版社，2006年，第40—41页。

《打牲乌拉地方乡土志》

坛庙

关帝庙，一在城里总署东，于康熙四十九年建修。正殿三间，后佛殿三间，东西两廊各三间，钟鼓楼二座，马殿三间。春、秋遵文致祭。

城隍庙，亦在公署东，于道光二十二年建修。正殿三间，东西两廊各三间，马殿三间。

观音阁，在城北门外路东，于道光二十四年建修。正殿三间，东西两廊各三间，山门一间。

娘娘庙，在城西北古城内、小城高台上，于康熙二十九年建修。正殿三间，前有元通楼一座，东西两廊各五间，山门三间。

以上四庙，皆系总署官庙。按年派员经理香火、岁修等事。

关帝庙，一在城西北五里许旧街，于康熙二十四年建修，正殿三间，东西两廊各三间，后佛殿三间，东西偏殿各三间，钟鼓楼二座，马殿三间，山门外戏楼三间。同治五年，有马贼作乱，渐入乌境。关圣帝君显神威，睁眼光，立平贼匪。是曰："泥马汗流，钟鼓齐鸣。"人皆不敢仰视。至今英灵赫濯①，迥迈寻常。

财神庙，在城外西北隅，于乾隆二十八年建修。正殿三间，东西两廊五间，山门三间。

药王庙，在城外西南隅，于乾隆三十年建修。正殿三间，后殿三间，东西两廊各五间，山门三间。

此三庙香火、岁修等事，均归公街商人经理。

……

---

① 威严显赫貌。

祠祀

土地祠，在城里城隍庙院东建修，正殿一间。

仓神祠，在仓场偏东，正殿一间。

药王庙，西院内土地祠，正殿一间。

昭忠祠，在城东门外，于同治九年建修。正殿三间，东西两廊各三间。大门一间。周围土筑院墙，内设阵亡协佐、防校、兵丁、士卒功勋灵牌，春秋遣员致祭，以酬忠勇。其岁修等事均归协署经理。内供官员、兵丁衔名列后：头等侍卫博崇武巴图鲁隆春，头品顶戴记名副都统霍腾额巴图鲁，花翎佐领全升，佐领委营总讷勒布，花翎骁骑校副都统衔即补协领委参领密成，蓝翎佐领委参领多明额，花翎防御尽先协领副都统衔德升阿，花翎尽先协领讷苏肯巴图鲁富全，花翎尽先佐领衔伊勒通额巴图鲁倭西奈。兵丁牌位三百九十三位。

打牲乌拉总管衙门纂修：《光绪打牲乌拉乡土志》，《中国地方志集成·吉林府县志辑 1》，南京：凤凰出版社，2006 年，第 534—536、593—594 页。

《民国德惠县乡土志》卷二十一《职官之政绩》

本朝

二四　坛庙

查德邑关于坛庙，仅旧县城东大房身于民国十六年七月经马县长续波倡办，募款建修文武圣庙各一处。每至春、秋丁戊日，县长必亲率僚属来庙，敬谨如仪，举行祀典，以示隆重。

二五　祀

查境内关于忠孝节义等祠祀均无。

石绍廉编：《民国德惠县乡土志》，《中国地方志集成·吉林府县志辑 1》，南京：凤凰出版社，2006 年，第 504—505 页。

《民国磐石县乡土志》

二十四　坛庙

1. 文庙。在释城大南门内路东，本城原放街基时，特留余地，以为建筑文庙、文昌阁、魁星楼之用。民国三年经县知事黄守愚、士绅张凌宸等筹定，按每垧地加捐两角作为建筑费。嗣因收款不足，仅修成大成殿一座。

2. 祖师庙。（保安寺）在县城东关外，于光绪十九年创修，民国十八年重修，庙宇三间，内供释迦牟尼佛，其住持为临吉派[①]。

3. 城隍庙。在县城北门里，民国十三年经县长徐伯勋提倡，商会长刘俊卿赞助，由刘教修募化巨资于十四年修成，正殿三楹，内供城隍，前有八尺土地庙一楹，后有八尺关帝庙一楹，住持龙门派。

4. 财神庙。在县城小南门里，商会西院，民国十七年重修，正殿三楹，内供关帝、岳武穆、九圣祠等像，住持为龙门派。

5. 仙峰观。在县城西北七里仙人洞山，光绪二十年经住持赵明廉监修，前殿三楹，供关帝像；后殿三楹，供娘娘像，住持为龙门派。

6. 灵神庙。在县城河南，庙三楹，内供关帝像等，住持为龙门派，庙又名灵神宫。

7. 三圣宫。在县城南五里兴三屯七个顶北头。光绪十八年八月经王教圣、张明和、赵志儒等募修。前殿三楹，正中为关帝、东为财神、西为药王；后供圣宗像，左有红孩，右有龙女；后殿三楹，中为娘娘像，东为泰山娘娘，西为眼光娘娘，东有草正房三间，为住持所，住持为龙门派。

8. 青云庵。在县城南锅盔山东，光绪八年经相林创修，正殿三楹，内供观音菩萨，女住持为婆罗派。

9. 宝山宫。在锅盔山前，距城二十里，民国十年二月建筑，十六年经王世休、谷世修、曹世元等募化巨资重修。正殿瓦房三楹，中间供关帝，东间供菩萨，西间供娘娘，外有草厢房三间，为住持住所，住持为金山派。

10. 鬼王庙。在城之西南，光绪十年创修，有草房三间，专为寄骨而设，又名寄骨寺。

11. 吉□观。在呼兰镇之南头，正殿三楹，住持僧为道教龙门派。

12. 寿山宫。在烟筒山镇大东门外，路西有庙一座，光绪十八年建修，前殿一楹，供关公，后殿三楹，供娘娘，经理者现为聂明真保邱祖龙门派。

姚祖训修；毛祝民纂：《民国磐石县乡土志》，《中国地方志集成·吉林府

---

① 临吉派或应为临济派，是禅宗南宗五个主要流派之一。

县志辑3》，南京：凤凰出版社，2006年，第227—229页。

《民国辉南风土调查录》第十一章《礼俗》

第四节　祭礼

辉邑民风朴质，祭祀之礼不外祭祖、祭神二种。祭祖率在年节，置备酒肉各祭品供献祖先。又清明节及七月十五日、十月一日，各家皆备供礼，焚冥镪祭，扫祖先之坟茔名曰上坟。祭神大概在正月之首五日及十四、五、六等日，各家必燃香以祀天地神祇，并燃爆竹致庆。又有许愿一种，系乡民祈祷神灵，许以猪羊。临祭日，设猪或羊放神前，主祭者捧酒杯而祝。祝毕，以其酒浇牲耳，行三跪三献礼。礼毕，以祭肉飨客。客初至口道贺，食毕不言谢，去亦不送。

王瑞之编：《民国辉南风土调查录》，《中国地方志集成·吉林府县志辑4》，南京：凤凰出版社，2006年，第42页。

《吉林外记》卷六

祠祀

吉林

先农坛（在城小东门外一里。正殿三楹，坛高三尺，面阔二丈四尺。雍正十年建）。

社稷坛（在先农坛侧。高阔尺丈，与先农坛同。同时建）。

风云雷雨山川坛（在社稷坛侧。高阔尺丈，与先农坛同。同时建）。

城隍庙（在城内将军公署东。前殿三楹，左右配庑各三楹，寝殿三楹，钟鼓楼二，大门三楹。里民修建）。

长白山望祭殿（在城西门外九里温得赫恩山。正殿五楹，祭器楼二楹，牌楼二座，养祭鹿圈一。雍正十一年建）。

松花江神庙（在城小东门外一里，江北岸。正殿五楹，牌楼二座，大门三楹，东西门各一。乾隆四十三年建）。

至圣先师庙。

文昌阁。

魁星楼（以上三庙，已详学校类）。

关帝庙（二：一在城小东门外一里，正殿三楹，享殿三楹，左右配庑各八楹，钟、鼓、戏楼各一，大门三楹，东西角门二。乾隆九年建。一在城北门外二里北山，正殿三楹，钟、戏楼各一，配庑三楹，禅房二楹。正殿恭悬乾隆十九年御书“灵著豳岐”匾额）。

观音堂（二：一在城东北隅，正殿三楹，左右配庑各三楹，钟楼一，大门一楹。乾隆四十八年建。一在城东门外十二里龙潭山，正殿三楹，祭祀房三楹，禅堂三楹。乾隆十九年建。正殿恭悬乾隆十九年御书“福佑大东”匾额）。

崇礼龙王庙（三：一在城小东门外一里江北岸，正殿三楹，配房三楹，大门一楹。乾隆二十五年重修。一在江南岸，正殿三楹，配房三楹，门宇四楹。乾隆五十七年增建。一在城东门十二里龙潭山，正殿三楹，山坡牌楼一座。乾隆十九年建）。

西方寺（在城西门外一里。正殿三楹，左右配庑各三楹，耳房三楹，又弥勒殿一楹，钟鼓楼二，大门三楹，东西角门各一。乾隆二十五年，里民重修）。

瘟神庙（在城内东南隅。正殿三楹，配庑大门共六楹。康熙三十三年建）。

八蜡庙（在瘟神庙内，即虫王庙。正殿三楹，同时建）。

三义庙（在城北隅。正殿三楹。配庑三楹，大门一楹，东西角门二。乾隆二十年建）。

祖师庙（二：一在城大东门内路南，正殿六楹，配庑六楹，禅房三楹，大门二楹。嘉庆十二年重建。一在城外北山药王庙，侧殿三楹）。

财神庙（在城西北隅。正殿三楹，左右配庑各三楹，禅房三楹，牌楼一座，戏楼一座，大门三楹，东西角门二。嘉庆十二年，里民重修）。

药王庙（在城北山关帝庙后。正殿三楹，左右配庑各三楹，大门二楹。乾隆三年建）。

三官庙（在城隍庙东北隅。正殿三楹，左右配庑各三楹，大门三楹。乾隆四十四年建）。

东岳庙（在城大东门外，即天齐庙。正殿三楹，左右配庑各六楹，禅房三楹，钟鼓楼二，大门三楹。康熙二十五年建）。

火神庙（在城西门外。正殿三楹，左右配庑各三楹，大门三楹。嘉庆十三年里民修建）。

马神庙（在城西门外。正殿三楹，左右配庑各五楹，大门三楹。康熙三十四年建）。

山神庙（二：一在城西门外，正殿三楹，左右配庑各三楹，大门三楹，戏楼一座。雍正元年建。一在城东地藏庵侧，正殿三楹）。

喜庆寺（在城西门外九里欢喜岭。正殿三楹，配庑三楹，耳房、大门共四楹）。

北极庙（在城巴虎尔门外二里元天岭。正殿三楹，配庑三楹，耳房三楹，大门二楹。乾隆三十年建）。

大雄阁（即玉皇阁。在城外北山药王庙后山。高阁三楹。乾隆四十一年建）。

地藏庵（在城大东门外一里。正殿三楹，配庑五楹，禅房二楹，耳房二楹，钟楼一座，大门一间，东西角门二。乾隆五十二年建）。

鬼王庙（在城西门外一里。正殿三楹，大门一楹）。

毓麟堂（在城西北隅。正殿三楹，禅房一楹，大门一楹。乾隆十一年建）。

圆通寺（在城西隅。正殿三楹，耳房二楹，大门二楹）。

娘娘庙（在城东关帝庙后。正殿三楹。大雄阁一座）。

酒仙祠（在娘娘庙侧。正殿三楹）。

土地祠（在城内城隍庙侧。正殿一楹）。

功德院（在城北隅。正殿三楹，后殿五楹。左右配庑各三楹，大门三楹）。

贤良祠（在城内功德院侧。正殿一楹）。

昭忠祠（在城内城隍庙侧。正殿三楹。嘉庆八年建）。

宁古塔

至圣先师庙（在城东南隅，康熙三十二年建）。

文昌庙（二：一在城东南隅。一在城外关帝庙侧，正殿三楹。嘉庆二十三年建）。

魁星楼（同时建）。

城隍庙（在城外东南一里。正殿三楹，东西配庑各三楹，大门一楹）。

关帝庙（三：一在城外正西里许，正殿三楹，配庑各五楹，钟鼓楼各一，大门三楹。一在城外东南三里，正殿三楹，享殿三楹，大门三楹。一在城西南十里，正殿三楹，配庑各五楹，大门三楹）。

山神庙（二：一在城西门外里许，正殿三楹，东西配庑各五楹，大门一楹。一在城外东南一里，正殿三楹，东西配庑各五楹，大门三楹）。

地藏寺（二：一在城西门外三里，正殿三楹。一在城外东北隅二里，殿宇三楹）。

观音阁（在城西门外三里。正殿三楹，大门三楹）。

茶棚庵（城南门外。殿宇四楹）。

古佛寺（在城外东南里许）。

土地祠（在城外东南里许。正殿一楹）。

七圣祠（在城东南一里。正殿三楹，左右配庑各三楹，大门三楹）。

药王庙（在城外东南一里。正殿三楹，左右配庑各三楹，大门三楹）。

三官庙（在城外东北里许。正殿三楹，左右配庑各五楹，大门三楹）。

娘娘庙（在城外东北里许。正殿三楹，左右配庑各五楹，大门三楹）。

天齐庙（在城外东北一里。正殿三楹，左右配庑各五楹，大门三楹）。

财神庙（在城外东北一里。正殿三楹，左右配庑各五楹，大门三楹）。

祖师庙（在城外东北一里。正殿三楹，大门三楹）。

龙王火神庙（在城外东北一里。正殿三楹，左右廊房各五楹，山门三楹）。

马神庙（在城外东南隅。正殿三楹）。

伯都讷

至圣先师庙（在城东南隅。道光二年建）。

先农坛（在城南门外。雍正五年建）。

社稷坛（在城南门外。雍正十年建）。

风云雷雨山川坛（在城南门外。雍正十年建）。

城隍庙（在城西南隅。正殿三楹，旁庑三楹，大门三楹。雍正六年建）。

江神庙（在城南门外。嘉庆五年建）。

药王庙（在城东南隅。正殿三楹，左右配庑各三楹，大门六楹。乾隆十六年建）。

真武庙（在城西北隅。正殿三楹，左右配庑各三楹，大门一楹。乾隆二十九年建）。

娘娘庙（在城南门外一里。正殿三楹，西庑三楹，山门一楹。乾隆十六年建）。

关帝庙（在城外一里东南河口。正殿三楹，左右配庑各三楹，钟鼓楼各一，山门三楹。康熙四年建）。

祖师庙（在城外东南一里。正殿三楹，大门一楹。乾隆十六年建）。

龙王庙（在城外东南一里。正殿三楹，大门一楹。乾隆四十九年建）。

山神庙（在城西北隅。正殿三楹。乾隆二十九年建）。

财神庙（在城西街。乾隆二十九年建）。

瘟神庙（在城南。乾隆五十九年建）。

鲁班庙（在城南。道光三年建）。

鬼王庙（在城南。乾隆五十七年建）。

昭忠祠（在城南。嘉庆九年建）。

石佛寺（在城外旧东京城东南隅。相传金时慈圣太后所建。石佛高二丈余，后石首坠，有石工人欲凿为碾，甫举锤头，涔涔①痛置之。是夕，里人同感异梦。于是，举

① 形容汗流浃背。

石首，凑诸像，冶铁固之，即古址建刹。至今香烟尤盛）。

观音寺（在吉林峰下）。

三姓

至圣先师庙（在城内）。

文昌阁（在城内）。

魁星楼（在城内）。

关帝庙（二：一在西北隅，正殿三楹，左右配庑各五楹，钟鼓楼各一，大门三楹。一在南门外，正殿三楹，左右配庑各五楹，钟鼓楼各一，大门二楹）。

马神庙（在城西北隅。正殿三楹，山门三楹）。

城隍庙（在城西北隅。正殿三楹，左右配庑各三楹）。

龙王庙（在城北四里。正殿三楹，左右配庑各三楹，钟楼一，大门三楹）。

三皇庙（在城外西南三里。正殿三楹，左右配庑各三楹，钟鼓楼各一，大门三楹）。

娘娘庙（在城外东北隅五里。正殿三楹，西庑三楹，大门一楹）。

财神庙（近城西北隅。正殿三楹，东西配庑各五楹，钟鼓楼各一，大门三楹）。

火神庙（在城外西北隅。正殿三楹，东西配庑各三楹，大门三楹）。

昭忠祠（在城外）。

阿勒楚喀

至圣先师庙（在城内）。

文昌庙（在城内）。

关帝庙（二：一在城南门外，正殿三楹，东庑五楹，大门三楹。一在城外西南隅，正殿三楹，东西配庑各五楹，钟鼓楼各一，大门三楹）。

城隍庙（在城西北隅，正殿三楹，东西配庑各三楹，大门三楹）。

龙王庙（在城东北隅，正殿三楹，东西配庑各三楹，大门三楹）。

三皇庙（在城内）。

娘娘庙（在城外东南隅。正殿三楹，大门三楹）。

虫王庙（在城外东南隅。正殿三楹，大门一楹）。

财神庙（在城外西南隅。正殿三楹）。

昭忠祠（在城内）。

山神庙（在城外西南隅。正殿三楹，东西配庑各三楹，大门一楹）。

乌拉

关帝庙（二：一在城内东北隅，正殿三楹。一在城北四里，正殿三楹，后庑二楹）。

药王庙（在城外西南隅。正殿三楹，后殿三楹）。

财神庙（在城外西北半里。正殿三楹）。

娘娘庙（在城外西北隅二里。正殿三楹，后殿三楹）。

山神庙（在城外西北四里。正殿三楹）。

拉林

关帝庙（在街内东北隅。正殿三楹，东西配庑各五楹，大门二楹）。

娘娘庙（正殿三楹）。

药王庙（正殿三楹）。

山神庙（正殿一楹）。

以上三庙俱在关帝庙内。

双城堡

关帝庙（中左右屯各一。右屯未建庙之先，佐领武伦保忽感异梦，晨起出门，遥望正东里许，有大庙宇一座。策马追寻，愈远无迹。回至初见之所，焚香许愿，建庙破土兴工时，得古磬焉）。

萨英额撰：《吉林外记》，姜维公、刘立强主编：《中国边疆研究文库初编·东北边疆卷十》，哈尔滨：黑龙江教育出版社，2014年，第86—92页。

第四章　教育史料汇编

一、学校

《长春县志》卷五《人文志》

学宫

长春府学在城东二道街路北。同治十一年，绅士朱琛等捐建大成殿三楹，东西庑各三楹，泮池、棂星门、斋舍、照墙如制。余未具（《吉林通志》卷四十六）。光绪某年，知府杨同桂曾修理之。民国十三年，长春县知事赵鹏第以文庙年久圮毁，又重修之。其初，建议者为孙其昌，督修者为荣厚，乃前后两道尹也。

张书翰，马仲援修；赵述云，金毓黻纂；杨洪友校注：《长春县志》，长春：长春出版社，2018 年，第 262 页。

《民国德惠县乡土志》卷十三《政体》

（四）属于教育者

1. 学务

A. 学校。遵照“本国”精神，以贯彻东洋道德，为实施“国民”教育之方针，私塾亦经严核考核，期与学校同耳。

B. 教员讲习会。教育重在师资，故对教员时时输以最新智识，以期教学相长耳。

C. 教育会改组。（伪）康德三年十一月呈准改组，设于县署内。

D. 民众教育。民众教育馆已设民众学校，又问字、问事、壁报、识字，均设于各校内。并拟就适当机会作识字运动，唤起一般民众之注意。民众教育馆内又设图书馆。

E. 青年团。(伪)康德三年十二月十日成立，计团员二八九名，均由商民充当，分六班轮流训练，年需八百圆，由教育局长兼任团长。

石绍廉编：《民国德惠县乡土志》，《中国地方志集成·吉林府县志辑 1》，南京：凤凰出版社，2006 年，第 465 页。

《民国德惠县乡土志》卷十三《政体》

一九　教育

概言

德惠原为长春东北部沐德、怀惠两乡之地，自宣统二年设官分治，于大房身置德惠设治局时，已废科举、兴学校矣。以故德惠无学宫书院之设，仅于乡屯有私塾、武学、满汉文学、骑射，冀获乡试之选。比及学校代科举而兴教育，方针虽变而世风民心未易，仍以学校为猎取功名之所。希图富贵腾达者皆出学校之门。学校科目虽备，而学者多畸重伦理文章，流弊已深，不可制止。以迄民国八、九年之间，此风尚未尽除。

石绍廉编：《民国德惠县乡土志》，《中国地方志集成·吉林府县志辑 1》，南京：凤凰出版社，2006 年，第 473 页。

《打牲乌拉地方乡土志》

学校

乌拉官学，在城中过街牌楼东。设自雍正七年，向由八旗子弟内拣挑十岁以上、性质明敏者百余人。分设左、右翼官学建修，前三间为汉学，后三间为满学。由各该旗拣其学问优长、骑射熟习之人，出派一名，令其训教读书，学习骑射以备选拔应差，按年出派官一员，笔帖式一员，专为管理、稽查功课，以免疏懈。嗣于同治九年，经吉林将军富□奏设满教习一员，其汉学仍拣学问优长者选用。周围土筑院墙，板门楼一座。

打牲乌拉总管衙门纂修：《光绪打牲乌拉乡土志》，《中国地方志集成·吉林府县志辑 1》，南京：凤凰出版社，2006 年，第 560—561 页。

《民国延吉县志》卷七《教育》

沿革

查延吉地处边陲，在前清光绪庚子年前，草昧初开，人迹鲜至，仅有韩侨垦地于此。及至兵燹乱后，始行设治，放荒招佃，人烟逐渐稠密，风气略觉开通。迨光绪三十年，陈丞作彦落任，遵章提倡设立学校一处，名为中学，嗣后乡学，亦次第举办。现在计男女学校十三处，学生共八百七十七名。各校之经过历史甚繁混而言之恐不周详。兹将各校沿革历史分析举列于左，以备参考。

一查县立第一初高等小学校在延吉北山，创自前清光绪三十年，经延吉厅陈丞作彦组织成立，名为中学堂，分普通、蒙养两班教授。当以款项支绌，规模未备，至三十三年阮丞忠植到延就任数月，查该校之设备及学生之程度，殊与中学不符。即改为初高等小学校，学生仍系两班。旋至三十四年吴督办莅延办理边务，因鉴该校日形废弛，遂即拨款改组规模，始稍完备。至宣统三年武昌起义，所有一般客籍教员学生，均纷纷请假言旋，其余本籍学生数名转入省垣中学肄业。该校势将瓦解，乃于民国元年八月复行组织高等生一班，初等生一班。次年二月，并将本城预科工业初等学校归并该校。

石绍廉编：《民国延吉县志》，《中国地方志集成・吉林府县志辑 2》，南京：凤凰出版社，2006 年，331—332 页。

《民国磐石县乡土志》

十九、教育

1. 概言

磐石地处边陲，开化较晚，兴学始于清光绪三十一年，彼时只有小学堂两处，生徒百余人，担任教学者率皆为旧日塾师，故对于格致等科阙焉弗讲，讲而弗详，以背读写为主，有教无育。是当日之学校，几无异变名之私塾也。至民国成立以来，教育立见起色，校数扩充，就学者日增，于是境内文化为之顿开，更于民国十九年设立中学一处，教育为之一振。

姚祖训修；毛祝民纂：《民国磐石县乡土志》，《中国地方志集成・吉林府县志辑 3》，南京：凤凰出版社，2006 年，第 182—183 页。

《民国辉南风土调查录》第六章《教育》

第一节　教育会

教育会。附设于劝学所，会长一人，主持全会事务；副会长一人，为正会长之协助；评议员四人，调查员四人，均由学界投票公举。职司研究教育之得失、管理之方法，以期随时改良，每年开会二次。

第二节　学校

城内两等小学校。本校于宣统三年正月成立，校址在县城东门里，房屋共四十五间，均系官修，面积二万二千二百方尺，操场在本校西墙外。校员十人，学生六级计二百二十四名，岁费小洋四千一百八十七元有奇。

南关国民分校。本校于民国八年四月成立，校址在县城南门外，校舍草房五间，系租赁民房，面积一万五千方尺，操场附本校后院，校员二人，学生一级计六十四名，费用由城内高等小学校开支。

城内女子国民学校。本校于民国二年五月成立，校址在县城北门里，校舍草正房九间，草厢房三间，系属官修，面积八千一百方尺，操场附校院内，校员二人，学生二级计九十一名，岁费小洋一千一百八十五元有奇。

王瑞之编：《民国辉南风土调查录》，《中国地方志集成·吉林府县志辑4》，南京：凤凰出版社，2006年，第32—33页。

《民国辑安县志·教育》

教育

教育局　清光绪三十二年奉令创办学校，同时设教育机关，初名劝学所，设于会泉街今县教育会地，设总董一人、劝学员一人。宣统三年二月，改总董为劝学员长，添县视学一员。民国二年二月，改组劝学所为教育公所，改劝学员长为所长。民国六年，复改为劝学所，职员名称仍旧。十二年五月，奉令改劝学所复为教育公所，颁发教育公所规程十五条。劝学所长解职，由教育厅重加委任为教育公所所长，劝学员改称事务员。所长一人、事务员二人、董事四人，不支薪俸。民国十五年，于县署东新建瓦屋五间，内外整齐，由会泉街迁入焉。民国十八年五月，改组为教育局，设局长一、县督学一、课长一、课员二、区教育委员三、雇员三。

刘天成编：《民国辑安县志》，《中国地方志集成·吉林府县志辑 7》，南京：凤凰出版社，2006 年，第 78 页。

《吉林外记》卷六

学校

吉林儒学，在城内东南隅。乾隆七年，永吉州知州魏士敏建庙宇、黉宫[①]，诸制略备。三十年，同知图善于庙内东南隅隙地，起奎星楼一间。上奉奎宿，下祀文昌帝君，其前，修棂星门三楹。五十五年，城内火灾，庙学俱毁，惟奎星楼存。将军琳宁奏请官银重新修葺，殿庑、门堂，焕然一新。嘉庆十一年，斋房又毁。十四年，奉天学政茹棻奏请颁内板经籍于奉省各学，饬建尊经阁。同知富元、学正孙鉽白、将军秀林、副都统达禄率所属官员、绅士，捐资修建尊经阁于斋房故址。此吉林庙学兴建之源流也。

庙在学之东，中为圣殿三间，东西两庑各三间。启圣祠三间，在殿后。大成门三间，在庑前。又前为泮水池。池北，东西两角门，东曰圣域，西曰贤关。正殿有仁宗睿皇帝御书"集圣大成"匾额。池南为灵星门。门墙外左右下马坊各一，其南照壁一座。明伦堂三间在庙之西，堂西庑为斋房三间，东向，今改为尊经阁三间。学正廨宇在明伦堂后，缭以墙垣，长四十丈，宽八丈。

圣殿中奉大成至圣先师位，两旁四配位：复圣颜子，述圣子思子。西向宗圣曾子，亚圣孟子。东向次十哲位：先贤闵子损、冉子雍、端木子赐、仲子由、卜子商、有子若。西向先贤冉子耕、宰子予、冉子求、言子偃、颛孙子师、朱子熹。东向正脊恭悬圣祖御书"万世师表"匾额。

东庑祀先贤：遽子瑗、澹台子灭明、原子宪、南宫子适、商子瞿、漆雕子开、司马子耕、梁子鳣、冉子孺、伯子虔、冉子季、漆雕子徒父、漆雕子哆、公西子赤、任子不齐、公良子孺、肩子定、鄡子单、罕父子黑、国原子亢、廉子洁、叔仲子会、公西子舆如、邽子巽、陈子亢、琴子张步、叔子乘、秦子非、颜子哙、颜子何、县子亶、乐正子克、万子章、周子敦颐、程子颢、邵子雍。先儒：公羊子高、伏子胜、董子仲舒、后子苍、杜子子春、

① 黉官是古代的学堂或学校，与泮官一起，代指学校。

诸葛子亮、王子通、范子仲淹、欧阳子修、杨子时、罗子从彦、李子侗、吕子祖谦、蔡子沈、陈子淳、魏子了翁、王子柏、赵子复、许子谦、吴子澄、胡子居仁、王子守仁、罗子钦顺。

西庑祀先贤：林子放、宓子不齐、公冶子长、公皙子哀、高子柴、樊子须、商子泽、巫马子施、颜子辛、曹子恤、公孙子龙、秦子商、颜子高、壤驷子赤、右作子蜀、公夏子首、后子处、奚容子蒧、颜子祖、句井子疆、秦子祖、县子成、公祖子句兹、燕子伋、乐子刻、狄子黑、孔子忠、公西子蒧、颜子之仆、施子之常、申子枨、左子邱明、秦子冉、牧子皮、公都子、公孙子丑、张子载、程子颐。先儒：谷梁子赤、高堂子生、孔子安国、毛子苌、郑子康成、范子宁、韩子愈、胡子瑗、司马子光、尹子焞、胡子安国、张子栻、陆子九渊、黄子干、真子德秀、何子基、陈子澔、金子履祥、许子衡、薛子瑄、陈子献章、蔡子清、陆子陇。其启圣祠在圣殿后，祀肇圣王木金父，裕圣王祈父，诒圣王防叔，昌圣王伯夏，启圣王叔梁乞。东配先贤颜氏无繇、孔氏鲤；西配先贤曾氏点、孟孙氏激。东从祀先儒程氏珦、周氏辅成、蔡氏元定。西从祀先儒张氏迪、朱氏松。

道光二年二月谕：明臣刘宗周植品莅官，致命遂志，实为明季完人。其讲学论心，著书立说，粹然一出于正，洵能倡明正学，扶持名教。刘宗周著从祀文庙西庑，列于明臣蔡清之次。从御史马步蟾请也。公籍隶山阴，自壮登仕，历官至左都御史。明季时，清标介节，冠于同朝。忠言谠论，形诸奏牍，以及殉难捐躯致命，遂志载在史传。我朝乾隆四十一年，赐谥忠介。著有《刘子全书》百余卷。其学专以诚意为主，而归于慎独，发明圣贤宗旨。

道光三年二月谕：原任尚书汤斌，学术精醇，顺治年间有旨，褒其品行清端，康熙年间有旨，称其老成端谨。至其政绩卓著，则禁侈靡，兴教化，举善惩贪，兴利除弊。官岭北时，擒获巨寇，以靖地方。巡抚江苏时，毁不经之祀，化斗很之风，奏豁民欠，议减赋额。还京之日，部民送者十余万人。其他奏议，忠言谠论，剀切详明，正色立朝，始终一节。所学主于坚苦自持，事事讲求实用，著书立说，深醇笃实，中正和平，洵能倡明正学，远契心传。汤斌著从祀文庙东庑，列于明臣罗钦顺之次。从通政司参议卢浙请也。乾隆元年，赐谥文正。公籍隶河南，授职词垣，历官至尚书。学术深醇，事业昭著，不减前贤。《四库全书》公遗书十卷。谓其坚苦自持，事事讲求实用，奏议规画周密，条析详明，不同迂论。

道光五年二月谕：明臣黄道周著从祀文庙东庑①明臣之次。从浙闽总督赵慎畛请也。公籍隶漳浦，历官少詹，忠言谠论，守正不阿，中遭贬黜，矢志不移，卒能致命成仁，完名全节，明史传赞。乾隆四十一年，赐谥忠端。录其生平，著述尤富，《四库》采录其书多至十种，皆阐明经旨，推治道，而最深于《易经》《孝经》，虽在狱中，犹草易图六十四象，写《孝经》一百二十本。可谓信道成仁，以诚意为主，而归于慎独，以致知为宗，而止于至善，守朱子之道脉，而独溯宗传。

尊经阁存贮书籍目录

《圣谕广训》一部一套，《御制周易折中》一部一套，《钦定书经传说汇纂》一部四套，《钦定诗经传说汇纂》一部四套，《钦定春秋传说汇纂》一部四套，《钦定周官义疏》一部七套，《钦定仪礼义疏》一部八套，《钦定礼记义疏》一部十套，《御注孝经》一部一套，《御定孝经集注》一部一套，《御纂周易述义》一部一套，《御纂诗义折中》一部一套，《御纂春秋直解》一部一套，《御纂朱子全书》一部四套，《御纂性理精义》一部一套，《御定康熙字典》一部六套，《御批资治通鉴纲目》一部八套，《御定子史精华》一部四套，《御定佩文韵府》一部二十套，《御选古文渊鉴》一部四套，《御选唐宋文醇》一部二套，《御定四书文》一部三套，《周易注疏》一部一套，《尚书注疏》一部一套，《毛诗注疏》一部二套，《左传注疏》一部二套，《公羊注疏》一部一套，《谷梁注疏》一部一套，《周礼注疏》一部二套，《仪礼注疏》一部二套，《礼记注疏》一部二套，《论语注疏》一部一套，《孟子注疏》一部一套，《孝经注疏》一部一套，《尔雅注疏》一部一套。

共三十六部，计一百一十六套。

《御论》一本（道光三年颁发）。《钦定学政全书》一部，十六本。

道光五年，将军富俊以八旗世仆于国语、骑射而外，当教以清汉文义，奏请颁发书籍，存贮印库。目录：

《开国方略》一部四套，十六本。《八旗世族通谱》一部六套，二十六本。《盛京通志》一部八套，六十四本。《清文户部则例》一部（殿本无存）。

① 指正房东边的廊屋。古代以东为上首，位尊。

《清文大清律例》一部六套，四十八本。《清文工部则例》一部（殿本无存）。《清文礼部则例》一部（殿本无存）。《康济录》一部一套，六本。《耕织图》一部四套，二十四本（即《授时通考》）。《渊鉴类函》一部二十套，一百四十本。《清字四书》一部一套，六本。《清字五经》一部十一套，五十二本。

蒙古《圣谕广训》一部一套，二本。

学额

岁试入文童四名，武童四名，科试入文童四名，廪额二，增额二，五年一贡。吉林民籍由宁古塔移驻，立学之始，年远无考。学政官由雍正十二年添设。嘉庆五年奉旨，添满合二号，文童每五六名取入一名。十三年，学政茹棻奏定，满字号廪额一，增额一；合字号廪额一，增额一，十年一贡。道光六年，将军富俊会同学政陈奏添长春厅学额三名，伯都讷一名，初定未设廪、增，仍隶吉林儒学。

儒林文苑

进士（民籍）

田麟（顺治壬辰科，历官内宏文院编修）。

马维驭（乾隆庚子科，历官湖北施南府知府）。

举人（民籍）

吴三元（顺治乙酉科，历官贵州遵义府知府）。

李锠（乾隆甲子科，知县衔，未仕）。

刘铨（乾隆戊申科，知县衔，未仕）。

马维骢（乾隆乙卯科）。

恩贡生（民籍）

宁廷璧（乾隆三十九年）。

王光裕（乾隆四十九年）。

宋桂芳（乾隆五十四年）。

武青选（乾隆五十九年）。

宣　麟（嘉庆四年，现任临汾县知县）。

刘福生（嘉庆九年）。

经　元（嘉庆十四年）。

吴黄金（嘉庆二十四年）。

武全义（道光四年）。

拔贡生（民籍）

李　麟（乾隆三十年）。

王　杰（乾隆四十一年）。

宁天禄（乾隆五十三年）。

马维聪（嘉庆五年，河南试用知府）。

陈志英（嘉庆十七年）。

王　锡（道光四年）。

岁贡生（民籍）

杨清久（乾隆三十四年）。

刘　伟（乾隆三十九年）。

王怀温（乾隆四十四年）。

陈志星（乾隆四十九年）。

张　恭（乾隆五十四年）。

齐尚懿（乾隆五十九年，云南大姚县知县）。

杨　实（嘉庆四年）。

顾怀良（嘉庆九年）。

韩　谦（嘉庆十四年）。

张文蔚（嘉庆十九年）。

勾　功（嘉庆二十四年）。

马光第（道光四年）。

优贡生（合字号汉军）

沈承瑞（嘉庆十五年）。

沈志朴（嘉庆十八年）。

岁贡生（满字号）

七车布（嘉庆二十三年）。

岁贡生（合字号汉军）

田烈功（道光三年）。

白山书院在参局街。嘉庆十九年，将军富俊买民居为学舍，有房五间。十九年，原任吏部尚书铁保谪戍吉林，榜以今名。将军富俊以其地近市哗器，改修宾馆，即舍后修学舍五间，榜以故额。其跋曰："此邦人士，重武备而略文事。将军富俊、副都统松箖首创书院。延前归德守熊西山之书，前经历朱慎崖、宇泰，前福建令朱玉堂，履中主讲席，彬彬弦诵，文教日兴。余喜其创始之难，而乐观其成也，于是乎书。"

满学十三：

吉林，二：在圣庙西南半里许，学舍十四间。康熙三十二年，公捐营建。乾隆七年，奏请官银修葺。八旗每佐领每岁额送学生四名。

宁古塔，二：在城内东南隅，学舍六间。雍正六年，公捐营建。乾隆五十七年，奏请官银修葺。八旗每佐领每岁额送学生六名。

伯都讷，二：在城内正南，学舍六间。雍正六年，公捐营建。乾隆四十八年，奏请官银修葺。八旗每佐领每岁额送学生四名。

三姓，二：在城内东南隅，学舍六间。雍正十二年，公捐营建。乾隆十七年，奏请官银修葺。八旗每佐领每岁额送学生四名。

以上八学，俱分左右翼。

阿勒楚喀，一：在城内东南隅，学舍三间。雍正五年，公捐营建。乾隆三十三年，奏请官银修葺。八旗每佐领每岁额送学生三名。

拉林，一：在堡内东北隅，学舍三间。乾隆二十一年，公捐营建。三十五年，奏请官银修葺。八旗每佐领每岁额送学生三名。

乌拉，二：学舍六间，公捐营建。嘉庆二年，奏请官银修葺。每岁额送学生四名。乾隆三十年，总管索柱捐建汉义学于城内。

额穆赫索啰，一：学舍三间，公捐，生徒无额。

以上十三学，生徒俱于二月上学，习清文、骑射。将军富俊四任吉林，左右翼二学添习清汉翻译，每月朔、望呈递课本，将军富俊亲笔改正，并时常赴学考验功课，优者奖励，给以笔墨，劣者交助教开导指引，文教日兴。

蒙古学，一：在圣庙西南半里许，学舍三间。乾隆六年，蒙古八旗兵力营建。五十八年，奏请官银修葺。生徒无额，习蒙古文、骑射，余与满学同。

吉林左右翼二学，助教官二员，每翼教习四名，由领催、披甲内挑选。蒙古学系蒙古翻译笔帖式兼充教习。其宁古塔、伯都讷、三姓、阿勒楚喀、乌拉、拉林每学各设教习笔帖式一名，亦各有教习帮教。惟珲春、额穆赫索啰学舍系兵资营建，未设教习笔帖式，各由本处领催、披甲内挑选通晓清汉文义者，充作教习。

萨英额撰：《吉林外记》，姜维公、刘立强主编：《中国边疆研究文库初编·东北边疆卷十》，哈尔滨：黑龙江教育出版社，2014年，第79—86页。

《吉林志书·学校》

一、奉原单内开："学校各额有无增减，详查造册送馆"等语。

查吉林地方，乾隆七年永吉州知州魏士敏在城内东南隅建立文庙圣殿三间，启圣祠三间，东庑、西庑各三间，大城门三间，棂星门一间，泮池一座，照壁一座，明伦堂三间，儒学学署五间。乾隆三十年，同知图善建立魁星楼一座，山门三间。遭遇火灾圣殿被毁，奏请动用官银，重新修补。嘉庆十四年，缘奉天学政茹礼知奏准颁发官刻书籍，饬令修建尊经阁一座。吉林理事同知富元当即在于学署明伦堂前偏西，捐建尊经阁三间。

一、吉林学额。民籍童生，旧定额数岁考额入文生四名，武生四名。科考额入文生四名，额设廪生二名，增生二名。定例每五年出岁贡一次。自设学以来，各额均无增减。至吉林满合二号旗童，自嘉庆五年科试起，添增旗学。嘉庆十三年，满合二号各设廪生一名、增生一名，业经定额。唯满合二号考取文生额数，尚未定额。又查吉林地方，康熙三十二年在城内东南隅，兵力修建左右翼官学十四间，于乾隆七年改为官项修补。八旗每牛录各额送学生四名入学读书，每年十二月收学，十月散放。于乾隆六年，在城内东南隅，蒙古八旗兵力修建蒙古官学三间，于乾隆五十八年改为官项修补，由本旗学生尽其入学读书，每年二月收学，十月散放。

打牲乌拉地方，原有八旗兵力修建官学三间，于嘉庆二年改为官项修补。每旗各额送学生四名入学读书，每年二月收学，十月散放。

额穆和索罗地方，原有兵力修建官学三间，由该佐领下学生尽其入学读书，每年二月收学，十月散放。

宁古塔地方，雍正五年在城东南隅，兵力修建左右翼官学六间，乾隆五十七年改为官项修补。八旗每牛录各额送学生六名入学读书，每年二月收学，十月散放。

珲春地方，原有兵力修建官学三间，由该处学生尽其入学读书，每年二月收学，十月散放。

伯都讷地方，雍正四年在城内正南，兵力修建左右翼官学六间，于乾隆四十八年改为官项修补。八旗每牛录各额送学生四名入学读书，每年二月收学，十月散放。

三姓地方，雍正十二年在城内东南隅，兵力修建左右翼官学六间，于乾隆十七年改为官项修补。八旗每牛录各额送学生四名入学读书，每年二月收学，十月散放。

阿勒楚喀地方，雍正五年在城内东南隅，兵力修建官学三间。

拉林地方，乾隆二十一年在拉林堡内东北隅，兵力修建官学三间，此二处官学于乾隆三十三、三十五等年改为官项修补。八旗每牛录各额送学生三名入学读书。每年二月收学，十月散放。

以上吉林所属各处，除此以外并无另设学校之处，理合声明。

穆铁森：《吉林志书》，李澍田主编：《长白丛书》（二集），长春：吉林文史出版社，1986 年，第 30—31 页。

二、私塾

《长春县志》卷五《人文志》

艺文

文诗

养正书院记

书院非古也。古者，自王国至州遂乡党，无不学之地；自天子至于庶人，无不学之人。逮嬴秦灭学，更汉唐之盛，郡县多庙而不学。宋庆历间，始诏诸州立学，而其所以为教，又非古法。于是一二有志之士，往往于先儒过化之地，名贤经行之所，聚徒讲学，奋然求道于千载之下。宋元以来，真儒辈出，此书院之所由尚也。

国朝稽古右文，通都大邑各建书院。长春地属郭尔罗斯，自嘉庆设治以来，生齿日繁，而学者苦无师承。癸未冬，金镛来权斯邑，深慨书院缺如，无以培植人材，乃与厅之绅士议创设之，遂倡捐廉俸千金，购地城北，刻日鸠工。厅之好义者，咸乐输将，以成此举。于是，会讲有堂，燕居有室，讲习有舍；储经史为观摩之地，给膏火为讲习之资。既成，招诸生读书其中，因告之曰：书院之以“养正”名，何为乎？《易》曰：“蒙以养正，圣功也。”以诸生向学之殷，几于有成，命名之义，得勿疑其卑视乎？慨自科举之学与性命之学分，于是士争习夫占毕帖括之学，以奔走于功名得失之途，而于圣贤之学忽焉不讲。校之犹而去其派，流之导而忘其源。欲真才之出，其可得耶？是邦僻居边塞，士安朴陋，窃喜其习染未深，正得以实学倡导，为是邦开风气之先，诸生其有意乎？上而孔孟，下而程朱，其理平庸，其道浅近，不必烦为之辞也。以所课之艺返诸躬，即是真学；以所讲之学发为文，即是至文。今书院之立也，按月课以帖括之文，即当世所尚科举之学也，诸生其返诸躬乎？而又仿诸儒聚徒讲学之例，以求性命之归，诸生其推究圣贤立言之意，以发为文乎？讲求乎诚正修齐之道，操习乎记诵辞章之术，迨至下学渐臻上达，是养正之意，即作圣之功也。不然，宋元诸儒崇事书院，以求不失古先王立学之遗者，不且事义相背，名实不符欤？

诸生勉旃，盖今日体会无差，即他时推行尽善，将见文学、儒林、名臣、循吏，诸生必有各居一席者。命名之义，引端焉耳卑视云乎哉。若夫亲执皋鼓，劳瘁不辞，则别君镇卿、张君献廷，实始终之。至庀工月日，糜银若干，勒之碑阴，兹不赘。

光绪十一年三月

锡山李金镛谨撰

移建魁星楼记

壬寅秋，将移建魁星楼于城之东南隅。适有客诘曰：博博大地，竞进文明，眷此时艰，方创学堂、建藏书楼之不暇顾，惓惓于魁星何居？乃答云：余未尝学问，不识时务，然见地球各国，礼基督者峻其堂，奉清真者隆厥寺；且倡忠义者树帜，励节烈者建坊。有开必有先，斯风从响应，譬如入市不瞻标识，则伥伥何之？夫魁星为天府之文明，兹之建楼，所以为文明之标识也。

忆余投笔从戎，纵横数万里，人文渊薮与蛮犷村墟，所阅不知凡几。距境数百武，遥望其气势磅礴，峦壑腴秀者，则知为文教之乡也；其树童泽涸，脉络淆杂者，为野蛮无疑。然后文运之振，以兴学为权舆，而气脉之维持，亦与有力焉。辛丑冬，余承乏长春，见其阛阓填溢，人烟辐辏，富且庶矣。第考仕籍、登金马、步玉堂者盖寥寥然。及接见士人，亦不乏彬雅温秀可敬可爱之材。因忆胡文忠公官鄂时，以提倡文教为首务，我楚人文彬蔚，即基碍于是。爰师此意，整顿书院，严定课程，以兴实学；聘耆儒之有行者，朝夕宣讲《圣谕广训》，以牖民智。且治渠道，植树木，莳花草，以达生气，无非为振兴士习，鼓吹文明，然犹虑地运之未灵也。旧有魁星楼丽于武庙中，位置既觉非宜，观瞻亦形不肃。况城之东南隅，位居巽地，不有巍峨层阁，缺陷滋虞，今移建斯楼，若天命、地运、人事有莫之为而为者，其殆为文明之起点也欤？客谢而退。

于是，集重绅，议移建，询谋佥同，诹吉卜筑，鸠工庀材，阅数月而工竣。斯时也，膏雨时澍，薰风徐来，清溪环流，万山遥映，左有嵯峨之回寺，右有崔巍之武庙，三峰鼎峙，秀气可挹。所愿郡属人士鉴观有赫，触目警心，务发奋以自强，勿拘迂之是涸。处则究心远大，树邦国之先声；出则克建勋名，为中华而壮气。上以副国家作育人才之意，下无负此日倡兴文教之思，是则余之所厚望也。

楼成，爰泚笔而为之记。

知长春府事王昌炽自记

杏花村记

盛衰者时也，兴废者数也。而所以致此盛衰兴废者，则视乎其人。长春府城西有杏花村焉，为灌园刘殿臣旧业。其地平冈环绕，中有碧水一泓，栽植红藕花入夏妍。于冈上杂莳榆柳、樱桃之属，惟杏最多，故村以是得名。

光绪庚子，拳匪[①]扰，边衅开，俄人率其甲兵踞我郡治，村距城近，不免为戎马所蹂躏。榆、柳、樱、杏，半斧作薪，水泉涸竭，莲藕枯败。刘殿臣，一窭人耳，不图作修复计，遂使胜境将成秽墟。楚北王古愚太守来莅是邦，顾而惜之，捐俸购焉。寻其泉源，益为开浚。遍觅菱藕，移植其中；而若榆柳，若樱杏，栽者培之，缺者补之。复规度地势，构茅舍三楹，颜曰“课农山庄”。每当夏秋佳日，公余之暇，集其宾僚，藉游宴以省耕敛，兼令刘殿臣司培溉、扫除之役，俾已兴者不致复废。于是都人咸啧啧相告曰，太守之为此，与苏子瞻《喜雨》、欧阳永叔之《醉翁》媲美千古矣。呜呼，此

① 义和拳。

犹以浅见测太守也。

太守初抵郡，强俄逼处，剧贼内讧，太守因时制宜，从容布置。贼有夺民一钱者，戮以徇；俄有占民寸土者，争必力。集父老，询疾苦，凡可以保我黎庶者，无不为所当为。经营载余，郡以大治，其杏花村之修建，犹绪余耳，以视《喜雨》《醉翁》，实有过之无不及。盖观夫“课农”二字，太守固欲扩充其量，仿行屯田，以实边而弭患焉。异日政成报最，洊膺大任，凡所设施，必能转衰为盛，百废俱兴，有足以实吾言而副吾望者，岂仅长春一府、杏花一村，可尽太守之经纶，觇太守之抱负哉！爰泚笔而为之记。

光绪二十九年岁次癸卯夏五月中浣浙江秋元朗定之撰

长春重修文庙记

钟广生　孙盦

圣人之道，蟠天而际地，故百世宗仰，而报飨特隆。上自京国，旁及郡邑，海隅徼塞，四方万里之外，莫不崇饰坛埠，置官立学，揭揭业业，协于大同，唐宋以来，著为典常，未有与易。

长春文庙，旧在城东南隅。清同治癸酉，有薄侯者来官斯邑，始建置之，距今五十有二年矣。风雨所摧剥，寒暑所荡摩，栋之曲者日以挠，堂之欹者日以圮，循是不复，其何以展敬事，襄盛仪。斯诚有土者之所羞也。共和十三载，建岁甲子，吉长道尹荣公典领方牧，右文师古，既绥既宁，念泮水之湮芜，悯斯文之将坠，慨焉兴作，克迪前光。乃以命知县事赵侯。而诏之曰：呜呼，天将丧乱于有邦，不务修文德以作新民，惟是力争日寻干戈，竞相雄长，黉序弦歌之声，阒焉无闻。盖上失其道，而民之无教也久矣。余忝窃高位，而俗陋民顽，庙祀之仪不修，心滋戚焉，愿更新之，以肃群志，而弼治化，其可哉？赵侯应曰：诺。

当是时，库无羡储，民鲜盖藏，赖侯之力，拮据经始，凡算缗三万八千，取诸县自治费者若干，其捐廉募者若干。孟夏四月，庙工始作，迄仲秋八月而新基庆成。是月也，上丁释奠，堂庑焕然，考钟伐鼓；庭燎有辉，骏奔在位，执事孔虔也。于是，绍明禋于既往，昭宏范于来兹。以属广生砻石镵词，欲有所述。

嗟夫，方今中原蜩螗，四方多金革之事。文治之衰，不绝如缕；饩羊犹存，可谓难能。况夫雍容一堂，振废坠而复兴之，其于扶翊风教，昌明圣学，顾不重且巨乎哉！是可记也已。

荣公名厚，满洲镶蓝旗人；赵侯名鹏第，江苏丹徒人。

甲子十月，钱塘钟广生记，固始许成琮书，金州李西刻石并篆额。

中华民国十三年十月谷旦

长春怀古

杨同桂　伯馨

李唐渤海昔纷庞，千里堤封说大邦。
地势南连元菟郡，风声北抵黑龙江。
贡鹰使者来何数，搏虎男儿事少双。
自破扶仙辉汗弱，可怜谭谍已先降。

州近长春地势非，火辽捺钵想余威。
黄龙据塞方称险，颓马临江已破围。
嗣有留哥思继续，臣如公鼎播遗徽。
而今欲问行宫胜，禾黍离离映夕辉。

长春怀古

宋玉奎　惺吾

一线鸿沟万马营，金辽人代几纷更。
残碑犹有黄龙字，古道遥通铁凤城。
碧眼贾胡争互市，南冠伧楚尚称兵。
秋风多少归来想，尽在鲈鱼莼菜羹。

长　春

划断鸿沟万里桥，南胡北越息喧嚣。
一从绝漠通天堑，迭见飞轮走画轺。
宛马城中方互市，清人河上自逍遥。
凄凄重过长春路，秋满中原恨不消。

南越北胡势等参商，以有中原为之限也；胡越喧争，则中原尽矣。

弃尸　有序

佚　名

星期日造四道街第一初等小学校，返自小西北门时，天雨初晴，道路泥泞。偏坡有小径，方欲上升，忽十数人舁露尸六七具，由径下过，急掩鼻趋径，下泥泞中避之，目不忍视。及舁尸者去稍远，始归原路，回视舁者过桥而西，弃尸沟中，感而有作。

今朝胡不幸，路遇数舁尸；乍见不忍睨，急趋道下避。
向前步有时，始敢一回视；遥遥往西行，缓缓过桥去。
弃掷沟壑中，不为虆梩蔽；任彼风雨侵，饱共野犬食，
嗟尔何处人，是谁致尔死？岂无父与母，抛却妻与子。
白骨乱蓬蒿，家中不曾识；无故生我国，不能谋自立，
死为涂上莩，此亦何足惜；奈何使我逢，致吾心戚戚。

李公祠楹联

王昌炽　古愚

凡事之开必有先，公昔曾绾斯符，召父且兼称杜母；
极盛以后难为继，我今忝权此篆，萧规未免愧曹随。

同

沙净浦　何晓川

当年几席，亲承讲学，公余善化，如逢三日雨；
此际馨香，共祝感怀，没世遗风，犹薄万里春。

同

边著煊

莅治俨慈君，合万家而曲尽勤劬，俎豆馨香，应信我公无愧色；
教民先爱士，开大厦以广延寒畯，讴歌弦诵，更能何日不思恩。

同

窦际荣

公去其神乎，行觇万井人烟，恍若开妇孺口，乐称生佛；
我来孔后矣，今坐一山讲席，犹可见弦歌事，赖有慈君。

同

成　勋

中外播贤声，环顾边陲，政绩允推魁杰；
巍峨瞻庙貌，惓怀时局，保障犹藉英灵。

同

纪维纲　张凤田

溯我公布泽无穷，乐利莫忘，万户于今怀旧德；
愧吾辈酬恩已晚，高深难答，四民惟有祝新词。

同

峻昌

道德五千言，经传世系，私淑有心，予未得为徒也；
功勋两三省，泽被生灵，公忠在抱，民到于今称之。

同

绰哈布

治行遍鸡塞，碑留德政，颂起循良。溯往时，捍雄邻、擒渠寇而卫民；修圜法、振文风而变俗。经猷宏远，允推盖世勋名。过春城瞻拜崇祠，看赤桶丹楹，偕金石旗当昭万古。

声望振龙江，妇孺讴歌，羌戎宾服。忆当年，涉沙漠、辟穷荒以兴利；足食兵、务生聚以实边，艰苦备尝，耗尽荩臣心血。抚遗像追怀老友，想忠灵浩气，与日星河岳炳千秋。

同

林松龄

裁丁理契，惠我无疆，迄今饮水思源，春褕秋尝难报德；

开矿实边，交邻有道，至此承流仰化，青天白日怅先型。

同

李希莲

教养仅三年，学校兴，田野辟，此老余恩，当留想像；

蛮蒙数百里，食旧德，服先畴，斯民致享，聊报功勋。

同

史蓝　仙舫

堤赈创而民甦，荒矿开而边实，巩龙兴基础，慑虎视威棱，信义著朝野中西，华夏有达人，固不让美宦欧臣风骞万古；

以先劳为教养，以廉敏铸精神，遗爱洽棠封，新猷辉柳塞，感颂遍士农工贾，长春瞻庙貌，洵足与吴江漠水鼎峙千秋。

同

虚堂悬镜，洞澈民情，荐丹荔黄柑，父老从头思惠政；

先我着鞭，经营边要，过白山黑水，生平低首拜公祠。

节孝祠楹联

仁政以穷民居先，愿两庑孤孀，尽效夫巴妇怀清，共姜矢志；

洁操为圣世所重，看千秋特祀，同嬴得守臣致祭，宗伯题名。

张书翰，马仲援修；赵述云，金毓黻纂；杨洪友校注：《长春县志》，长春：长春出版社，2018 年，第 275—283 页。

第五章　交通史料汇编

一、道路

《民国德惠县乡土志》卷十三《政体》

道路

计由县城以达各区保汽车路均已修筑，并修成往“新京”与往邻县各路。

桥梁

计已着手修建者：饮马河之铁桥及富家桥、太平桥、翟家桥等各木桥。

河川

护岸之修建，先就饮马河着手，当含有以工贷赈之义。

石绍廉编：《民国德惠县乡土志》，《中国地方志集成·吉林府县志辑1》，南京：凤凰出版社，2006年，第461—462页。

《民国双阳县乡土志·交通》

交通

（一）道路无梗塞之处，由县城南至磐石县境有大路二条：（一）南行偏西由虫王庙经二道梁子过将军岭，迤南过土顶子至磐石县界；（二）东南行经鸭子架分水岭，过新开河、五家子、三家子至磐石县界。由县城北至长春县有大道一条，经莲花泡、栗家屯，迤北至前后姚家城，再北奢岭口子经小河台出柳边至长春境。驿站大路东西横贯县境，西由四区石溪河子、三家子至伊通县界，东由二区长岭子渡饮马河至吉林县界。

（二）邮政。县城设有邮政收信所，吉长磐伊四县之信件皆可直达于此。

吉人修，吴荣桂、陈永奉纂：《民国双阳县乡土志》，《中国地方志集成·吉林府县志辑 1》，南京：凤凰出版社，2006 年，第 529 页。

《民国延吉县志》卷八交通

铁路

县境现无铁路地点，惟边务中日善后条约，曾订有建修吉会铁路之案，若他日建修必须由县属头道沟经过，但现尚未有规划一定路线之明文。

邮便

延吉设有二等邮政局一处，马差三十名，邮便路线由吉林至珲春一千零一十里，画极按站轮流接替，计七十二点钟可能递到。步差三名，邮便路线由延吉至汪清计一百二十里，每隔二日发信一次，计十八点钟递到。由延吉至和龙计八十里，每隔一日，双日发信一次，计九点钟递到。由延吉至头道沟计八十里，每隔一日，单日发信一次，计九点钟递到。由延吉至六道沟计四十里，该处信件未设专差，按日随和龙或头道沟步差捎递一次。马步邮便传递敏捷，尚无停滞之弊。

电线

县境电线于前清光绪三十三年九月敷设，自□安县至五台站，经汪清属之凉水泉工入境。

石绍廉编：《民国延吉县志》，《中国地方志集成·吉林府县志辑 2》，南京：凤凰出版社，2006 年，第 346 页。

《民国辉南风土调查录》第十四章《交通》

第一节　道路

辉境道路，由县城东至蛟河三十里，东南至四方顶子九十里，均通吉林蒙江县；西至高集岗三十里，西北至团林子三十五里，均通海龙县朝阳镇；南至孤顶子四十五里，西南至杉松岗楼上三十里，均通柳河县样子哨；北至辉发城三十里，东北至托佛别七十里，均通吉林磐石县朝阳山。所有道路无一平坦，东南则山陵错杂，忽起忽伏，西北则泥泞滑汰，轮蹄陷没，仅至冬季雪冻地坚，始能通顺。本年遵奉上令，实行平治道路，督饬警察，责令村民分段培修。县城里及四关厢叠起土路，两旁挖成水沟，用木料支掌，上覆长板。四乡镇市通衢均就原有涂径测其平颇，使路高于地。山路狭窄，均铲荆斩棘，将路身略事展宽，山涧沟渠一律用木建筑桥梁。远近行旅，乃无蜀道之叹矣。

王瑞之编：《民国辉南风土调查录》，《中国地方志集成·吉林府县志辑4》，南京：凤凰出版社，2006年，第72页。

《抚松县志》卷一《地理》

交通

道路

县境自东北之露水河至西南之松树镇，长约二百五十里，为临、抚、安往来之要道。惟向以山岭崎岖，丛林满野，交通极感不便。嗣经知事张公杰三督饬各区分段修理，开宽岭道，修建河桥，今则冬季可行扒犁，夏可通行驮子①，行旅较为便利。松树镇与海青镇之间沿汤河而行，河水一有暴涨即不能通行；且跨汤河两岸达于蒙江县境，胡匪出没无常，行旅极感不便。复由海青镇南经西南岔，开一可通临江之新道，以利交通。

兹将由县城距各处里数分述于次：

西南至松树镇九十里。

西南至老岭一百一十里，与临江分界。

南至西南岔八十里。

南至海青镇四十五里。

东南至西岗防所八十里。

南至雕窝砬子防所三十里。

东至东岗防所九十里。

东北至露水河子防所一百六十里，与安图县分界。

东北至北岗防所五十里。

东北至贝水滩防所二百二十里。

北至万两河防所三十里。

北至黄泥河子防所六十里。

---

① 驮货物的牲口。

西北至抽水洞防所四十里。

西北至榆树河子防所七十里。

西北至两江口一百五十里，与桦甸县分界。

东南至漫江防所一百五十里。

船渡

抚松大水以头、二道松花江及松香河、汤河为最大，各交通要路均设有小船以渡行人，俗称艚艭，择要列之于次：

西江沿渡船　在县城西里许，旧名牤牛哨，可通蒙江。

北松香河沿渡船　在城北二里许。

南甸子江沿渡船　城南八里。

汤河口渡船　城南三十八里。

窑营渡船　城东北十五里。

贝水滩渡船　城东北二百二十里。

砬子河渡船　城北一百三十里。

薛船口渡船　城北九十里，可通桦甸。

两江口渡船　城北一百里。

……

邮路

由县城西至蒙江县，计一百二十里。

由县城南至松树镇九十里，再过老岭，可达临江。

由县城东北行，可达安图县，计三百里。

电线

抚临线　由县城南行经海青镇、松树镇，达临江，此线可通电话，并设有电报专线。

抚安线　由县城东北行经北冈、露水河，可达安图县城，仅通电话。

北冈电话　附抚安线。

露水河电话　附抚安线。

海青镇电话　附抚临线。

松树镇电话　附抚临线。

万里河电话　由县北行三十里。

黄泥河子电话　再由万里河北行四十里。

抽水洞电话　由县西北行四十里。

东岗电话　由县东行一百里。

西岗电话　由县南行一百里。

抚蒙电话　由县城渡江，西经蒙江境、榆树川头、二道花园，可达蒙江。

张元俊监修、车焕文总编：《民国抚松县志》，抚松：抚松县长白山文化研究会，抚松县收藏协会，2017年，第23—25页。

《民国辑安县志·道路》

道路

（甲）县道　通外县治城者

一、通临江县道：由县城起东行八里至东冈，又十里至羊鱼头，又十里至矿洞子（至此车马不便），又东十五里至黄柏甸，又二十里至望江楼；又东二十里至良民甸；又十五里至石湖沟；又五里至桦皮甸将军石；又二十里至大水堤台；又十五里至三道沟门；又折而北行二十里至横路；又转而东北行二十五里至错草沟，自此渡河入临江县界，共长一百七十八里。

二、通通化县道：由县城北行十里至山城子；又十五里至刋椽沟；再北行十里至埋台沟；又十五里至通和岭；又北行二十五里至八宝沟；又二十里至大东岔；又三十里至高力沟；又北行十五里至梨树沟；又二十里至青沟门，自此过北岭十里至三道崴子；又十里至二道崴子；再北行十里至头道崴子；自此折而东行十里，至小苇沙河；再东十五里越岭入通化县界，共长二百零五里。

三、通桓仁县道：由县西行五里至河西村；又五里至麻线沟门；自此西北行又折而西南二十里至车道岭；又西行十里至太平沟；又五里至五道岭；又五里至样子沟；又西十里至富有街；又五里至榆树林岭；又西行十里至凉叶泉；又十五里过通天沟岭至外岔沟；又西北行十五里至大阳岔。

刘天成编：《民国辑安县志》，《中国地方志集成·吉林府县志辑7》，南京：凤凰出版社，2006年，第175页。

《民国辑安县志·电话》

电话

电话局设县城于民国九年春，监督成公召集地方人士筹款兴办，并拟定简章呈准省长及财政、实业各厅，备业先设电话筹备处。十一月，开始架设电杆。翌年春，县城总局设置完备，各分电处亦次第就绪。四月一日，举行开幕仪式。自此，公私消息借以灵通。除各区分设分电处外，并与临江、通化、桓仁、宽甸各邻县互相连接，以资传达。计各区长途单线五百里，由县城至外岔沟双线一百二十里，兼与宽甸、小蒲石河联络。由县城至三道沟双线一百五十里，与临江联络；由县城至花甸子单线一百四十里，与桓仁联络；由县城至青沟子单线二百里，与通化联络。

刘天成编：《民国辑安县志》，《中国地方志集成·吉林府县志辑 7》，南京：凤凰出版社，2006 年，第 113 页。

《大中华吉林省地理志》第百零二章《道路》

吉林道路，即省城亦尚未尽修。大雨之后，大车来往，已修之路亦易坏。旧有木路，已多朽腐，小胡同尤污秽。哈埠道里，十年前俄商方盛，坦荡无异欧洲，岁久失修，凸凹不平，容易翻车。道外各街市，所修马路，由马路工程局经理其事，由地主按基地摊派，现各马路工竣，每丈基地，摊款大洋百余元，负担虽重，路权即主权也。昔年大路置驿站，自设邮政，并废旧驿，道路益荒。国路、省路、县路、乡路尚未实行。旧日以修桥补路为善举，有个人许愿或善士敛钱以为者，今日少矣。堆木、摆摊、溜马、插车，妨碍交通者尤多。

省城交通各陆路

一、由旧站、二台子、大荒地、路起屯，西家子、杨树河子，达东省路之张家湾。

二、由上贵子沟、大风门、四间房，过营口、常山屯、头道沙子，至夹皮沟即桦甸要路。

三、由大茶棚、江密峰、拉法、窝瓜站、珠尔多河，至额穆索，即省东额穆县大路。

四、由马和屯、官马山子、白马夫屯、庆岭、横道河子、天平岭至官街。

五、由马相屯、大岔、双河镇、小城子、林家屯至磨盘山，即磐石大路。

哈埠电车路之敷设权

哈埠电车之敷设权，本由华商组织公司举办，已于上年与自治会订定草约，嗣因种种困难，有让与他人之议。美国工师①数人，由海参崴来接洽，然地方人民，对于路权、国权，莫肯轻让也。

吉林已开重要道路

行旅多而道不修，惟人力通之。

富饶大道　富锦东南，经同江南之二龙山、杜家房、驼腰子、二道冈入饶河境，经头道冈至饶河，横穿松乌二流域间。二道冈有小路，由杨木冈、寒葱山至同江。

虎穆大道　虎林呢玛口西南一站，至穆棱河口，循河岸内向，为索伦营、苏尔德、杨木冈、柳毛河，至密山县治。大柞家台、水曲流沟、下亮子、平安镇、大石头河、上亮子、下城子北沟，至穆棱县。又西经抬马沟、泰东站、铁岭河、乜河，至宁安县。

富密大道　富锦南经双合屯、对锦山、怀德镇由对面城，入宝清境。经韩莱营、潘莱营，至密山北境之土山，至密山。密山又有西北一线，贯勃利至依兰，亦系大道。凡此亦第二次拟修铁路也。

林传甲：《大中华吉林省地理志》，李澍田主编：《长白丛书》（五集），长春：吉林文史出版社，1993年，第402—403页。

《大中华吉林省地理志》第百零三章《黑龙江航路》

黑龙江流域，延长凡六千六百六十里，俄轮一百六十二艘，货船百九十八艘，清季已喧宾夺主。盖咸丰时，俄军舰君士坦丁先入，官轮亚利库继之，乘我江上无人，竟上溯松花，由国际河流，侵入内地。俄商自组公司，自设码头，测量水道浅深，暗礁状况，绘之航图。庚子后始有译本，深藏邮传部无所设施。民国以来，始立戊通公司，海军舰亦上溯，吾国商人收买俄人轮船者，渐能挽回国权，黑龙江航路在吉省只一小部分，然乌苏里河航路

① 工程师。

及上游黑龙江额尔古讷河航权，均已收回，后之航业者，益当奋勉焉。

黑龙江正流之航路属于本省者

绥远　此处近接伯利，下游为赴庙尔之航线，支流为赴虎林、宝清之航线，是以最重。计支线已通者一百余里，轮船大者马力五六百匹，次亦三四百匹。

同江　此处北接黑龙江之航线，西南接松花江之航线，北为国际河流，西为两省交界，亦冲要也。戊通公司，仍名拉哈苏苏，距哈尔滨一千三百余里。

以上为滨江赴伯利必需往来之路，自西口子直达庙街，共长五千二百余里。

黑龙江上流之航路不属于本省者

西起室韦，为黑龙江与俄界额尔古讷通舟之起点，经过各地：必拉雅、牛耳河、珠尔干、温河、长甸、伊穆、穆赤干、奇乾河、永安、额拉哈达、洛古河、讷钦哈达、漠河、乌苏力、巴尔加力、连阴、额穆开库康安、罗伊昔肯、倭西们、安干、察哈彦、望哈达、呼玛、西尔根奇奇拉卡、扎克达、霍洛、霍尔沁、黑河、瑷珲、马厂、奇克特、科尔芬、温河镇、乌云、宝兴镇、佛山、太平沟、萝北、格兴镇、三间房。

黑龙江下游支流航路属于本省者

兴凯湖　百余匹马力小轮船，便于来往。

虎林　昔日俄轮来往，今改用华轮。

宝清　将来必可发达，特交通便利耳。

乌苏里西岸，绥远县地。

林传甲：《大中华吉林省地理志》，李澍田主编：《长白丛书》（五集），长春：吉林文史出版社，1993 年，第 404—405 页。

《大中华吉林省地理志》第百零四章《松花江航路》

松花江轮船，上达吉林省城，下游经乌拉街、溪浪河、秀水甸、五颗树，至老少沟、陶赖昭车站，与东省支路相接，为吉林出入冲途。今虽铁路交通，轮船仍于夏秋行驶，惟冬令不便耳。哈尔滨以下，水深而稳，通大轮船，下连三姓、富锦，或出同江，上溯黑河，下达伯利庙尔。轮船公司，昔有俄人东省铁路河川轮船部及黑龙江轮船公司，今则戊通公司在哈尔滨设有大码头，至扶余。俄商轮船，多售于华商，轮船多用外轮式，损伤堤岸，今推广下流直至伯利、庙尔航行。吉林省署，亦有官轮三只，以备差遣。

松花江航路之三区

环流境内，凡三千三百余里。

一、大营沟至吉林　本区域流于山岳重叠间，江中暗礁极多。尤有著名之五虎石，暗屹江中，平水时埋没水内，减水时则露其头部，流速不一，或为奔流，或为奔湍，盖被阻于暗礁故也。在辉发河合流处以上，最浅部二尺，下流约三尺，惟上多岸石，下多泥沙，故吃水稍大之船即难通。

二、吉林至扶余　本区域概为平原。仅在吉林附近两岸尚有丘陵地，以下皆平地，江面亦渐宽。惟河中多沙洲，有七八处。普通水深四尺至八尺，沙洲处均不满二尺，颇碍航行。吉林至白旗屯间，流速稍急，不便航行，以下概徐缓。

三、扶余至同江　本区域来自平原，至滨江下流，新店附近两岸已多丘陵，迨至依兰附近，则两岸皆为峭壁矣。流速甚缓，最急部每秒不过四尺七寸三。水深在扶余附近约四尺至八尺，在滨江附近约七尺至一丈，迨至新店，因江面逼窄，约及一丈至二丈。至依兰上流二十五里处，有一暗礁，水深四五尺，航行甚险。依兰下流约七尺至一丈，普通航行江中者，皆吃水四尺之轮船。

松花江流域帆船碇泊地

全江营业帆船，共千余只。

朝阳镇至吉林间　朝阳镇、王家渡口、陈家渡口、范家渡口、大鹰沟、小鹰沟、宽河、长山屯、蚂蚁河口、吉林头、二、三道码头。

吉林至扶余间　乌拉街、白旗屯、红旗屯、半拉山、老烧锅、扶余南关。

扶余至同江间　哈尔滨之四家子、正阳河口、三十六棚、呼兰河口、巴彦、新店、枷板站、蚂蚁河口、爪拉山、依兰、桦川、富锦、同江。

林传甲：《大中华吉林省地理志》，李澍田主编：《长白丛书》（五集），长春：吉林文史出版社，1993年，第405—406页。

《大中华吉林省地理志》第百零五章《各江河航路》

吉林各江河，大致皆北流，如仰盂焉，明设船厂，早已开辟航路，有清继之，以防罗刹。有御船、龙船，备亲征也。有轻船、战船，备奋斗也。有渡船、运船，备转输也。黑龙江呼玛、瑷珲、卜奎，并有船厂。航路不限于本省各江河。然本省江河，多松花江支流，若牡丹江则稍大焉。乌苏里河则黑龙江流域也。其他绥芬、图们二江，下游东隅已失，航路亦梗。辽河流域在吉省者，尚为细流。头道、二道之江，拉林、阿什、伊通之河，设治所在，恒通小舟，亦不失为僻壤之交通也。沿河漂散木排，准由原主认领，以恤商人。

松花江支流

头道江、二道江、拉林河、阿什河、伊通河，其支流有驿马河，支流亦多，上游双阳河口，有宋船口。

牡丹江

牡丹江可航区域，自宁安至掖河间，不过六十里，航行容易。宁安以上，至镜泊湖约四百里间，水流奔湍，且多岩石，难以通舟。掖河[①]以下，多为渔舟往来，间有自宁安载客之槽船，顺江而下，至依兰者。但水流过急，流下即不易归。宁安附近水深七八尺，掖河附近约丈余，水底平坦无暗礁，故水流虽急，航行亦颇安全也。

辉发河

上源在奉天，水甚浅。境内通航者，自朝阳镇至河口，约三百里。此流域尽为山地，故两岸多绝壁，会大支流四十余，水量不让松花江。在朝阳镇约深三四尺，在官街附近自六尺达一丈，河底为石质，流速亦急。

乌苏里江航路

自伊满码头至伯利间，因有轮船往来，故帆船绝少。自伊满码头至上流松阿察河，则帆船颇多，二牌、五牌、六牌等地，皆其碇泊地。其帆船之数，较龙王庙至伯利者约差百余支。此船长三丈，宽七八尺，约积载三万六千斤，每船有帆樯二，无风时则于岸上牵缆。昔日虎林等县航路皆为俄人所

---

① 今铁岭河。

占，今幸收回，航商对外．务自筹发展也。

林传甲：《大中华吉林省地理志》，李澍田主编：《长白丛书》（五集），长春：吉林文史出版社，1993年，第406—407页。

《大中华吉林省地理志》第百零六章《邮政》

吉林邮政，当日俄交战以前，重要城市，皆设俄邮，战后次第收回，而铁路沿线，尚未尽撤。自俄国分裂，东路收回，滨江道尹兼哈尔滨交涉员董道尹，奉交通部令布告：从民国十年始，中东路沿线与万国邮政连络，无设立俄国邮局之必要，该局应即全行撤回。此吾国获助于万国邮务会议之成绩，通过于国际联盟。吉林原有台站，驰递公文；民国以来，早经裁撤，改设邮政。凡各县城必有邮局，至僻者亦有代办所，省城之总局则在河南街云。

吉林人民对于邮政之状况

邮票　各县现大洋缺乏，且不通行，用官帖折合现大洋，实有余利，时常抬价。邮员利于收官帖，不利收国币，不肯找零。

时间　外县邮局营业时间，开门比商家迟，休息比商家早，商人甚感不便。

手续　邮局兑款，及取包裹，手续颇繁，乡人久待，再三乞呼，以为洋派。

送信　住址虽迁，必访明转送，不致遗漏。

吉林邮政局之分等

一等　吉林、长春、哈尔滨。

二等　延吉、依兰、各大县多立二等局

二等　六道沟、一面坡、石头城子、张家湾、官街，皆冲要巨镇。

三等　德惠、双阳、桦川、蒙江，各中县不当冲要，则设三等局。下九台、陶赖昭、佳木斯，凡要镇地方发达，亦设三等局。

代办所　乌拉街、天宝山、新甸，凡街市、矿场、码头必设之，余为乡柜。

吉林通行之邮

北路　由乌拉、榆树、阿城、滨县，至江省木兰。

东北　乌吉密、同宾、方正，至通河。

南路　由官街至蒙江。

西南　由双阳、伊通、赫尔苏，入奉天境。

东路　由额穆、敦化至延吉。分珲春、汪清、和龙三支。汪清北通宁安、海林。

西路　由陶赖昭分路至扶余。张家湾分路至农安。石头城子至长春岭。

林传甲：《大中华吉林省地理志》，李澍田主编：《长白丛书》（五集），长春：吉林文史出版社，1993 年，第 407—408 页。

《大中华吉林省地理志》第百零七章《电报及电话》

吉林电报，自清光绪十一年十一月，北洋大臣李鸿章会同将军希元奏设吉林电线，以通边防消息，于是设电报局于省城。而珲春、宁古塔、伯都讷，亦各有所设，犹之分局而不名分局，以有司事无委员，盖限于经费也。民国以来，直隶于交通部，各设局长，而总于电政监督。至于中东铁路沿线，而有俄人电局，今已收回，惟中日协定军事之后，日人在延吉设电线，如珲春至庆源，六道沟至局子街，六道沟至头道沟各线，当协定取销后，久未取销，尚烦交涉。长途电话，省城、长春、农安、长岭已设之。

干线

名曰北京东三省线，由京奉沿线来至长春。

由长春东经伊通至吉林省城。北经榆树、双城至滨江。北经呼兰、龙江至瑷珲。

支线

共分三线，今增一线。

由吉林东通宁安、珲春、延吉，此路由省至宁，由宁至珲，分路至延，与吉会路迥异。

由滨江东通依兰、同江，沿江设局尚多。今沿铁路线已收回。

由榆树西通扶余及黑龙江之大赉、肇州。

电报局

原章多用旧名，今仍之。

阿什河、宽城子、方正、富克锦、伯都讷、珲春、三姓、伊通、佳木斯、郭尔罗斯、拉哈苏苏、宁古塔、农安、额木索、磐石、宾州、哈尔滨、双城、小城子、新甸、德墨利、延吉、榆树、桦川、长岭、双阳、伏龙泉、万里河洞、一面坡、横道河子、海林、穆棱县、绥芬河、掖河、下九台、汪清。

电报章程各局未分干路支路，亦未分等第，就原文录之。其应注意各地如下：

新甸　宾县近江对岸木兰县，由此转电。

德墨利　方正对岸通河县，转电。

佳木斯　桦川对岸汤原县，由此转电。

吉省电话局

省城电话局，号数不多，通话颇捷，官署机关用者多，商户惟大商有之，绅户甚少。长春则须中日两机并设。滨江则华俄两机并设，商家乃便也。

吉省电灯局

省城电灯光度十倍于北京、南昌，但常添灯头，不加电力，应防患于未然。长春灯，中日亦分两局。滨江则昔在俄，今收回。延吉亦自办。

林传甲：《大中华吉林省地理志》，李澍田：《长白丛书》（五集），长春：吉林文史出版社，1993年，第409—410页。

《长白汇征录》卷一《疆域》

道路

序

环郡皆山也，四围如扃，形如瓮，人迹罕通，只有鸭绿江沿岸一小径，上悬危壁，下临绝涧，至石砬危险处，尚须乘木槽渡江左，假道于韩。夏秋之交，惊涛骇浪，淹毙之案，时有所闻。东道不通，职为心疚。设治之初，以临江县西林子头山道百余里为长郡第一梗塞，首先开凿，改名荡平岭。旋由临江东北冈开修至长白梨沟镇，四百余里，名曰龙华冈，以避江道之险。将来一律开通，车马无阻，与林子头所修之道接轨，而西由通化而兴京而奉天，是为长郡通省之官道。惟东北拟设之安图县治，距长郡五百余里。西北拟设之抚松县治，距长郡四百余里。冈陵隔绝，鸟道崎岖，叠次派员履勘，勘定路线可修可通。《周礼》：司险掌九州之图，以周知山林川泽之阻，而达其道路。道路之有关于行政也，自古为然，况边陲之险耶。兹将由长抵临之江道并新修之龙冈道，以及拟修安、抚两县之路线远近里数列下：

龙华冈赴省道里记

自郡署迤西三里许梨树沟口入冈，行三十五里至梨沟镇（即梨树沟掌）。四十里至平远亭（即十六道沟掌，地势平敞，故名）。三十里至望章台（即十五道沟西坡口，与章茂草顶相望，故名）。三十里至响水泉（此处泉流有声，可□可饮，故名）。四十里至抱螺峰（即七道沟南岔，冈脉回环，故名）。三十五里至嘉鱼河（此处河流清洁，鱼细而肥，味甚腴，故名）。以下入临江县界。行四十里至史家蹚子（前有史姓在此打猎，故名，今仍其旧）。三十五里至乐利园（此处土性极肥，故名）。三十里至阎家营（旧有阎姓在此种参，故名，今仍其旧）。四十五里至新化街（旧名高丽沟，兹改今名）。二十里至临江县（计自长署至此约四百里，为龙华冈新道）。由临江西行二十五里至三道阳岔，三十里至徐家窝铺，十余里至荡平岭顶（旧名老爷岭，去年勘修后始易今名）。又西八里至岭下八里坡，二十余里至大石棚，十五里至冯家窝铺（即林子头，长白路工止此）。又西经石人沟、红土崖，约四十余里至八道江（宣统元年划归临江）。以下入通化县界，西行十余里至七道江，二十里至六道江，十里至五道江，二十五里至热水河子，十五里至四道江，二十五里至通化县城，四十五里至快当帽子，五十五里至英额布，四十里至三棵榆树，六十里至蜂蜜沟，三十里至兴京（俗名新宾堡）。四十里至陵街，四十五里至木奇，七十里至营盘，六十里至抚顺，四十里至旧站，四十里至省城（计自临江至省八百余里，由长至省约一千二百余里）。

由长至临沿江道里记

自长郡西行四十五里至半截沟（现名金华镇）。五十里至冷沟子（现名景和乡）。由此渡江经韩界梭罗城、新牌城中渡黑河，行八十里复过江，右行十余里至十二道沟（现名丁春社）。再过江行七十里至华界蛤蚂川，又过江右西行三十余里入临江县界，又二十余里至七道沟，七十里至桦皮甸，六十五里至四道沟，四十里至临江县（计共五百里之谱）。

由长至安图之路线记

自府署北行二十余里至二十一道沟口。若由此处渡江，经韩界行百余里复过华界，绕七星湖，渐折而北行，是为现行捷径。今所勘路线拟由二十一道沟口入冈，地势较平，行十余里，经日本营林场前修之旧道，借此修筑颇为省便。西行二十余里至冈顶，左为二十二道沟，右为十九道沟，林木荫翳，寂无居人。由冈顶北行七十余里，经章茂草顶、红头山之间盘绕冈坡，向东北五十里至汤泉，三十里至暖江源，二十五里经小白山后，二十里至沙河，复经涂山后，行二十余里至新民屯，又经孝子山后，行四十余里至黄松甸子，四十里至讷殷部，六十里至乳头山下，二十五里至腰窝铺，四十余里至漏河沿，二十余里至清茶馆，三十五里至小沙河，再十五里至拟设之安图县署（计共五百余里）。

由长至抚松之路线记

由长至抚约四百余里。亦由梨树沟启程，行一百余里至十五道沟，往西北行三十余里至岭顶，六十余里至竹木里，三十五里至漫江营，五十里至小谷山，四十里至石头河，三十五里至海青岭，十余里至大营，八里至汤河口，三十五里至大甸子（即拟设县署处），名曰抚松。

附录　由奉至兴京沿途古迹记

自奉省东行二十里至天柱山，福陵（前抱浑河，背负辉山兴隆岭，松柏森严，殿壁辉煌，竖有太祖高皇帝功德碑，纪七恨誓师盛烈），在焉。又六十里至抚顺关（明经略杨镐分兵四路趋兴京，左翼杜松、赵梦麟等由浑河出抚顺，即此）。四十里为营盘（考营盘东二里余即萨尔浒山，明将杜松等军此，与界藩城吉林崖相犄角。太祖一举歼焉，营盘之名昉此）。十五里至古楼（即古呼城，《开国方略》：尼堪外兰与明宁远伯李成梁合兵攻古呼城，杀阿亥章京于此）。十里至下嘉河，十五里至上嘉河（《发祥世纪》名嘉哈河，即浑河，夹山而流，土称夹河）。二十五里至马尔敦（乱石盘错，极险。明万历十一年，太祖率众一旅克马尔敦，即此）。十五里至木奇（国初有木奇和穆者部落，在浑江左右，即此地）。四十里至陵街，永陵（为肇、兴、景、显四祖陵寝，陵前有古槐一株，苍老异常），在焉。四十里至兴京，旧名新宾堡（《开国方略》号赫图阿拉，本朝发祥于长白山之鄂多理城，都兴京自太祖始）。

鸭绿江石硝图说

光绪三十四年陆军部筹备东边防务，拟有鸭绿江设水巡、通航路、修硝石三条，曾经逐条禀覆在案。窃谓试行汽船，必须先修硝石。硝石不除，非特汽船难通，即鸭嘴舢板船亦难畅行无阻。

张凤台：《长白汇征录》，李澍田：《长白丛书》，长春：吉林文史出版社，1987年，第31—34页。

《吉林外记》卷三《驿站》

驿站

吉林共三十八站，分两路监督统辖。城内各设关防公所一处，关防笔帖式一员，关防领催一名。每站设笔帖式、领催各一名，东路意气松、他拉二小站未设笔帖式，归邻站笔帖式兼属。大站设壮丁五十名至二十五名，小站壮丁十五名至十名，共壮丁八百五十名。大小站额设牛马，亦如壮丁之数。

东路自省城小东门外乌拉站起（旧名呢什哈站，在城外十里松花江岸北），九十里曰额赫穆站，八十里曰拉发[①]站，六十五里曰退抟站，八十里曰意气松站，四十里曰鄂摩霍站，八十里曰他拉站，六十里曰必尔罕站，六十里曰沙兰站，八十里曰宁古台站（在宁古塔城东门外）。凡十站，大站一，小站九，计程六百三十五里（乌拉站通东、西、北三路）。

西路自省城起，七十里曰搜登站，七十里曰伊勒门站，五十五里曰苏瓦延站，六十里曰伊巴丹站（即驲马站），六十里曰阿勒滩额墨勒站（即大孤山站），六十里曰黑尔苏站，八十里曰叶赫站，四十里曰蒙古霍洛站。凡八大站，计程五百五十五里。以上大小十八站统归乌拉、额赫穆站监督管辖。

北路自省城东北六十五里金珠鄂佛啰站起（即哲松站），六十里曰舒兰站，四十五里曰法特哈站，四十五里曰登伊勒哲库站（即秀水句子）。自此分道，正北八十里至蒙古卡伦站（小站），又西北四十五里白盟温站，五十里曰陶赉照站，四十五里曰孙扎保站（即五家子站），三十五里曰浩色站，六十五里曰社哩站，七十里曰伯德讷站，八十里至齐齐哈尔界茂兴站。凡十大站，计程五百二十五里。自蒙古卡伦站起，七十里曰多欢站，七十里曰萨库哩站，六十五里曰蜚克图站，八十二里曰色勒佛特库站，六十一里曰佛斯亨站，七十三里曰富拉珲站，七十五里曰崇古尔库站，七十二里曰鄂尔国木索站，六十八里曰妙嘎山站，至三姓城五里。凡十小站，计程七百二十二里。以上大小二十站统归金珠鄂佛啰站监督管辖。西北路站，各支廪给银五百两。凡驰驲差员，照勘合应付官员一品至九品，每站发廪给银自一钱二分至一钱八分为止。兵每站给口粮银六分，一年应付之数约不过五百两，六月题销。又例于马

① 即拉法。

十匹内岁补三匹，牛十头内岁补四头，每马给银九两，牛给银七两，统归六月题销。马一匹岁领草豆银十八两，牛一头岁领草豆银十二两，秋季报销。

宁古塔至珲春无站，亦无旅店，有卡伦六处传递公文。宁古塔西九十里曰玛勒呼哩，一百二十里曰萨奇库，八十里曰噶哈哩，四十里曰哈顺，八十里曰穆克德和，七十里曰密占。往来行旅，自裹糇粮，借宿卡伦。辎重车辆，间有露宿者，俗谓之“打野盘”。

双城堡初设，无站，兵力递送公文。道光五年，将军富俊奏请，于西北两路三十八站内抽撤官马十四、牛十头，倒毙草豆银两，一并拨给。由北路各站闲散丁内就近移驻七户，养马当差，每户官盖房三间。添设笔帖式一员，委领催一名，仍归北路监督管理。

吉林卡伦

二道河、额赫穆、得恩潭、辉发（以上四卡伦，官兵每月更换。一年不撤谓之恩特赫撤谓布赫卡伦。以下各处恩特赫谟特布赫卡伦，俱每月更换，不撤同此）。三个顶子、拉法、乌里、蛟哈、舒尔哈、平顶山、荒沟、额赫穆屯、推搏荒地、绥音、瓜勒察、罗圈沟、倒木沟、色勒萨木溪、海清沟（道光元年奏裁依吉斯浑改设。以上十六卡伦，官兵两月更换，三月初一日刨夫入山以前出派，十月初一日刨夫出山以后撤回，谓之雅克什谟特布赫卡伦。以下各处雅克什谟特布赫卡伦，俱春设冬撤同此。国语恩特赫谟特布赫，常设也；雅克什谟特布赫，间设也）。

围场

恩格木阿林、萨伦、依勒们、苏瓦延、伊通、库尔讷窝集、呢雅哈气、依巴丹、玛法塔嘎尔罕、汪色、古拉库（以上十一卡伦，官兵两月更换，一年不撤亦谓之恩特赫谟特布赫卡伦）。

乌拉

喀萨哩、那穆唐阿（以上恩特赫谟特布赫卡伦二）。四道梁子、长岭子、朴家屯、老少屯（以上雅克什谟特布赫卡伦四）。

额穆赫索啰

坛频、英额达巴罕（以上恩特赫谟特布赫卡伦二）。通沟（又名和什赫，雅克什谟特布赫卡伦一）。

宁古塔

德林、依彻、穆勒恩、霍贞河、玛勒呼哩、萨奇库（以上恩特赫谟特布赫卡伦六)。昂阿拉岳、呼西喀哩、尼叶赫、佛讷、倭勒恩、嘎思哈、花兰、尚西、松根、沃罗霍恩嘎尔罕、多勇武、呼郎吉、塔克通吉、乌勒呼霍洛(以上雅克什谟特布赫卡伦十四)。

珲春

磨盘山、达尔欢霍洛、蒙古、嘎哈哩、哈顺、穆克德赫密占(以上恩特赫谟特布赫卡伦七)。朱伦、阿密达、佛多西、法依达库、哈达马、西图、呼拉穆、图拉穆(以上雅克什谟特布赫卡伦八)。

伯都讷

当吉、团山子、五道河、古井子、二道河(以上恩特赫谟特布赫卡伦五)。哈驳(雅克什谟特布赫卡伦一)。

三姓

乌思珲河、萨哈连昂阿、音达穆额克沁、锅伯河口(以上恩特赫谟特布赫卡伦四)。玛延昂阿、瓦里雅哈霍屯、费岳吞河、佛勒霍乌珠、玛泥兰、法勒图珲河、图雅齐、音达木毕尔罕、西福恩河、郭普奇西、吞河、温肯昂阿(以上雅克什谟特布赫卡伦十二)。

阿勒楚喀

多欢、谟勒、费克图(以上恩特赫谟特布赫卡伦三)。费克图昂阿、佛多霍、海沟、夹信子、马鞍山(以上雅克什谟特布赫卡伦五)。

吉林通省恩特赫谟特布赫卡伦四十四，雅克什谟特布赫卡伦六十一，共卡伦一百零五处。各驻隘要，以杜飞扬人参，并查偷打牲畜、私占禁山、流民等事。各卡伦俱派旗下当差散官，惟二道河卡伦由将军衙门印房四司官员内保送签掣出派。得恩潭、辉发、平顶山三卡伦，每年冰冻封江，专派协领一员，佐领、防御三员往查。揽头、刨夫、送米、耙犁，呈报参局，计米增减票张。并查禁偷砍木植、运送口粮。次年二月初一日撤回。

萨英额撰：《吉林外记》，姜维公、刘立强主编：《中国边疆研究文库初编·东北边疆卷十》，哈尔滨：黑龙江教育出版社，2014 年，第 49—52 页。

《鸡林旧闻录·交通》

从俄境入密山之道有四，均约四百里。一出虎林县，从东北而西南。一溯穆棱河，则自西南至东北，然蚕丛曲径，非向导不行。若由俄境乘汽车，一出双城子（里程见前）。一出东宁县界外之四站（四站至密山二百九十二里），则程途较近，道路亦坦，故行旅往来靡不由俄境者。国权地利，殊为两失。顾研究虎林与穆棱两路，荒僻胥同情形，仍有稍异。穆棱为东清线所经，近边而势接，虎林乃滨临乌苏里江，倘径向西南凿山通道，限于丛岭，非易观成，如绕出江东，则仍由俄境，故不若穆棱为便。年前，官署曾发卒开山，奈梗于半道青沟岭之奇险，上下七十里，水泉俱乏，不终役而罢。刻又有议踵事者，然此道果通，实开吉省东边之门户，爰止招垦通商，沾溉利益。

魏声和：《鸡林旧闻录》，李澍田主编：《长白丛书》（初集）长春：吉林文史出版社，1986 年，第 39 页。

《吉林志书》

一、吉林所属地方原设三十八站及兼管二小站，额设壮丁八百五十名，马八百五十四，牛八百五十条。内于乾隆二十四年十二月二十七日，经前任将军萨拉善奏请，酌量各站差役轻重、程途远近，挪役壮丁八十名，马八十四，牛八十条，拨往萨库哩站至三姓新设之八站当差。此新设萨库哩站等八站，每站添放笔帖式各一员，拨什库各一名。又于乾隆三十四年六月初五日，经前任将军伯富亮奏请，酌量各站差役轻重、程途远近，将金珠至伯德讷等十站，额设马牛内拨往吉林至宁古塔所设大小九站，马二十四匹，牛二十四条，仍由各本站内挑补壮丁当差。又于乾隆四十四年三月十五日，经前任将军侯和隆武奏请，酌量各站差役轻重、程途远近，将吉林至宁古塔大小九站额设马牛内拨往蒙古卡伦至鄂勒国木索等九站，马三十八匹，牛三十八条，仍由各本站内挑补壮丁当差。

现在吉林所属共三十八站及二小站，壮丁八百五十名，马八百五十四，牛八百五十条。每马一年应领草豆银各十八两，每牛一年应领草豆银各十二两，合计一年应领马牛草豆银共二万五千五百两。每年应报倒毙马共二百五十五匹，倒毙牛共三百二十八条，买补倒毙缺额马牛，每马价银各九两，每牛价银各七两，合计共应用银四千五百九十一两。此内每匹倒马皮脏变价银五钱，每条倒牛皮行变价银三钱，除变价银二百二十五两九钱外，每年实在应领银共四千三百六十五两一钱。每年共应备驰驿等差廪给银五百两。

吉林通盛京西路各站

吉林城乌拉站至搜登站[①]七十里。搜登站至伊勒们站七十里。伊勒们站至苏瓦延站五十五里。苏瓦延站至伊巴丹站六十里。伊巴丹站至阿勒谈额墨勒站六十里。阿勒谈额墨勒站至赫尔苏站六十里。赫尔苏站至叶赫站八十里。叶赫站至蒙古和罗站五十五里。蒙古和罗站至盛京所属开原站五十五里。

吉林城通宁古塔东路各站

吉林城乌拉站至额赫穆站九十里。额赫穆站至拉法站八十里。拉法站至退抟站六十五里。退抟站至意气松小站八十里。意气松小站（此站系必尔罕站笔帖式兼管）至鄂摩和站四十里。鄂摩和站至他拉小站八十里。他拉小站（此站系必尔罕站笔帖式兼管）至必尔罕站六十里。必尔罕站至沙兰站六十里。沙兰站至宁古台站八十里。宁古台站至宁古塔城。

吉林城通伯都讷、黑龙江等处北路各站

吉林城乌拉站至金珠鄂佛罗站六十里。金珠鄂佛罗站至舒兰河站六十里。舒兰河站至法特哈站五十里。法特哈站至登伊勒哲库站五十里。登伊勒哲库站至盟温站五十里。盟温站至陶赖昭站五十里。陶赖昭站至逊扎保站五十里。逊扎保站至浩色站三十五里。浩色站至社哩站六十里。社哩站至伯德讷站八十里。伯德讷站至黑龙江所属茂兴站八十里。

又由登伊勒哲库站通拉林、阿勒楚喀、三姓等处东路各站

登伊勒哲库站至蒙古喀抡站八十里。蒙古喀抡站至拉林多欢站七十里。拉林多欢站至萨库哩站七十里。萨库哩站至蜚克图站六十五里。蜚克图站至色勒佛特库站八十二里。色勒佛特库站至佛斯亨站六十一里。佛斯亨站至富勒珲站七十三里。富拉库站至崇古尔库站七十里。崇古尔库站至鄂尔国木索站七十二里。鄂尔国木索站至妙嘎山站六十八里。妙嘎山站至三姓城五里。

吉林城乌拉站至西路蒙古和罗等九站，额赫穆站至东路宁古台等九站，此两路共十八站，额设驿站总管监督一员，随驿站关防笔帖式一员。郭什哈领催一名，管驿站笔帖式十六员，领催十八员。金珠鄂佛罗站至北路伯德讷等十站，蒙古喀抡站至东北路妙嘎山等十站，此两路共二十站，额设驿站总

---

① 清置，故址在今吉林永吉县西北搜登站镇。

管监督一员，随驿站关防笔帖式一员，果什哈领催一名，管驿站笔帖式二十员，领催二十名。

以上共领催四十名，每名按月食饷银二两，领催缺出由壮丁内挑补。壮丁八百五十名，俱由本站幼丁内挑补，并无饷银。

……

一、吉林地方康熙十年由宁古塔移驻满洲兵七百名。康熙十年，由本处添设满洲兵六百名。康熙十六年添设满洲兵一千二百二十一名。康熙二十年移往四边门兵八十名。康熙二十九年移往黑龙江满洲兵八百名。康熙二十九年添设满洲兵七百三十名，汉军兵七十名。康熙三十一年添设锡伯满洲兵一千名。康熙三十一年添设巴尔虎兵四百名。康熙三十八年将锡伯满洲兵一千名移往都京。康熙五十二年添设满洲兵五百七十九名。康熙五十四年移往三姓满洲兵八十名，其缺仍挑补满洲兵八十名。雍正三年移往阿勒楚喀满洲兵一百名。雍正四年将巴尔虎兵裁汰五十名，其缺挑补汉军兵五十名。雍正六年移往伊通满洲兵一百名。雍正十年将打牲乌拉包衣下闲散丁内挑选满洲兵一千名，于乾隆五年移往打牲乌拉。雍正十一年由官庄、台站、水手内挑设新汉军鸟枪营兵一千名。乾隆三年移往额穆和索罗满洲兵一百二十名。乾隆二十五年将新汉军鸟枪营兵裁汰三百名，其缺由宁古塔、珲春二处挑补。乾隆三十年因给与四边门台领催、摆渡、水手领催等饷银，将新汉军鸟枪兵裁汰二十六名。

以上除裁汰挪役兵丁外，现在实有额设满洲兵三千六百三十名，巴尔虎兵三百五十名，陈汉军兵一百二十名，新汉军鸟枪兵六百七十四名，共兵三千七百七十四名。

一、打牲乌拉地方　于乾隆五年由吉林移驻打牲满洲兵一千名，于乾隆二十五年裁汰兵三百名，其缺由宁古塔、珲春二处挑补。乾隆四十年由原额七百兵内挑放，食原饷无品级笔帖式二员，教习一员。

以上除裁汰兵丁外，现在实有额设满洲兵七百名。

一、伊通地方　雍正六年由吉林移驻满洲兵一百名，由开原移驻满洲兵一百名，共兵二百名。

一、额穆和索罗地方　于乾隆三年由吉林移驻满洲兵一百二十名。

一、巴彦鄂佛罗、伊通、赫尔苏、布尔图库等四边门　康熙二十年初设四边门时，由吉林八旗额兵内移驻满洲兵各二十名。

一、吉林水手营，于康熙十三年设立，共有修造粮船水手、领催八名，壮丁二百五十名，木艌匠役四十五名。

一、宁古塔地方，顺治十年原有满洲兵四百三十名。顺治十八年添设满洲兵五百名。康熙三年添设满洲兵六十六名。康熙十年将满洲兵七百名移往吉林。康熙十七年添设满洲兵二百九十名。康熙二十九年移往黑龙江满洲兵二百名。康熙二十九年添设满洲兵一百五十六名。康熙五十二年添设满洲兵四百五十八名。康熙五十三年移往珲春满洲兵四十名，其缺仍挑补满洲兵四十名。乾隆二十五年由吉林裁汰新汉军兵三百名，打牲乌拉裁汰满洲兵三百名，其缺由宁古塔挑补满洲兵四百名，珲春挑补满洲兵二百名。

以上除裁汰挪移兵丁外，现在实有额设满洲兵一千四百名。

一、珲春地方　康熙五十三年由宁古塔移驻满洲兵四十名，挑新满洲兵一百五十名。乾隆十七年由三姓移驻满洲兵六十名。乾隆二十五年由吉林裁汰新汉军兵三百名，打牲乌拉裁汰满洲兵三百名，其缺由珲春挑补满洲兵二百名，宁古塔挑补满洲兵四百名。

以上额设满洲兵四百五十名。

一、伯都讷地方　康熙三十一年初设满洲兵二千名。康熙三十八年移往盛京满洲兵一千四百名。康熙四十年添设蒙古兵一百名。康熙五十二年由吉林闲散内挑补兵四百名移驻伯都讷。雍正三年移往阿勒楚喀满洲兵一百名。

以上除挪移兵丁外，现在实有额设满洲兵九百名，蒙古兵一百名，共兵一千名。

一、三姓地方　康熙五十三年初设新满洲兵二百名，康熙五十四年由吉林移驻满洲兵八十名。雍正十年将三姓打牲〔丁〕内挑补满洲兵八百名。雍正十年将八姓打牲丁内挑补兵一千名。乾隆十七年移往珲春满洲兵六十名。乾隆二十一年移往阿勒楚喀满洲兵三百名，裁汰满洲兵二百名。

以上除裁汰挪移兵丁外，现在实有额设满洲兵一千五百二十名。

一、阿勒楚喀、拉林地方　雍正三年由吉林移驻满洲兵一百名，由伯都讷移驻满洲兵一百名，又将吉林闲散内挑补满洲兵一百名，伯都讷闲散内挑补满洲兵百名，共设兵四百名。雍正十年添设满洲兵一百一十二名。乾隆二十一年由三姓移驻满洲兵三百名。于乾隆二十七年分驻阿勒楚喀满洲兵四百六名，拉林满洲兵四百六名。

以上二处共移驻添设满洲兵八百一十二名。

以上吉林通省现有额设满洲兵八千八百十二名，蒙古兵一百名，巴尔虎兵三百五十名，陈汉军兵一百二十名，新汉军鸟枪兵六百七十四名。

以上通省额设兵共一万零五十六名，此内领催七百二十九名，前锋兵二百十六名，每名按月食饷银三两。披甲九千一百一十名，每名按月食饷银二两。领催缺出由本佐领下前锋披甲内挑补，前锋缺出由本旗披甲内挑补，披甲缺出由本佐领下闲散内挑补。水手营领催八名，每名按月食饷银一两五钱，壮丁二百五十名，木舱匠役四十五名，每名按月食饷银一两。领催缺出由壮丁内挑补，壮丁缺出由幼丁内挑补，木舱匠缺出由幼丁内挑补之处，理合声明。

一、吉林八旗、蒙古旗鸟枪营、打牲乌拉、伊通、额穆和索罗、四边门等处共额设：

协领十员，参领一员，每员盔甲一副、弓二张、撒袋一副、腰刀一口、箭二百五十支。佐领六十七员，每员盔甲一副、马二张、撒袋一副、腰刀一口、箭二百支。防御三十五员，每员盔甲一副、弓二张、撒袋一副、腰刀一口、箭一百五十支。骁骑校六十九员，每员盔甲一副、弓二张、撒袋一副、腰刀一口、箭一百支。此外佐领、骁骑校各有纛一杆。

一、宁古塔额设

协领二员，每员盔甲一副、弓二张、撒袋一副、腰刀一口、箭二百五十支。佐领十二员，每员盔甲一副、弓二张、撒袋一副、腰刀一口、箭二百支。防御十二员，每员盔甲一副、弓二张、撒袋一副、腰刀一口、箭一百五十支。骁骑校十二员，每员盔甲一副、弓二张、撒袋一副、腰刀一口、箭一百支。此外佐领、骁骑校各有纛一杆。

一、珲春额设

协领一员，盔甲一副、弓二张、撒袋一副、腰刀一口、箭二百五十支。佐领三员，每员盔甲一副、弓二张、撒袋一副、腰刀一口、箭二百支。防御二员，每员盔甲一副、弓二张、撒袋一副、腰刀一口、箭一百五十支。骁骑校三员，每员盔甲一副、弓二张、撒袋一副、腰刀一口、箭一百支。此外佐领、骁骑校各有纛一杆。

一、伯都讷额设

协领二员，每员盔甲一副、弓二张、撒袋一副、腰刀一口、箭二百五十支。佐领十二员，每员盔甲一副、弓二张、撒袋一副、腰刀一口、箭二百支。防御八员，每员盔甲一副、弓二张、撒袋一副、腰刀一口、箭一百五十支。骁骑校十二员，每员盔甲一副、弓二张、撒袋一副、腰刀一口、箭一百支。此外佐领、骁骑校各有纛一杆。

一、三姓额设

协领二员，每员盔甲一副、弓二张、撒袋一副、腰刀一口、箭二百五十支。佐领十五员，每员盔甲一副、弓二张、撒袋一副、腰刀一口、箭二百支。防御八员，每员盔甲一副、弓二张、撒袋一副、腰刀一口、箭一百五十支。骁骑校十五员，每员盔甲一副、弓二张、撒袋一副、腰刀一口、箭一百支。此外佐领、骁骑校各有纛一杆。

一、阿勒楚喀、拉林地方每处额设

协领一员，每员盔甲一副、弓二张、撒袋一副、腰刀一口、箭二百五十支。二处佐领十三员，每员盔甲一副、弓二张、撒袋一副、腰刀一口、箭二百支。二处防御十员，每员盔甲一副、弓二张、撒袋一副、腰刀一口、箭一百五十支。二处骁骑校十三员，每员盔甲一副、弓二张、撒袋一副、腰刀一口、箭一百支。此外佐领、骁骑校各有纛一杆。

以上官员军器、盔甲，遇有残破俱系自力修补，放贮各本家。每岁年底，将实有官员军器、盔甲数目派员查阅，取具甘结备查。仍将查阅之处题奏外，另行造册咨报兵部，理合声明。

一、吉林地方　八旗、蒙古旗、鸟枪营、打牲乌拉、伊通、额穆赫索罗、四边门等处共额兵四千八百七十四名，每名弓一张、撒袋一副、腰刀一口。领催前锋每名箭七十支。披甲每名箭五十支。兵二名枪一杆，兵四名帐房一架、铜锅一口。领催每名号旗一杆。外有大阅时作为军装盔甲一千八百五十副。每岁春秋操演，鸟枪一千二百七十四杆。吉林、打牲乌拉共设棉甲一千四百六十件。

一、宁古塔地方　共额兵一千四百名，每名弓一张、撒袋一副。兵二名枪一杆、腰刀一口。领催、前锋每名箭七十支。披甲每名箭五十支。兵四名帐房一架、铜锅一口。领催每名号旗一杆。外有大阅时作为军装盔甲五十七副。每岁春秋操演，鸟枪二百杆。

一、珲春地方　共额兵四百五十名，每名弓一张、撒袋一副、腰刀一口。领催每名箭七十支。披甲每名箭五十支。兵二名枪一杆。兵四名帐房一架、铜锅一口。领催每名号旗一杆。外有大阅时作为军装盔甲一百八十一副。宁古塔、珲春共设棉甲五百五十件。

一、伯都讷地方　共额兵一千名，每名弓一张、撒袋一副、腰刀一口。领催、前锋每名箭七十支。披甲每名箭五十支。兵二名枪一杆，兵四名帐房一架、铜锅一口。领催每名号旗一杆。外有大阅时作为军装盔甲四百二十副，每岁春秋操演，鸟枪二百杆。共设棉甲三百件。

一、三姓地方　共额兵一千五百二十名，每名弓一张、撒袋一副、腰刀一口。领催前锋每名箭七十支。披甲每名箭五十支。兵二名枪一杆。兵四名帐房一架、铜锅一口。领催每员号旗一杆。外有大阅时作为军装盔甲六百三十副。每岁春秋操演鸟枪二百杆。共设棉甲四百五十件。

一、阿勒楚喀、拉林地方　每处额兵四百零六名，共兵八百一十二名，每名弓一张、撒袋一副、腰刀一口。领催、前锋每名箭七十支。披甲每名箭五十支。兵二名枪一杆，兵四名帐房一架、铜锅一口。领催每名号旗一杆。外有大阅时作为军装盔甲三百四十副。二处共设棉甲二百四十件。

以上各城各项军器，自官设以来遇有残破。俱系兵力粘补，各旗收贮。此内唯有鸟枪、棉甲二项系动用官项修补，存贮各本处库内，春秋二季操演时，将鸟枪发出使用，操演完竣，仍交库内存贮。每岁年底，派员查阅各军器数目，取具甘结备查，仍将查阅之处题奏外，另行造册咨报兵部。其于何年设立。并增减年分，日久档案不全，无凭可查之处，屡经声明在案，理合声明。

一、吉林地方共有边门四座，内有三边门各属七台，其余一边门所属八台，共台二十九座，俱系康熙二十年设立。每边门各有防御一员、笔帖式一员管辖外，各有吉林移驻旗兵二十名。每边门各有总理领催一名，每台领催各一名，台丁各一百五十名。兵系看守边门，盘查出入。台丁系充当拴边、挖壕差使。

巴彦鄂佛罗边门，在吉林城正北一百七十里。此边门防御笔帖式缺出，由镶白、正蓝二旗骁骑校、披甲内挑选补放。额兵二十名，俱系满洲。此内领催一名，每月食饷银三两。披甲十九名，每月食饷银二两。领催缺出亦由二旗披甲内挑补。披甲缺出，由本旗佐领下闲散内挑补。台总理领催一名，每月食饷银二两。台领催七名，每月食饷银一两五钱。总理领催缺出由七台领催内挑补。领催缺出由正丁内挑补。七台共正丁一百五十名，俱由本台幼丁内挑补，并无饷银。边内系吉林所属，边外松花江东系伯都讷界，松花江西系蒙古界。西南距伊通边门三百里。

伊通边门，在吉林城西北二百八十里。此边门防御笔帖式缺出，由镶黄、正白二旗骁骑校、披甲内挑选补放。额兵二十名，内有满洲兵十六名，陈汉军兵四名。此内领催一名，每月食饷银三两。披甲十九名，每月食饷银二两。领催缺出亦由二旗披甲内挑补。披甲缺出由本旗佐领下闲散内挑补。台总理领催一名，每月食饷银二两。台领催七名，每月食饷银一两五钱。总理领催缺出由七台领催内挑补。领催缺出由台丁内挑补。七台共台丁一百五十名。俱由本台幼丁内挑补，并无饷银。边内系吉林所属，边外系长春厅与蒙古界。西南距赫尔苏边门一百二十里。

赫尔苏边门，在吉林城西北四百里。此边门防御笔帖式缺出，由正黄、正红二旗骁骑校、披甲内挑选补放。额兵二十名，俱系满洲。此内领催一名，每月食饷银三两。披甲十九名，每月食饷银二两。领催缺出亦由二旗披甲内挑补。披甲缺出由本旗佐领下闲散内挑补。台总理领催一名，每月食饷银二两。台领催七名，每月食饷银一两五钱。台委署领催一名，不给饷银。总理领催缺出由八台领催内挑补。领催缺出，由委署领催、台丁内挑补。八台共台丁一百五十名，俱由本台幼丁内挑补，并无饷银。边内系吉林所属，边外系蒙古界。西南距布尔图库边门八十里。

布尔图库边门，在吉林城正西五百里。此边门防御笔帖式缺出，由镶红、镶蓝二旗骁骑校、披甲内挑选补放。兵二十名，俱系满洲。此内领催一名，每月食饷银三两。披甲十九名，每月食饷银二两。领催缺出亦由二旗披甲内挑补。披甲缺出由本旗佐领下闲散内挑补。台总理领催一名，每月食饷银二两。台领催七名，每月食饷银一两五钱。总理领催缺出，由七台领催内挑补。领催缺出，由台丁内挑补。七台共台丁一百五十名，俱由本台幼丁内挑补，并无饷银。边内系吉林所属，边外系蒙古界。西南距盛京所属威远堡边门一百一十里。

一、拉林地方　于乾隆九年由都京挪移闲散满洲七百五十二户，分为头八屯、二八屯居住。乾隆十年由都京挪移闲散满洲二百五十户，添与二屯居住。

阿勒楚喀城地方　于乾隆二十一年由都京挪移闲散满洲五百户，按立海沟八屯居住。乾隆二十二年由都京挪移闲散满洲五百户，按立瓦珲八屯居住。乾隆二十三年由都京挪移闲散满洲五百户，按立西沟八屯居住。拉林地方，于乾隆二十四年由都京挪移闲散满洲五百户，按霍集莫八屯居住。自乾隆三十二年起至嘉庆十五年，二处除将闲散满洲内陆续挑补披甲二百八十五名外，现有闲散满洲二千七百一十五户。每年每户给银五两，修葺房屋，添补农器等项，共支领报销银一万三千五百七十五两。

穆铁森：《吉林志书》，李澍田主编：《长白丛书》（二集），长春：吉林文史出版社，1986年，第127—129、136—144页。

《吉林舆地说略·吉林省城》

乌拉站在城中，西至搜登站六十五里。搜登站在城西六十五里，西南至依勒们站七十五里，依勒们站在城西南一百四十里。西南至苏瓦延站五十五里，苏瓦延站在城西南一百九十五里，西南至伊巴丹站六十里．伊巴丹站在城西南二百六十里，西南至阿勒谈额墨勒站六十里。阿勒谈额墨勒站在城西南三百二十里，西南至赫尔苏站六十里。赫尔苏站在城西南三百八十里，西南至叶赫站八十五里。叶赫站在城西南四百六十五里，西南至蒙古霍罗站五十里。蒙古霍罗站在城西南五百一十五里，又西南四十五里至奉省之威远堡门。额赫穆站在城东九十里，东南至拉法站八十五里。拉法站在城东南一百七十五里，东南至退抟站八十里。退抟站在城东南二百五十五里，东南至意气松站六十里。意气松站在城东南三百一十五里，东南至鄂摩和站四十五里。鄂摩赫站隶额穆赫索罗，在城东南三百六十里，又东三十里至搭界之都林河。金珠站在城北六十五里，北至舒兰河站六十五里。舒兰河站在城北一百三十里，北至法特哈站五十里。法特哈站在城北一百八十里，隶巴彦鄂佛罗边门，北即为伯都讷界。长白山在城东南一千三百余里，东南朝鲜界，西通和林分水岭，阳坡水归鸭绿江，系盛京①界。山之北麓绵亘六百余里，总

① 今辽宁省。

名之曰：白山坡，即讷秦窝集也。其巅有泡曰他们，盖北流之松花、东流之图们，西南流入奉界之鸭绿江，均于此发源焉。獐毛草顶山在城南一千一百余里，东接长白山，即头道江发源处。和林岭在城南一千里，又名老岭，西通兴京英额们，为分水总冈。南勒克山在城西南六百余里，枝干通和林，岭西为奉界，东南、东北接连无名山岭，为花园猛江等河发源处。平顶山即佛恩亨山，在城西南五百余里，南通勒克山之枝干，西为奉界，东为那尔轰河发源处，东北接连那尔轰岭，即法必拉河源，山岭相接，至辉法河口之船底山而止。寒葱顶在城西南四百里，傍立吉奉省分界石碣，南为小沙河发源，北为小伊通河，又东为大青顶，南流之大沙、北流之伊通等河于此发源。

小背山在城西南四百余里，西有分界石封堆五个。亮子河于此发源。

佚名：《吉林舆地说略》，李澍田主编：《长白丛书》（五集），长春：吉林文史出版社，1993 年，第 109 页。

《吉林舆地说略·宁古塔城》

花兰卡伦在城东三十里，设官一员，兵四名。昂阿拉窑卡伦在城东南四十里，设官一员，兵四名。塔克通吉卡伦在城东南五十里，设官一员，兵四名。嘎思哈卡伦在城南八十五里，设官一员，兵四名。佛讷卡伦在城南九十里，设官一员，兵四名。窝楞卡伦在城西南八十五里，设官一员，兵四名。玛勒胡哩卡伦在城西南一百五十里，设官一员，兵四名。松津卡伦在城西南一百三十里，设官一员，兵四名，色奇通卡伦在城西南一百十五里，设官一员，兵四名。德林卡伦在城西南一百二十里，设官一员，兵四名。胡郎吉卡伦在城西九十九里，设官一员，兵四名。米占卡伦在城西北九十里，设官一员，兵四名。商西卡伦在城西北八十里，设官一员，兵四名。多雍武卡伦在城北九十里，设官一员，兵四名。依撤卡伦在城东北九十五里，设官一员，兵四名。乌勒胡霍罗卡伦在城东北一百十里，设官一员，兵四名。乜河卡伦在城东北八十里，设官一员，兵四名。倭勒浑噶尔干卡伦在城东北六十里，设官一员，兵四名。胡西哩卡伦在城东三十里，设官一员，兵四名。

以上各卡均设于塔城腹里，四面周环，互相联络，尤能声息相通，殊足御外而卫内也。

穆棱卡伦在城东二百二十里，设官二员，兵二十名，合穆棱台为一处。

霍真卡伦在城东北三百十里，设官一员，兵九名。

以上二卡为防守参山而设，又与赴兴凯湖沿路所设之台相连。萨奇库卡伦在城南二百三十里，设官一员，兵四名。

以上之卡系赴珲春必经之路，并递送往来文报，兼巡西南一带围场而设。

塔拉站在城西二百里，西至额摩赫站七十里，东至必尔罕站六十里。必尔罕站城西一百二十里，东至沙兰站六十里。沙兰站城西八十里。宁古塔站在宁古塔城。

江密峰长岭在城东北一百二十余里，西接无名山岭。

佚名：《吉林舆地说略》，李澍田主编：《长白丛书》（五集），长春：吉林文史出版社，1993年，第116页。

《吉林舆地说略·珲春城》

珲春河源出通肯山，城东北二百五十余里，曲折南流，引斐烟河，复西南流，引湾沟河、土门子河、黑水背河、六道沟河、梨树沟河、五道沟河、西北沟河，复折而西流，引四道沟河、托吉河、胡芦必拉河、三道沟河、尼雅木尼雅库河、二道沟河、头道沟河、伯霍哩河、勒特河，经城南里许，引二道河，复西南入土门江。嘎哈哩河源出宁古塔境，城北三百余里，流入于本境，曲折南流，引富尔哈河、霍吉河，会哈顺河，复引牡丹河、德通额河，会海兰河，南流，入土门江，哈顺河源出城东北之通肯山，曲折而西，引小哈顺河入嘎哈哩河。海兰河源出哈勒巴岭，城西北四百余里，东流，引头、二、三、四、五、六、七、八道沟，布尔哈屯河、依兰河入嘎哈哩河。布尔哈吞河源出哈勒巴岭，东南流，引图们河、烟扎河入海兰河。密占河源出土门山之西北干，西南流，引干密占河入图们江。哈舒库河源出霍兰沟山，西南流，引玛勒佳河入图们江。浑渚霍河、渚浑渚河其源均出分水岭，西流，入图们江。

以上山河均隶珲春境内。其界外虽有著名山川、岛屿，惟地已属俄夷，不能越勘，仅照旧图仿摹、注说，而其源流脉络，则无从考究矣。

佚名：《吉林舆地说略》，李澍田主编：《长白丛书》（五集），长春：吉林文史出版社，1993年，第120—121页。

《吉林舆地说略·伯都讷城》

伯都讷，在吉林西北五百八十里，副都统及理事同知同治焉。领驿站八，卡伦二、村屯一百六十三。居住旗民一万三千六十户。东至拉林河界，西及北均至松花江界，南至巴彦鄂佛罗边门界，东南至四道梁子与吉林拉林界址毗连。东西距二百八十里，南北距四百里。伯德讷站在城北二十里，东南至社哩站六十里。社哩站在城东南五十里，东南至浩色站五十里。浩色站在城东南一百十里，东南至逊扎保站三十五里。逊扎保站在城东南一百四十五里，东南至陶赉昭站五十里。陶赉昭站在城东南一百九十五里，东南至盟温站五十五里。盟温站在城东南二百五十里，东南至登尔勒哲库站七十里。登尔勒哲库站在城东南三百三十里，南至法特哈站七十里。蒙古喀抡站在城东南三百余里，西南至登尔勒哲库站一百里，东北至拉林多欢站九十里。代吉卡伦在城东北一百二十里，设官一员，兵五名。哈斯罕保卡伦在城东北六十五里，设官一员，兵五名。以上二卡为看守闲荒而设。

四道梁子在城东南四百余里，西接花园山，南与省属乌拉东接，山东北接无名小山，为二道河，五道河发源处。亮甲山在城东南四百里，为吉林、伯都讷分界之区，巴彦鄂佛罗边东由此山起。花园山东接四道梁，西接亮甲山，北为泥鳅沟发源处。万寿山在城东南三百余里，西南与青顶子接。牛头山在城东南三百十四里，东北近拉林河。雷劈山在城东南二百六十五里。讷城四十个咀子，又名老坎子，东由此山起，逶迤而西，经珠尔山，复迤而北，沿拉林河至拉林河口。复迤而西，至城北松花江沿而止。嘎萨河源出省境，逾巴彦鄂佛罗边门。曲折而北，引泥鳅沟、二道河，复东折，至牛头山之南入拉林河。

以上伯都讷属境。该处地居边外，极目平原，间有著名之山，率皆冈阜之类，并无险峻处所，惟树屯密迩，声息相通，可期守望相助耳。

佚名：《吉林舆地说略》，李澍田主编：《长白丛书》（五集），长春：吉林文史出版社，1993 年，第 121—122 页。

《吉林舆地说略·三姓城》

三姓，在吉林城东北一千二百里，副都统治焉。领台卡四十三，驿站五，村屯七十九。居住旗民五千八百八十七户。东界乌苏里江沿，西界玛延河沿，南界宁古塔之阿木兰河，北界松花江，东南界穆棱河，西南商西岭之东北干，东北界乌苏里江口，西北逾松花江，至黑龙江之封堆界，东西距一千五百五十里，南北距六百五十里。大瓦丹台在城东北六十五里，设官一员，兵五名。穆什图台在城东北一百三十里，设官一员，兵五名。格吉勒台在城东北一百七十七里，设官一员，兵五名。得依狠台在城东北二百五十四里，设官一员，兵五名。瓦哩霍吞台在城东北三百二十四里，设官一员，兵五名。喀尔库玛台在城东北四百里，设官一员，兵五名。霍悦罗台在东北四百四十里，设官一员，兵五名。富替新台在城东北四百八十里，设官一员，兵五名。固布扎拉台在城东北五百四十五里，设官一员，兵五名。街金台在城东北七百四十四里，设官一员，兵五名。付汤吉台在城东北一千四十四里，设官一员，兵五名。僧木德悬台在城东北一千四百二十四里，设官一员，兵五名。偏江砑子台在僧木德悬台南五百七十四里，设官二员，兵十三名。穆棱河台在偏江砑子台南三百三十八里，设官一员，兵五名。杨木桥台在穆棱河台西北三十里，设官一员，兵四名。凉水泉台在杨木桥台西南一百十里，设官一员，兵四名。石头河台在凉水泉台西北一百十里，设官一员，兵四名。柳树河台在石头河台西北一百二十里，设官一员，兵四名。老岭台在柳树河台西北一百三十五里，设官一员，兵五名。奇塔台在老岭台西北一百三十五（里），设官一员，兵五名。羬羊砑台在奇塔台西北一百十里，设官一员，兵五名。以上诸台系沿松花江、乌苏里江、穆棱河、非底河、窝坑河而设。

窝坑卡伦在城东北二里，设官一员，兵五名。音达木卡伦在城东北一百八十里，设官一员，兵十五名。黑河口卡伦在城东北五百里，设官二员，兵一百八十一名。乌苏里卡伦在城东北一千五百三十余里，设官三员，兵二十名。挠力卡伦在城东一千五百余里，设官二员，兵十三名。呢[①]卡伦在城东南一千六百余里，设官二员，兵十三名。穆棱卡伦在城东南九百余里，设官三员，兵十八名。老岭卡伦与老岭台在一处，在城东南五百余里，设官二员，兵一百名。二道河卡伦在城东南二百五十余里，设官一员，兵三十九名。黑背卡伦在城东南二百里，设官一员，兵五十名。富勒霍乌那浑卡伦在

① “呢”后似有脱字。

城西北一百二十余里，设官一员，兵二名。玛延河口卡伦在城西北一百七十里，设官一员，兵四名。以上各卡为防守沿边及保护参山而设。

佛斯亨站在城西二百八十里，西南逾松花江，至色勒佛特库站八十里，东至富拉珲站七十里。富拉珲站在城西二百十里，东至崇古尔库站六十里。崇古尔库站在城西一百五十里，东至鄂勒果木索站九十里。鄂勒果木索站在城西六十里，东至妙嘎山站六十里，妙嘎山站在城北，南逾松花江，即至三姓城。

寒葱顶子在城东南千余里，东南接火石山，西南与黑咀子接，西北山峦相续，接分水岭，为小木坑河、七户林河、杨木桥、半拉窝吉河、石头河发源处。大顶子在城东南七百余里，南接太平砑，北接无名山岭，为柳树河、大、小杨树河发源处。歪头砑在城东南五百余里，东南接大、小猪山，为石头沟河发源处，北为乱泥沟、挠力、三岔发源处。崩松顶子在非底河沿，西为跳石溏，宽、长数十里，怪石层峻，如星罗棋布，复接五付塌板、照子山，为五付塌板河发源处。对头砑在城东南四百余里，北接老岭，为西津必拉茄子河发源处，南接锅盔山，为锅盔河发源处，东即非底河之源。老岭又名分水岭，在城东南四百余里，联群山之脉，发诸河之源，附近之山虽各具其名，究为老岭之支干，由西南而东北，由牡丹江沿蜿蜒至挠力河沿，绵亘七百余里，均名之曰老岭。南面水归穆棱河，北面水归窝坑、挠力等河。奇力嘎山在城东南四百余里，西为挠力河源，东接烟筒砑子，北接元宝顶子，均分老岭之脉。牛心顶子在城南五百余里，东麓蜿蜒接老岭，北为色津必拉河源。锅盔山在城东南三百余里，南麓蜿蜒接杨木冈，又南接东壮楼山，东北峰峦重叠，复南接搅杆顶子，窝坑河、东北岔、西北岔悉于此发源。莫林达山在城东四百余里，东与一窝哈达、北与双庙岭接，为双柳树河发源处。七星砑子在城东南三百余里，东为一窝必拉河，西为奇湖力河，西北为七星河发源处。双砑子在城东南三百里，南为瓦浑必拉、罗圈沟、柳茅子沟等河发源处。别拉音山在城东三百余里，西接乌尔固力山，西南接窑楚勒冈，东连无名山，为街金河发源处。玛库力山在城东二百余里，南接大、小长脖子山，西为音达木河，东为马答沟、匾石河、大眼沟河发源处，西南支干络绎，接贴岭山，为梅河之源，复接儿尔山、团山子。

佚名：《吉林舆地说略》，李澍田主编：《长白丛书》（五集），长春：吉林文史出版社，1993年，第122—124页。

《吉林舆地说略·阿勒楚喀城》

萨库哩站在城南二十里，南至拉林多欢站六十五里，北至蜚克图站八十里。蜚克图站在城东北六十里，东北至色勒佛特库站一百四里。色勒佛特库站在城东北一百六十里，北逾江，至三姓之佛斯亨站八十里。

老岭在城东南二百五十余里。南接拉林属境之马彦窝吉，峰峦相续，南北连亘一百余里，凡附近诸山，均分老岭之支干，东面水归玛延河，接万宝山、牛心顶、双丫子，为乌吉密河、大、小亮子河发源处，西为阿什河发源处。松峰岭在城东南二百里，东南接吊水湖、山尖砑子，由尖砑子蜿蜒而西，接爬头山、元宝山，并接光屁股顶子，为二、三、四道河发源处。老母顶在城东南一百五十余里，西干络绎，接横头山，又北接小岭，为头道河发源处。七里半山在城东南百余里，东北接磬岭、庙岭、观音堂，为半截河之源，南接大、小分水岭及蹶尾巴岭，西为蛤蟆河、沙河子、大、小石头河发源处。七个顶子在城南一百五十里，东北脉胳接回龙山、关门咀，西为泉源河发源处。嘉松阿山在城东南二百余里，东与老岭接，即蜚克图河发源处，西接庙岭、三道岭等山。大荒顶在城东二百五十余里，西接老岭之双丫子，东北接二荒顶、板石山、横头山，东为头道柳树河、板石河、西北为石洞河、横道河发源处。高丽帽山在城东北二百余里，东接平冈，由平冈则支节陆续接松树背，以东为二、三道、柳树河及筒子沟河，西为淘淇河，北为高丽帽子、摆渡等河发源处，大青背山即爱兴阿山，在城东一百七十里，东接老岭，为扎巴尔罕河发源处，北接香炉砑、石洞山，为海鹿浑河发源处。山彦哈达山在城东北二百里，东为马蛇子河，西为二道海鹿浑河发源处，北接庙岭，为头道海鹿浑河发源处，迤逦正北，接猴石近松花江沿。安巴山彦哈达山在城东一百五十余里，北接棺材砑，西接红石砑，为尔奔佛拉库河、柳树河发源处。尖儿砑在城东百里，北接一面砑，西南接无名小山，为洼浑河、大、小海沟河发源处，东为社哩河发源处。法特哈顶子在城东北一百五十余里，即乌尔河发源处，西南接连团山子、太平山，北接老龙头，近松花江沿。阿什河源出老岭，在城东南二百五十余里，曲折东流，引四道河、头道河，复北折，引泉源河、大、小石头河、沙河子、蛤蟆河、荒沟河、筒子沟河、腰沟河，会洼浑河入松花江，头道河源出小岭，城东南一百余里，东南流，引二、三道河，复西南，折入于阿什河。洼浑河源出尖儿砑之西北干，城东一百余里，西流，引大、小海兰河入阿什河。蜚克图河源出嘉松阿山，城东二百里，西北流，引尔奔布拉库河、柳树河、社哩河，复北流入松花江。海鹿浑河源出香炉砑，城东北一百五十里，北流，引二道海鹿浑、头道海鹿浑入松花江。扎巴尔罕河源出大青背，在城东北二百里，北流，引石洞河、横道河入松花江。高丽帽子河源出高丽帽山，在城东北二百余里，引摆渡河，北流，入松花江。玛延河源出吉林之色齐窝吉，曲折而北，会乌吉密河入于本境，复引大、小亮子河、头道柳树河、板石河、二道、三道柳树河、筒子沟河、梨树河入松花江，河东为三姓界，其河东、西均名之曰玛延川。

佚名：《吉林舆地说略》，李澍田主编：《长白丛书》（五集），长春：吉林文史出版社，1993 年，第 127—128 页。

《吉林舆地说略·拉林城》

拉林，在吉林城东北四百里，协领治焉，驿站一，村屯一百三十四。居住旗民五千一百三十二户。东至阿勒楚喀封堆界，南及西均至拉林河、伯都讷界，北至松花江界，东南禁山接吉林界，西环双城。除一堡之外，东西距一百六十余里，南北距二百五十余里，东南至禁山五百余里，该处向有防守禁山卡伦六道，嗣因禁山之中设立五常堡，因将卡伦裁撤矣。拉林多欢站在城南二十里，南至蒙古喀抡站九十里，北至萨库哩站六十里。硕多库山在城东南几十里，南接石头咀子，近莫勒悬河沿，北接堤塔咀子、白石砑、倒攀岭，近黄泥河沿。帽儿山在城东南一百五十余里，高耸云端，孑出群峰之表，西干蜿蜒，与大、小青顶接，南接笔架山，西北接花儿砑子，络绎至老岭，为黄泥河发源处。爬头山在城东南一百六十里，西接红花顶一颗松，东接棒槌砑、太平岭，南为二、三、四、五道黄泥河发源处。雅钦西尔哈山在城东南八十五里，东、西近莫勒悬、拉林等河沿，东南接桃山、沙山子，为柳树河发源处。三个顶子在城东南一百八十五里，西南接连炕沿山、连环山、小关门嘴子，东接黄梁子，西接欢喜岭、信发山，北为杨树河、拐棒河、滕家河，东为七□等河发源处。摩天岭在城东南二百五十余里，南近拉林河，北接双丫子、金银坑，至莫勒悬河沿，连亘四五十里，东南接红石砑，东北接松树顶，西接磨石顶。鸡冠山在城东南二百四十里，东近莫勒悬河沿，北接硫黄山，为蛤蚂河发源处。馒头顶在城东南二百四十里，南接乌拉禁山，北接大山冈，为石头河发源处，西接三个顶、常山冈，荒冈络绎至双岔头，以南均属省界。常寿山在城南二百里，南接锉草顶，为省属禁山，西近凉水泉，再西至封堆，为伯都讷界。大乌吉密山在城东南二百五十余里，东□□□窝吉近玛延河沿。四方顶山在城东南三百余里，南接草帽顶，西南接刺猬顶，为大、小泥河、石头河发源处。三柱香山在城东南四百余里，东北接大土顶，复接无名山，为头、二道葱河，苇沙河发源处，南接吉林色齐窝吉，西北大、二青顶山，西近莫勒悬河沿。拉林河源出吉林禁山，至红石砑入于本境，在城东南二百八十余里，西北流，引蛤蚂河、石头河、会舒兰河，复引凉水泉、四道河，会莫勒悬河，复西流，又北折入松花江，以南以西均为讷城界。莫勒悬河源出吉林色齐窝吉，在城东南三百七十五里，流入本境，曲折西北，引头、二道葱河、七四河、会苇沙河，西折，引条子河、李六河，涌水泉河、半截河、滕家河、杨树河、拐棒河、琉璃河、柳树河、五、四、三、二、头道黄泥河、背阳河入拉林河。黄泥河源出老岭，在城东南三百余里，西□□至笔架山，复西流，入阿什河。苇沙河源出无名山，在城东南三百二十里，曲折西北，引小泥河、石头河入莫勒悬河。玛延河源出吉林之色齐窝吉，北流，引亮子河，又北流二百五十余里，引乌吉密河，西为拉林界，东为三姓界，亮子河南系吉林界，乌吉密河北系阿勒楚喀界。

佚名：《吉林舆地说略》，李澍田主编：《长白丛书》（五集），长春：吉林文史出版社，1993年，第128—129页。

二、津梁

《光绪打牲乌拉乡土志》

津梁

城南八里哨口，旧设官摆渡一处。向系总、协两署，按年各派官一员，在彼值年经理。城南二十五里旧屯，设有摆渡一处。城西南八里聂斯玛屯，设有摆渡一处。城西北十五里打鱼楼屯，设有摆渡一处。东北三十五里四家子屯、四十里塔库屯、四十五里布尔哈通屯、五十里溪浪口子屯、七十里哈什玛屯、此五屯俱在城东北，各设摆渡一处。以上九处，均系佐近村屯，自行捐造。

城西二十二里洛家屯，旧有大桥一座。西北十五里打鱼楼屯，大桥二座。北二十里汪旗屯，大桥一座。三十里石家屯，大桥一座。六十里张家庄子，大桥一座。九十里七台木屯，大桥二座。东北三十五里四家子屯，大桥一座。四十五里嘎牙河屯，大桥一座。八十五里明家桥子屯，大桥一座。九十五里闵家大桥屯，大桥一座。八十五（里）东孤家子屯，大桥一座。共大桥十三座。

打牲乌拉总管衙门纂修：《光绪打牲乌拉乡土志》，《中国地方志集成·吉林府县志辑 1》，南京：凤凰出版社，2006 年，第 556—557 页。

《抚松县志》卷一《地理》

桥梁

古松桥　在县城东关。

砺山桥　县城东门。

通江桥　县城东门里。

获鹿桥　县城小南门。

安澜桥　县城大南门。

襟江桥　县城西门。

带河桥　县城北门。

内带河桥　北门里。

外带河桥　北门外。

汤河桥　由县城南三十八里之汤河口起，经海青镇、松树镇至老岭计七十里，共有木桥二十一道。

露水河桥　城东北一百六十里。

万里河桥　在城北三十里。

马鹿沟桥　在城南八里。

石头河子桥　在城南一百三十里。

漫江营桥　在城南一百五十里。

张元俊监修、车焕文总编：《民国抚松县志》，抚松：抚松县长白山文化研究会，抚松县收藏协会，2017 年，第 23—25 页。

三、铁路

《民国辉南风土调查录》第十四章《交通》

按道路交通关乎地方命脉。辉南僻处边隅，地多山岭，无航路可通，而陆路又极阻塞。以致地方生产均无由发达，人民生计日形艰窘。查奉属海、柳、辉、西安、东西丰各县地皆新关，物产富饶而久未发达。吉属若延吉、珲春各县，沃野千里，招垦无人。韩民越垦交涉时起，何莫非受交通不便之累。谓宜奉吉合力，组织铁路公司建筑奉吉联络铁路。其资金，或招民股或募路债，招股办法恐缓不济急。最好即发行铁路公债，盖铁道事业有一定之收入，而东边各县物产丰富，获利尤厚，应募此债，不特岁息可得，即原本亦可期旦夕偿还。想一经提倡，国人必踊跃应募。纵人民公债思想簿弱，不能慨然出资，尚可仿奉省前募省债之法，摊认股份，本省事业，激于桑梓之义，当无不乐从者。其路线西由沈阳起点，与京奉路衔接。东经西丰、东丰、海龙、磐石、桦甸各县，直达延吉，控制图们江北，与吉长铁路贯通一气。平时于移民殖产治匪等事，既多便利。设有征调，彼此援应，声气易通，其于备边所关尤巨。方今三省一家，同力合作。按之时局布置，应无大难。倘以兹事体大，恐难计日办到。取其次者，则宜修筑奉海铁路，途程较短，需款较少，且可就地取材（龙岗有枕木，杉松岗有钢铁，西南有烟煤）。办理自尚容易，此则今日东边交通上，最急务中之急务也。

王瑞之编：《民国辉南风土调查录》，《中国地方志集成·吉林府县志辑4》，南京：凤凰出版社，2006 年，第 72—73 页。

《大中华吉林省地理志》第九十六章《东省干路》

俄人自经营海参崴军港，筹划连接西伯利亚之铁路线。原定绕行黑龙江外，今沿乌苏里江，由海参崴至哈巴灵甫斯克之铁路，及沿鄂嫩河，由开他鲁佛，经尼布楚，至斯托列汀斯克之铁路，皆当日原定线之一段也。自清光绪二十二年，中俄结喀希尼密约，许俄修路贯穿黑省、蒙古、吉林，东清铁路大干线于以成。二十三年七月兴工，至二十七年十一月告竣。自胪滨至海参崴，共长二千八百十六里，东清铁路合同第十二款谓全线告成后，越三十六年，中国有赎回权，越八十年，有没收权。今因俄乱收回焉。

东省干路之各站　昔日用俄文无华字，是以名称不一。

旧哈尔滨　哈埠今为特别区市政警察第一署。江桥长二百七十丈。

阿什河　即今之阿城县。

三层甸子　又作三层店子。

老爷岭　又称为小岭。

帽儿山　又作猫山。

乌吉密　今拟设治，析同宾县南，俾铁路旁易发展。

一面坡　驻兵防匪重地。

苇沙河　今拟设治。

石头河子

高岭子　又作交岭子。

横道河子　为特别区警察第三署治所，俄人拘留者极多。

上石　吉林图作小岩，东省铁路合同成案要览作山西。

海林　为宁安县出入之大站。

牡丹江　有铁桥，东南有俄商火锯。

磨刀石

抬马沟　又作台马沟。

穆棱河　又译作美岭。

马家河　又作马桥河。

太平岭

细鳞河　又名七站，有支路入北山。

绥芬　又名六站。

绥芬河　五站。

格罗结夫　为交界驿。

管理东省铁路续订合同

一、因以库平银五百万入股，与华俄道胜银行合伙，建造经理东省铁路。

二、因中国政府接济该路款项。

三、俄政紊乱，致失管理、维持该路能力。

四、中国政府以领土主权之关系，管理维持公共交通，实行保护整顿责任。

林传甲：《大中华吉林省地理志》，李澍田主编：《长白丛书》（五集），长春：吉林文史出版社，1993 年，第 395—396 页。

《大中华吉林省地理志》第九十七章《东省支路》

清光绪二十四年，俄租借旅顺口大连湾，并约定由东清干路择站筑支路达旅大，是为东清铁路南满洲支路，据有海参崴、旅顺、大连，以哈尔滨为中枢，俄人野心于是日纵，所以酿成日俄之战。由是年六月兴工，二十七年十一月全路告成，自哈尔滨至旅顺，计长千八百二十里。今除长春以南，割归日本外，实长四百三十八里。今支路收为特别区，警察第二署设于二道沟。东省干支两路，为俄皇发展西伯利亚铁路，延长至海，徒取直线，不经由省会，自以为另辟新市，不知运费亏赔，已为俄人第一失策矣。

东省支路之各站

哈尔滨　分支处俄人以为第一松花江，因陶赖昭尚有第二松花江也。为铁路一等车站，规模雄大，附有饮食店、杂货、书摊、邮电合局。支路至此，接于正干。

五家　五等小站。

双城堡　今之双城县，哈尔滨之滨江县地亩，均由此析。居民殷实，土地膏腴，农产运销既便，地方教育、实业，有日新之象。

蔡家沟　蔡氏为双城巨族，其家庭原垦地，正当铁路之冲，出入既便，游学于外者崛起。近年简任要职，至吉长道尹焉。

石头城子　亦系四等站，镇市繁盛，邮路尤分布甚远。冬令上下，粮食极多。

陶赖昭　为第二松花江，即吉长路未成时，小轮船由此溯流，直达吉林省城。今小轮船载来客货，上下者仍不少。有小支路一条，直达江岸。

窑门　松花江之南岸，有机关车停车场，并增水塔，为此路之中心。往来之车，由此换车头，或交互通过。

张家湾　为农安、德惠、郭旗出入之要站，上下客货甚多。

卜海　一名乌海。站之左右，亦有邮路分歧。

米沙子　俄人路政不修，铁路两旁不植树木。停车场地方，不准负贩食物。

宽城子　与日本南满火车相接，而上车、下车秩序，日人尚严，俄人尚宽。一治一乱各异，吾国当求根本改革也。

东路二线，价值四千万元以上，一年内曾获利三千万元。募债二千余万元无妨。

林传甲：《大中华吉林省地理志》，李澍田主编：《长白丛书》（五集），长春：吉林文史出版社，1993 年，第 396—397 页。

《大中华吉林省地理志》第九十八章《吉长铁路》

此路依中日协约，日本得有此路之投资权，及对于资本半额之权利，及任用日人为技师长之约是也。协约成，测得南北中三道，我主北道，彼主南道，协议结果，卒定北道。全线长七十八哩四十锁，铁桥共长百零六丈，隧道贯土门岭。全线勾配共八哩余，以百分一为最急，其余皆平坦大道，如此容易，在世界铁路工程中，亦为罕见。宣统三年告成，建设费一哩约需八万五千元，加材料运送费、电线架设费、停车场费及开业费，亦不出九万元。全线计七百万元内外，足见费用之低廉，有足令人惊者。

吉长铁路之各站

吉林　江岸站房，曾为冰冲破，江沿冰山高数丈，尤为奇观，擅坏铁桥，冲决轨道，倒折电杆。盖车站离城十余里，来往殊不便也。

九站　自省城至此，皆近于松花江岸。由东南向西北，有三道岭山地，小作陂陀，已划成平道。

孤店子　昔日孤店，今已城市。沿途窝棚相接，田地已辟。

桦皮厂　地方繁盛，原有税局，今仍为一大站。

河湾子　鳌龙河[①]上有桥。

土们岭　新开隧道工成，颇极一时之盛，乃以报销有弊，局长被撤。工程处原用倭人为工程师。山峰陡峻，土石杂糅，实握全路之枢纽。

营城子　东有过道岭，西有银矿山。

下九台　德惠县境，原有分税局，今移总局驻此。有界濠尤扼要，西有

① 属松花江一级支流，流经吉林省吉林市永吉县、昌邑区、船营区。

驿马河桥。

饮马河　路线原测太低，会经大水，冲毁铁桥，今已改良。

龙家堡　又作隆家窝堡。

卡伦街　地方繁盛，有乌海河桥在市东。

兴隆山　前有前兴隆山，夹铁路旁。

长春　中国车站，即长春县治。又名二道沟。上下客货，不如头道沟之多，然此为本站。东有伊通河桥。

头道沟　日本南满车站，与吉会铁路接近处。

林传甲：《大中华吉林省地理志》，李澍田主编：《长白丛书》（五集），长春：吉林文史出版社，1993 年，第 397—398 页。

《大中华吉林省地理志》第九十九章《吉会铁路》

会吉铁路，自吉林向东至朝鲜千余里，自宣统三年，中韩图们江界约成，日人于吉长路以外，获得修吉会铁路权。由吉长展筑，出延吉边界至朝鲜会宁，一切照吉长办法。民国以来，已派员督办。日人所勘路线，由吉林省城东行，逾老爷岭、张广才岭渡牡丹江大石河抵敦化，东南逾哈尔巴岭，经三道沟子、土门子，渡布尔哈通河至延吉，即局子街。又东南渡海兰河至龙井村，出禹趾洞，渡图们江以抵会宁。估价三千余万元，需工六载。因国变及欧战，未及开工。以清津港为吉林尾闾，犹幸未即成也。

吉林至会宁。各站里数，共长九百九十五里，倭人勘路，经龙井村不经延吉。

大屯　六五　威虎岭　四一九　亮米台　六七四

下江蜜蜂　一〇〇　炮手营　四四九　瓮声砬子　六九四

双岔河　一五〇　平房　四六四　榆树川　七四四

额穆县　一六〇　碱厂　五〇四　老头沟　七六九

八道河　一九二　臭梨子沟　五一四　上官道沟　七八六

老爷岭　二〇七　北苇子沟　五三四　铜佛寺　七九四

大孤家子　二三七　敦化　五五九　东官道沟　八七六

大蛟河　二七八　黄土腰子　五九六　朝阳川　七九九

乌拉屯　三〇二　大石头河　六〇九　龙井村　八九七

乌林沟　三〇八　板桥子　六三九　和龙　八七九

庆岭　三五一　哈尔巴岭　四四六　大狐狸岭　九〇九

小马家子　四一一　蜂蜜砬子　六六九

吉会铁路之要工

松花江铁桥　一千八百一十八呎，自省城东团山子过江。

海浪河　六百呎。

牤牛河铁桥　三百二十五呎，自额穆县横断之。

图们江　三千二百九十呎。

蛟河铁桥　三百二十五呎。

牡丹江铁桥　三百二十四呎。

大隧道　胡郎大岭七千余呎。

老爷岭　五千余呎。

大砬子　二千六百呎。

威虎岭　二千五百呎。

余有小隧道十五处。

林传甲：《大中华吉林省地理志》，李澍田主编：《长白丛书》（五集），长春：吉林文史出版社，1993 年，第 399—400 页。

《大中华吉林省地理志》第一百章《南满铁路》

南满铁路，北止于长春，昔年俄人视为支线，于长春亦不甚重，自倭人得之，遂为要地。西伯利亚铁路岁赔巨万，倭人截其支路之一节，遂岁获厚利。俄人铁路弊端多，无票亦可乘车，员司得贿一二元，公家损失十数元，焉得不亏。倭人稽查严密，秩序整饬，是以获利。头道沟为南满车站，俨然为长春之总站，吉长、中东两路，皆为之左右，铁路联络会议，多由南满提议，决议时亦南满多得便宜。昔海参崴路尚足与大连竞争，今力更薄矣。惟倭人骄极，长春以北粮石，由崴出口者多，因运费稍省也。

南满名义辨

满洲为种族之名，发祥之额多里、宁古塔，及建设兴京、盛京，国号大清，惟满洲八旗以满洲著籍。辽东本为汉地，清八旗亦编汉军，自古历史、地理，无有以满洲为东三省者。俄修铁路，因境上无地名，遂名满洲；日本人著满洲地志，遂以东三省为满州，离间满汉。日俄之役，日本得志于南，遂名南满，今日省文但称满铁，以图发展。又指延珲[①]一带为南满，以便杂居，吉林西南东南并当其冲矣。

南满教育品关于乡土至重

满蒙地理教授案。地理教育基础之养成。土地教育教材之研究。满洲地理历史概要。乡土历史调查。乡土地理教材。乡土志细目。重要物产输出表。泥制地理简易模型。木制地理简易模型。工业模型。学校附近诸标本。春季旅行所采植物标本。暑假所采植物标本、昆虫标本。岩石标本。矿物标本。

长春小学教员手岛氏，自制简易理科实验法，并装置图。共简易器五十五件，皆学生能装、能拆、能用、能仿制者，吉林教员千众，有如此者乎。吉林与此展览会者，惟甲种农学罐头食物，然不如日本学生得一技即自立也。

长春不完全发达之原因

日俄战役，长春大有南抚奉天，北控滨江、龙江，东引吉林，西拓蒙古之势。因安东路成，釜、义相接，奉天四达，吉长缓通。继四郑初修，本应自长春西达郑洮，日人因运货稍捷，不取道长春。只成丁字形，不成十字形，南满支路，则自择其便焉。

林传甲：《大中华吉林省地理志》，李澍田主编：《长白丛书》（五集），长春：吉林文史出版社，1993年，第400—401页。

《大中华吉林省地理志》第百零一章《拟修铁路》

吉林铁路直贯于滨江、长春间者，地方因以发达。横贯于延吉、依兰之间者，两道均无能利用。于是日本窥伺，拟设吉会铁路，究以款绌未成。延吉交通，则有追不可缓之势。昔督办吴禄贞，拟设奉延铁道，于省道虽纡，果能成，则京奉可并称京延，为国路东干。稍加展拓，至于延宁，由延吉、汪清、宁安至海林站，接近东省路线，至为便利。惟山路较多，施工不易。延东由延吉、珲春，东宁至五站，路线较长，于边防有益，且临河便于开路。若奉延及由延吉拓至绥远，名曰延绥，庶完全国路东干乎。

---

① 延吉和珲春。

拟修奉延铁路线

里数　自奉至延吉，旧有盘道，可通车马，比吉林至延吉，近六百里。延吉至西古城九十里。西古城经五道羊叉、王家趟子至后车厂九十三里。又至大沙河二十八里。又至四叉子五十里。又至两江口七十里。又至夹皮沟九十里。又至官衙一百零六里。又至黑石叉九十里。又至朝阳镇五十里。又至海龙一百二十里，距奉天二百余里。

拟修延宁铁路线

起延吉北，由一两沟、吉清岭至汪清县治。北穿摩天岭，由骆驼砬子、萨奇库，北穿老松岭，由陡沟子、三家子、干沟子至宁安。北接于海林车站。

拟修延东铁路线

起延吉东，循河流旧道沿图们江至珲春，循红旗河至东北境土们子，又沿瑚布图河西岸至东宁，又北沿边界，接五站铁路。

拟修延绥铁路线

由五站或海林至密山，经宝清、同江至绥远。

轻便铁路

长春至石碑岭　运石子用，由华伟公司承办。

图们江至红旗河　运木用，由督办吴禄贞创之。

吉林县学田地　黄川公司租用。

哈埠圈儿河等处　临时开埠，修马路用之。

林传甲：《大中华吉林省地理志》，李澍田主编：《长白丛书》（五集），长春：吉林文史出版社，1993 年，第 401—402 页。

第六章　族群与民事史料汇编

一、族群

《长春县志》卷五《人文志》

民族

史称箕子受封朝鲜，逾今辽河迤东地方，此为汉族东渐之始。燕将秦开击却东胡，辟地千里，秦代因之以置辽东群。盖汉人足迹远至辽东，在今三千年前。而北部民族，以肃慎为最古，夫余次之。肃慎之遗族蕃衍，势力最强，一变而为挹娄，再变而为勿吉，三变而为靺鞨，四变而为女真。由斯而建王国，则称渤海；由是而建帝国，则称金称清。始则据有一隅，继则抚有区夏，蓬勃其势，不可侮也。夫余族实为古之貉种（一作貊），又谓与濊貉同为一族，亦即高句丽、百济二国所自出也。夫余立国殆始于周末，汉初其国都约在今吉林省农安县附近，其广袤皆不逾千里。北起嫩江入松花江处，南抵开原北境，东界松花江，西至热河边境，今哲里木盟十旗地，约占其半，惟传世之君都无可考。举凡肃慎、扶余、乌桓、鲜卑、契丹诸族，吾国古籍概名东胡。近世论人种学者，则称之通古斯族（通古，亦东胡之转音）。蒙古一族，本为别支，其血统、言语、地理三者，与东胡一族有息息相关之处。近自日韩合并后，朝鲜人入我国籍者日多，今吾东三省冶汉、满、蒙族及归化韩侨为一炉，泯其此疆彼界之嫌，而构成东北独立之民族，于以励自治，御外侮，发愤图强，庶有豸乎？长邑于前清顺治年间，渐有直鲁流民移居斯土，至柳条边以东以北，则汉人不得越雷池一步。迨嘉庆五年，设长春厅于郭尔罗斯前旗，垦民四集，成邑成都，百年以来，生齿蕃息，丰衍富庶，遂冠列城。今述其民族移住开发之故，备考览焉。

汉族　当明清过渡之际，八旗子弟多从龙入关，满洲故地反行空虚。清既宰制中夏，不务移民实边，囿于保存根据地之谬见，励行封锁主义，弗许汉人侵入居住。惟对于谪流满洲罪人届期不归者，由政府给与田地，降为军丁、驿夫者，实繁有徒。继而燕鲁穷氓，闻风踵至，斩荆披棘，从事耕耘，逐渐逾辽河以东，寄居吉林西南各地（今之长春、伊通、农安）。迨乾嘉之交，移民已达六千户，租借蒙旗土地不下三十六万五千亩。清政府见势难阻遏，许为土著，编入户口。嘉庆五年，设长春厅于郭尔罗斯前旗，以治理之。然对于后之迁徙者，仍行严禁如故也。嗣以洪杨之乱，中土骚然，清政府东顾不遑，禁制稍懈。而东北部之物产富饶，风传遐迩，当时燕鲁豫之人络绎东迁，侵入以前封锁地带，实为汉人移住渐盛时期。光绪四年，吉林将军铭安建整顿满洲之策：一、增设行政区域；二、军政操于满人，汉人立于民政管辖之下；三、提倡保甲团练，防止盗匪；四、奖励士子，晓谕良民，教育子弟；五、稽查汉人占有土地，征收赋税，振理财源；六、官有土地给与民间，无论汉人、满人，均得沐其恩典；七、取消禁止汉人妇女逾越长城之法律；八、淘汰昏庸官吏。清政府悉依之。由是，商安于市，农忭于野，地利尽辟，日臻繁荣，实为满洲殖民史上开一新纪元也。长邑住民大部为汉族，来自燕鲁晋豫诸省，业农者十之五，业商者十之三，余则各业皆有之。久则殊方同化，俨成土著，自兹以往，莫能溯其源流矣。

蒙古族　蒙古一族，《旧唐书·室韦传》称：室韦部落至众，有蒙瓦室韦者，北倚望建河（即黑龙江）。蒙瓦，一作蒙兀，后作蒙古；然蒙古人又常自称为鞑靼。鞑靼与室韦之来源，颇有异同。《魏书》论室韦云：室韦盖鞑靼之类，在南者为契丹，在北者为室韦，其语与奚契丹同。《新唐书》则谓属于肃慎族，即属于北戎族，而为通古斯族一种。又考《元秘史》所述蒙古之起源，颇与《北史》所纪突厥起源相似。而鞑靼之部族，初起于阴山，更与突厥相近。其后北徙，始与室韦接近。因是断定蒙古人为突厥与北戎混合种（近人谓蒙古世系：十传至蒙儿只吉歹蔑儿于，其妻曰忙豁勒真阿，忙豁勒即蒙古之异译，因蒙古之名起于女系）。其来源实与通古斯族不同。因突厥人入居于室韦，又与室韦之女子结婚，而蕃衍其子孙，于是始有蒙古、室韦之名，此蒙古一族所由来也。蒙古族起于室建河①、俱轮泊（今呼伦池）、斡难河（今鄂嫩河），

① 河流名，应为“望建河”。

与今黑龙江省西北部接近。至成吉思汗出，蒙古始大，其后嗣入据中国虽不及百年，而在内外蒙古之命运则甚长，盖与明清二代相终始。今内蒙哲里木盟十旗，已划入东三省范围，而此非元代之子孙，即蒙古之遗胄，利害关系亦至密切也。长邑为郭尔罗斯前旗故地，向隶内蒙古王公管辖，自有清中叶，汉人襁负垦田者日多，久则成邑成都。蒙民之智力不敌，转避而他徙，由是汉户日增，蒙民减少，始有借地设治之议，遂隶于吉省疆索，其居留蒙人，习与汉化，多伍齐民，无复椎结好武之风矣。

满族　满洲一族，清代有新陈之分。满洲人谓陈为佛，新为伊彻。开国时编入旗者为佛满洲，此为纯粹之女真族，其品最贵。伊彻满洲有库雅喇、锡伯等族之分，不尽为女真族，以其入旗晚，故称伊彻满洲以别之。《清通志·氏族略》所载，满洲旗内有蒙古姓氏博尔济吉特等二百三十余姓，又有高丽金韩李朴等四十三姓，又汉军张李高雷等一百六十余姓（此谓之陈汉军）亦入满洲旗，此皆属于新满洲者。故一闻满洲之名，即称为女真遗裔，此实大误（清臣之有功者许入满洲，谓之抬旗）。今玉改步移，无殊汉族。所谓从龙子弟，濡染华风，将有数典忘祖之惧，视彼蒙古族保守故俗始终弗渝者，似又瞠乎其后矣。他如吉林东北部之费雅喀人、赫哲人、鄂伦春人，犹为靺鞨女真之别种，与满洲族颇有渊源，多散处中俄交界，从事渔猎，不解治生，故步自封，天演淘汰。虽为亚细亚洲最古之民族，然其部落式微，不能抵抗自然，终不免澌灭之一日尔。长邑满人寥寥，硕果仅存，谨述其源流，备考索焉。

外侨　自日韩合并后，朝鲜人多有弃其故土，多入我国籍者，向中国人租地耕垦，以营生计。于是，吉省东南部与朝鲜接壤之处，水田汪洋，稻苗穲稏，韩侨开始之功不可泯矣。惟其入籍之初，我国官吏应令剪发易服，俾趋同化，不得犹守故习，自为风气，但未措注及此，遂贻后患。虽经入籍归化，犹挟势以自重，近且蔓延腹地，聚众滋事，牵动外交，亦一隅之隐忧也。再自俄国革命以来，旧党人穷无所归，亦有请求入籍者，殆将融化黄白二种之域，为世界大同之先声矣。关于韩、俄两族侨长人数，详于本编户口门内，故不复赘述焉。

张书翰，马仲援修；赵述云，金毓黻纂；杨洪友校注：《长春县志》，长春：长春出版社，2018年，第245—247页。

《民国双阳县乡土志·人民》

种族

汉族居全户口十分之六多，系由山东、直隶、奉天三省迁徙之民。满汉分三类，一旗丁，系正满族；二站丁，三台丁，均系后入旗者。三类约居全户口十分之三。回族居县城附近及大小营子等处，约居全户口十分之一。

吉人修，吴荣桂、陈永奉纂：《民国双阳县乡土志》，《中国地方志集成·吉林府县志辑1》，南京：凤凰出版社，2006年，第519页。

《吉林乡土志》

七、地方民族变迁之原因

蛟河县

一、汉族之自由移入

本县民族，土著人民綦少。所居人民，多系来自河北、山东各省而移居斯土者。

二、国家命令之移动

本县地势平坦，土质肥沃。自满清始祖招集满洲民族来兹屯垦，以至现在。如额穆索、黑石屯、官地、通沟、塔拉站、清沟子、退抟站、新站、北大屯、乌林屯、蛟河镇、新街、杉松镇、八家子等处，大多数尚有当时之遗族也。

敦化县

人民自由移入

据地方乡老所云：敦化地方汉族为最多，满族人不过百分之一、二。在五十年前，人烟稀少，森林稠密，当时仅有少数汉人由山东及关内各处自由移入。居山中，以打猎、采人参及蘑菇等为正业，以开垦农田为副业，类似游牧生活。嗣于光绪十二年，经官方出放荒田，渐而前来领荒者陆续增多，散居于各山水临近之处，于是始以开垦为正业。继因京图铁路之开通，则民族更加增多矣。

磐石县

各地之民族，汉族居多，满族极少。至我国成立后，依门户开放之主义，日鲜民族，接踵自由移入。生聚日繁，结成村屯部落，共同努力于产业开发，大有蒸蒸日上之势。将来地方之繁荣，正可期待也。

伊通县

本县各地民族之变迁，起因如左：

一、汉族之自由移入

本县汉族，有自清康熙末年，历乾隆各朝代，由直、鲁、豫各省陆续至各处，自行占荒垦地。初，县东伊丹乡、营城子、乐山镇及县西之靠山镇、二十家子、半拉山门、火石岭子一带住房，仅三四家，继则呼亲唤友，而成聚落，俗谓之“开荒斩草”。并称其首先移居者曰“占山户”。此系汉族聚落构成之滥觞也。

二、满族之移入

本县满族之移入，由于驻防。始于清雍正六年，以吉林佐领、骁骑校及开原防御、骁骑校四人，甲兵二百人，移驻伊通河。设二旗公署，由镶黄、正黄二旗各佐领管理二旗各户。是为伊通有满族之始也。

三、驿站

本县自清康熙二十年，始设有伊巴丹①、大孤山、赫尔苏、叶赫镇、莲花街等五驿站。每站设置驿丞一员，排头四名，站丁若干名（每站地有三四百垧），专为传递官文。其站丁等系由关内各省招来者，其家人垦地，不纳租赋。于是构成（木）〔本〕县重要之镇市矣。

四、边台

本县自康熙二十年，设置伊通河、赫尔苏、布尔图库三边门，此外有边台八处。每一边台设领催或防御，下有排头及台丁若干名，专司二、八月挖边之事。其台丁等亦由关内各省招来之汉人充之，其家人种地，亦不纳赋税。

五、回族之移入

本县回族，多在乾隆年间，随同汉族自直、鲁各省陆续来至界内，在伊丹乡、东羊草沟、大孤山、西城子及杨树河子等处聚成屯落焉。

双阳县

清道光年间，尚为荒野，并无居民。以后汉族渐来居此，斯时即为开荒

① 地处今伊通满族自治县东12.5千米。

斩草者。民国年间，因近肚带河及其他流泉，适于稻田耕种，渐有鲜民移入。近来稻田开拓愈多，而鲜民亦日增多矣。

长岭村

本村各族大多数为汉族。其变迁原因，所谓开荒斩草而来者（即拨民）。据当地土著云：本村民族，系满清入关后，于乾隆六年间，勒令拨山东半岛人民，从事开垦而迁入者，迄今已二百余年矣。以前纯为汉族，由关内之昌、滦、乐各县而移入者居多。后以生齿日繁，变迁亦易。现为满汉杂居之村落矣。

九台县

一、汉族之自由移入

于清初时，首先不许汉满杂居。后至末叶，渐次始有汉民移入。本地汉民族，十之八九均系由关内各省自由移入者。其始不过一二人或一二户，继则呼亲唤友，而成聚落，俗谓之“开荒斩草”，并称其首先移居者曰“座山户”。故其经过，均属可考。

二、随龙

查本县之满族，当清初时，系随龙过来而成部落者，谓之“开荒斩草”，首先移居者曰“座山户”。

三、国家命令之移动

本县有五官地，为清吴三桂后裔，曾拨于此地为农。每人国家给牛一头，地十五垧，年纳租额一石五斗。以后渐次人多，向此移动，俗谓之“拨民”。

饮马河村

本地居民纯为汉族。据老者云：为乾隆二年八月间，有汉族张姓者，自由移居来此。后则招亲呼友，聚成村落，俗谓开荒斩草之“座山户”。故迄今该屯张姓者，仍居多数云。

汉　族

俱系由关内及奉天、热河等处自由移来者，约在百年以前。最多为农人，居十之九焉。

鲜　族

饮马河沿岸，利于水田，鲜人善营之。于民国十年前后，即有来此经营者，其后渐次增多。迨事变以来，移居本村者年有增加，除散居河沿各处外，在饮马河村南部榆树林子村自成部落（约数百人）。

二道咀子附近居民，均系汉族自由移入者，于清中季乾嘉时代，山关内山东移来王、张二姓，为开荒斩草之“座山户”。后数十年，呼朋唤友，遂成村落。

长春县

双城堡　双城村

查本地民族，于辽金时代，多系蒙古人居此。后至清时，而汉人逐渐移居于此。彼时文化不开，民多蛮横。后居民日增，文化亦日进矣。

扶余县

一、开垦之招来

汉　族

伯都纳在明季为锡伯公尔所据。自康熙二十一年，设立副都统后，除驻防旗人外，地均在封禁之列。汉族之肇端于清康雍之世，潜滋于乾嘉之朝。至许其有土地权，则始于道光年间，由将军富俊奏称：伯都讷空闲围场，既无林木，又无牲畜，可垦屯廿余万垧（按此指令石城镇及榆树西县界一带而言，即所谓号荒也。）若任其荒废，实属可惜，可招垦以移闲散六千户（满旗人）。以此闲散人等，多为额缺所限，不获挑食名粮，以赡身家。出榆关而来吉林，有田有宅，有井有牛，具存籽种，有路费，有安家费（当时拟皆以大租项下拨给），种种优，待宣其趋之若水之流下。惜如此之肥壤，愿移者尚寥寥，不甚踊跃。然汉族则得假此谋广厥居，只以升科完租，得永业以长子孙。且自此而八里荒（道光十九年查出升科），而藕梨厂（咸丰十年奏开），而隆科城（同治五年奏开），而珠尔山（同治六年奏开），而北下坎（扶余二区地带）[①]，先俱私垦。至光绪十四年，勘名升科，亦俱陆续开放，汉族乃趋此若归市。查此间汉族，原鲁籍为多，燕籍次之，晋籍又次之，余则只少数（鲁籍占十分之六，燕籍占十分之二·五，晋籍占十分之一·五）。

二、驻　防

1. 满　族

本县之有满族，自康熙五十二年，就吉林余丁，编成满洲兵四百名，驻

① 原作“扶二余区”。

防伯都讷，此为其始也。嗣后，来自宁古塔、黑龙江、北京者亦多。大抵以厥先官于斯土，子孙遂占籍焉。此外，间有原土著迁余之瓜尔察（民）〔氏〕族，及自京来之佛蒙古同化其间。

2. 蒙　族

考省志载：于康熙三十二年，于伯都讷、锡伯佐领、骁骑校各二十一员，锡伯兵一千四百名驻防。嗣三十八年，即悉数移之奉天，至四十年，乃增设蒙古佐领、骁骑校二员，蒙古兵八十八名，驻防此间。又载：伯都讷系清初锡伯所居地。锡伯，蒙古别族，或称有蒙古台吉隆颜岔一户住此地。今伯都讷蒙古佐领，即其遗族也。故知本县蒙族移来，自康熙四十年始。

三、自由之移入

回　族

本县之回族，来自鲁省者为多。其初至斯土也，肇于清乾隆之元年。至十二年，经回民于万庆、马文成等之手，醵资创建其所谓教会之清真寺。迄今该族之城居实繁。后遂有移居于五家站、三岔河各镇焉。

四、驿　站

本县五家站、社里站、伯都讷、浩邑站（新站）、陶赖站等处，昔日传递文报，设驿站。最初汉族自关内移来，落户于此，遂相聚而成镇中之主要民族。

五、国家命令之移动

满清定鼎后，曾拨在京旗族，充实边塞。本县伯都讷旗民（满族），系由双城堡移来，自成村落。

乾安县

乾安县放荒后，各井子成立，早晚不一。至于体字井以前，虽亦成立，惟因事变，胡匪扰乱，居民皆逃散至他处。于（伪）康德三年春，复招徕住户，开垦耕种。故体字井之住户，现已达九千余家。

舒兰县

查本县二区舒兰站、法特门、皇鱼圈、头台等处，多系于满清定鼎后，被拨在京之旗族。余则均为汉族，自由移入，渐成村落。

德惠县

本县居民概为汉族。（驿）〔饮〕马河东部，多由山东、河北、山西等省移入者。饮马河西部，则多系于奉天盛京以西及热河等处移入者。此地从前归蒙古直辖。嗣经招户开垦，约距今百年前（即清道光年间），放荒令下，即有以上各地之汉族源源而来，开垦耕种，从事农桑。至今居民仍以汉族为主，务农为业。近年来，居民因感生计之困难，移居江省者，每岁不下数十户。其他民族，若回族则居各市镇内。满族虽有，已与汉族同化莫辨矣。

榆树县

秀水甸子

秀水原无人烟，至康熙年间，始有私垦之汉人来此。至乾隆六年，居民渐集。迨清俄多事，因设驿站，用站丁以利邮传，该汉民乃脱籍充站丁，名曰站人。亦有脱籍随旗者，曰旗人。柳条边外初有人烟，由南而北。至榆邑初有汉人，秀水先有居民，而后渐及于北。

夏宝屯

本县地方，原属于辽金。至明代永乐年间，设卫统治，由宁安拨民于此，从事开垦。一般垦户，招戚集友，来此耕作，次第增多，遂渐成为今况矣。

郭前旗

查本旗民族之由来，相传先有高姓者，原居此地。后由乌梁海地方迁来包、吴二姓民族，吴姓者为乌梁海族，包姓者为成吉思汗后裔。次后由黑龙江北部移入韩姓民族，为哈呼拉族。此后民族之变迁，约如左记。

一、亲属之牵掣

从上记者之后，有随公主陪嫁而来之民族，为关、王、董、孙等姓。其他诸户，因亲戚之牵掣，相继而来。

二、捕鱼之移入

本旗沿江一带，为捕鱼而来往者甚多。又在本旗内之西北屯民族，原系专供清朝皇室捕黄鱼，在松花江岸而居者。原仅数十户，今则成百余户大村落矣。松花江中，并有黄鱼圈等名词。

三、伴随陵墓之移动

如本旗库里屯之原住人民，系奉敕令伴随陵墓而移住者。虽仅数户，而渐聚多乃成一大村落矣。

四、汉族之自由移入

上述以后，由关内自由移入，及山东等地之人民，大多数为佣工，或营商种地以谋生活者。最近事变后，国家首倡农业，又间治安确立，民力更生，因之无人耕种之旷野，由蒙民之自由招入汉民佃户不鲜矣。

伪满吉林省公署民生厅：《吉林乡土志》，李澍田主编：《长白丛书》（初集），长春：吉林文史出版社，1988年，第282—290页。

《鸡林旧闻录·民族》

明代中叶，扈伦以东与乌拉部境壤密迩者，则有东海三部，明人所谓野人卫是也。以今地望考之，是三部适占吉省之东半。三部者，同土著满洲同出通古斯族，即呼尔哈部、瓦尔喀部、渥集部是。按：呼尔哈系河流名，《唐书》作忽汗河，今称牡丹江（满语名穆丹乌拉）。凡敦化、宁安、依兰等属，皆该部当年故地。瓦尔喀部亦以河流名，则今奉天东边外之混江是。邵阳魏源云：瓦尔喀江入鸭绿江，两岸皆其部落，人民多自朝鲜侨迁，是今日奉省怀仁、通化、辑安，悉瓦尔喀境也。而吉林珲春县，亦为该部之北境。渥集者，本窝集之音转（见前）。据《满洲氏族源流考》，乌苏里江西之木伦部，江东尼满河源之奇雅喀喇（奇雅族俗、地理见前），皆渥集部。又清祖征渥集部，有自归之绥芬部，是今日穆棱县、东宁县、虎林县并俄属东海滨省之尼玛河、绥芬河流域，皆当年所谓渥集部也。

满清未兴以前，在东海三部之东北，而与渥集部紧相连接者，则清纪概以使犬、使鹿别之，明代悉统于奴儿干都司。清廷先后吞并是地，大约已在天命纪元以后，（万历四十四年后）其地为今日吉省最东北之临江、绥远等县，迄乎黑龙江、混同江下游两岸，凡咸丰十年割隶于俄，沿东海岸一带是。其人则济勒弥、费雅喀、剃发与不剃发之黑斤诸种是（详前）。

按：今之临江、绥远赫斤等人，当年皆属之使犬类。再东北，极于桦太岛，如费雅喀等人，要皆为使鹿类。顾是中种族之杂，殊费研究。据日本龙居氏所调查，大别之凡有九种，而今日血统久淆，已无确当之评断。大概索伦一族为通古斯较纯之种，（以答抹哈鱼为衣粮之“鱼皮鞑子”、散处内兴安之打牲人，皆属此种）。达胡尔人则为渤海遗族，实渤海国姓大字之转音。费雅喀与日本北海道之虾夷为同族。且至今日即使犬、使鹿之界说，亦已不能范围。如以使犬论，现在依兰以东，家畜驯犬冬拽扒犁；汉人迁垦于此，亦多效其俗者。若驾使马鹿与驾使形类马鹿之四不像，今日江省东北，如佛山、萝北等属，随处皆产，西至额尔古讷河流域，亦均多此物。矧其地，亦有并驾犬者，是难执一论矣（四不像，古书又谓之麋，前编已详）。

明季陈仁锡，仿《艺文类聚》之体，著《潜确类书》，凡分千四百余门。其十四卷“四夷门”、十一卷“九边门”，俱详述满清入关以前事。《四库全书禁书总目》称其语极狂悖，将版劈毁。近京中得崇祯朝原刻，特将四夷、九边条抄录，将即印行，语最确实，诚至宝也。缘乾隆忌刻已甚，凡宋、元后名人著述关于满洲者，一概删弃。《明史》亦多嫌讳，不敢采辑，故真相不存，是非全失。此编虽寥寥数百字，而价值实有足重者。爰先将原书“四夷门”收辑黄道周所撰《博物典汇》第九卷后“建夷考”一则，刊载全文：

今女真，即金余孽也。国朝分为三种：曰建州，曰海西，曰野人。永乐元年，野人酋长来朝，建州、海西悉境归附。先后置建州等卫，置都司一，曰奴儿干，以统之，官其酋。当是时，建州卫指挥阿哈出及子释家奴等，皆以有功赐姓名，官都督同知，此建州之始大也。正统时，建州卫指挥董山，煽诱北虏入寇，杀掠不绝。景泰中，巡抚王遣使招谕，稍归所掠，复款关，后以赏赐太减，失望，董山纠毛怜，海西诸夷，盗边无虚月。成化二年，遣都督武忠往谕，檄致董山，羁广宁，寻诛之。命都御史李秉、靖虏将军赵辅，督师三道入捣其巢，夷稍创，始乞款贡。嘉靖二十一年，建州夷李撒赤哈等入寇，巡抚孙绘御之失，亡多。亡何，抚臣于教坐减赏物，夷人哗，更诈杀哗者。夷由此挟忿，数入塞杀掠，如成化时。万历二十八年，今建州奴儿哈赤袭杀猛骨孛罗，其势始悍。猛骨孛罗者，与那林孛罗，俱海西部落，与奴酋二家俱封龙虎将军。猛最忠顺，虏或入犯，辄预报，得为备，诸夷皆心畏恶之，奴酋尤甚。会猛酋与那酋相仇杀，猛力不支，请于边吏求救，不许，愿得乘障扞边圉，不许，遂求援奴酋。奴酋悉起兵，以援为名，佯以计袭杀之。边吏因循不与较，奴酋自是有轻中国心。又先是，奴酋父他失，以内附，边吏贪功执杀，于是抚镇以计非是，匿不报闻，乃奴酋故恨恨也（观此，清太祖所谓七大憾告天之事，可以见其大概矣）。日与弟连儿哈赤，厉兵秣马，设险摆塘，自三十四年贡后，以勒索军粮为名，遂不复贡。时拥众要挟，凭陵开原，边吏禁悸，莫可如何；抚镇相倾，皇皇以益兵请，而不知跋扈之势已成于袭杀猛酋之日矣。

按：建州卫，即今兴京地，所谓赫图阿拉是也。海西卫为扈伦四部：叶赫、乌拉、哈达、辉发。今伊通州、吉林府、开原县、辉南厅是。野人卫为今宁安府以东，直迄乌苏里江左右地。董山系清之景祖；他失，清之显祖；努儿哈赤，即太祖。猛骨孛罗系哈达部酋（《开国方略》及魏默深《龙兴记》作蒙格布禄），当明万历时为扈伦四部之盟长。那林孛罗系叶赫部酋，那林即那拉之音转。阅者考证此记，再翻阅万历后之《明史》，益了然矣。

《钱牧斋文集·岳武穆画像记》，有满清以王皋之余孽，鸱张荼毒云云。窃疑此说甚创，后阅《庄氏史案》内称：此案之所以罹重法者，原因该书曾载王皋之孙为清之德祖建州都督，即清太祖奴尔哈赤云云。辄又疑与牧斋之言若合符节，两书俱成于前清顺治朝，必有所本。昨得抄本杂志一本，此说原委乃悉备焉。亟录之，以供快睹。

清室自称其姓为爱新觉罗氏，其实已数易矣。当其占据奉天时，山东有王皋者，家赤贫，无以糊口，遂乘帆船抵复州，以采猎为生。一日，顺治之母亦率群姬赴山中采猎，忽起一鹿，连发三矢不中。适王皋与邓某（绰号邓胯子者）负吊矢至，迎面来一鹿，大如驴，行走如流电。急挽弓拔矢，一发而殪。及顺治之母乘马追至，鹿已带矢毙，遂将王皋招至马前，见其魁武雄伟，赳赳之象无出其右者，大喜，问其乡里历史，王一一告之，愈喜。因将王及邓带回宫中，以为己之护卫，由此，每出猎必使王为前驱，久之遂有染，而生顺治。顺治七岁，即勇健有力，能扛五十斤之石鼎，且颖悟非常。其父恐其长或知非己出，将不以父待己，遂使邓回家，暗遣人于途中杀之。故至今奉天一带，犹有“打发邓胯子问家”一俗语，即谓戕其命也。既而又因事斩杀王皋以为灭口之计，讵料王尸不倒，乃使顺治跪于王尸前呼之为父王尸乃倒，遂葬之于其祖茔，故直至清末，每祭其祖，必先祭王皋。吉林亦有“先祭王皋，后祭皇陵”之谚。某某山上，又有王皋石之纪念。是其未入关之前，已易姓王矣。

按：哈达河北，哈达古城东，有王皋城（张刻奉省图，作王皋）。满清之始，居俄谟辉之野，鄂多哩城，即今鄂摩和站（一作额穆索）。在敦化县治北，四年前已设额穆县治。清纪所谓布库哩湖天女朱果诞生圣帝之说，今敦化县东有布库哩山，山下有池。年前，敦化令某，访得其地，立石湖边，题曰：天女浴躬处。附会荒诞，殊不取也。额穆县东距吉林三百九十里，当牡丹江之源。江下游为宁古塔，为三姓。《清纪》云：先有三姓构兵，奉以为主。

又云景祖兄弟六人分居，遂号宁古塔贝勒。盖满清远祖实沿牡丹江以廓展势力，比之辽金，亦犹耶律氏之潢水，完颜氏之按虎出水也（即阿什河）。

满清之兴，自四贝勒（即清太宗）夺得辽河以东，迁居辽阳，改卜沈阳而后脱离野蛮，强自冠带。故自四贝勒以降之支派，称宗室，用黄带，以上直无谱牒可考。遂于同部之子孙，概冠以觉罗两字，别用红带（满洲文字为达海所造，满人称为圣人；其支下子孙，定例不挑秀女，特用紫带）。奉省满人中，宗室甚多，吉林绝无，即此故也。满洲八旗之氏族，共有著姓二百九十余，而以八大姓为首，其属籍均列正白等上三旗。其世系半出自吉林，曰瓜尔佳氏（费音东之后，与钮祜禄同为满洲旧族，今政体改革，满人悉冠汉姓，以切音改为关姓）。曰钮祜禄氏（额亦都之后）。曰舒穆禄氏（扬古利之后）。曰那拉氏（扈伦叶赫部之后，今伊通州南）。曰栋鄂氏（世称顺治帝祝发于五台之清凉山，原因于一女，即栋鄂后是也。旧部为今奉天宽甸县）。曰辉发氏（扈伦辉发部之后，今奉天辉南县西北）。曰马佳氏（图海之后）。曰伊尔根觉罗氏（费扬古之后，此姓乃另一部族，与红带子之觉罗各别如苏苏觉罗、西林觉罗，皆非清廷之同部，但有扈尔汉一部从其父扈喇虎率属来归，本姓佟氏，赐姓觉罗，然亦不准用红带）。以上八氏，尚主、选妃，不外乎此。然那拉氏，实清廷之世仇，当万历时，叶赫部倚明为重，抵抗满洲。明朝为发二十万兵，四路攻清，明师卒败。累世夙仇，惟该部称首。

八旗氏族著姓除八氏外，则称为希姓，有精吉氏、萨尔都、富察、完颜等三百四十余姓。又满洲旗内之蒙古姓氏，有博尔济吉特等二百三十余姓。又满洲旗内之高丽姓有金、韩、李、朴等四十三姓。又满洲旗内之汉军，有张、李、高、雷一百六十余姓。凡属满蒙八旗内，俱称名而不举姓，以其名之第一字相称，为姓氏然。其名，汉文只用二字，不用三字，恐与满语相混，若四、五字者，则满语也。今满汉大同，旗人冠汉姓者甚多，如汉军等本系汉姓，无所变更，若旗姓则大抵以切音而成，音之准否固不可知，且世家大族尚可考征其乡里，编氓恐祖姓早已忘之矣。

当前清开国时，汉军旗与满洲八旗界限甚严，饮食坐卧俱不得同在一处，出军，则备充前敌；驻扎，则别为一营；官级只能就汉军中升擢，不能与满蒙八旗相掺，其歧视类如此。至末后亦渐融和无间矣。

东三省为前清故地，而防察之严，实有甚于他省者。向例五年遣使按临，盘查仓库，点验军装。总在冬季往返，不但驿站疲于迎送，各城供给竟至一二年不能弥缝其缺。嘉庆二十三年将军富俊奏止之。又吉林副都统年班进京例应二员，遇将军年班，副都统亦去一员。长途往返，耽延时日，以致署缺之员，多存五日京兆之见，于事废弛。道光六年，亦经将军富俊奏请，准以将军年班，副都统无庸进京；副都统年班，轮替一员进京，无庸二员，借重职守云。

魏声和：《鸡林旧闻录》，李澍田主编：《长白丛书》（初集），长春：吉林文史出版社，1986 年，第 75—79 页。

二、民事

《长春县志》卷三《食货志·户口》

清嘉庆五年，议准查出郭尔罗斯地方流寓内地民人二千三百三十户，均系节年租地垦种，难以驱逐，应划清地界。自本旗游牧之东穆什河，西至巴延吉鲁克山二百三十里。自吉林伊通边门，北至吉佳窝铺一百八十里，定为规制，不准再有民人增居。每年令吉林将军造具户口花名细册，送部备查。仍设立通判、巡检各一员弹压，专理词讼（《会典事例》二百三十四）。

嘉庆五年设厅，至十六年编定民户一万一千七百八十一，丁口六万一千七百五十五。

道光二年编定民户，除迁出户一千一百八十七，丁口一万零五百三十四，加新增户一百八十二，丁口六百五十七，实在户一万零七百七十六，丁口五万一千八百七十八。十六年新增民户四千四百九十四，编定一万五千二百七十，新增丁口一万二千二百九十，编定六万四千一百六十八。

光绪七年至九年，新增民户八千七百零五，编定二万三千九百七十五，新增丁口二万七千九百五十二，编定九万二千一百三十五（《吉林通志》二十八）。

长春设治之初，丁口不满七千，百余年来，生息休养，几增至六十万。以嘉庆十六年编定六万一千七百五十五丁口之数比例，以求民户激增之速，乃至六十倍矣。劳本蕃衍，于斯为盛。兹将近年调查城乡男女户口及外侨寄居各数目，分晰列举，备考览焉。

城一区：正户二千五百零二，副户二千九百三十六，男丁一万七千四百六十六，女口九千一百零九。

城二区：正户一千七百五十七，副户二千三百三十八，男丁一万零四十七，女口七千三百九十九。

城三区：正户一千二百四十八，副户二千三百九十九，男丁八千二百零七，女口五千七百零二。

城四区：正户一千零一十五，副户一千一百四十一，男丁九千四百八十，女口三千七百三十二。

城五区：正户一千零十五，副户二千一百零二，男丁一万零二百一十七，女口六千三百八十八。

按：城内五区：正副户统计一万七千五百四十五，男女丁口统计八万七千七百四十七。

城区及商埠地：日本侨民七十八户，二百九十四人。

宽城子站：俄国侨民三百二十二户，七百六十三人，日本侨民十二户，十八人。

按：民国十一年三月末，调查头道沟铁路用地内，中国人户口一万四千五百二十一，日本人户口八千零零七，外国人户口二百五十。统计头道沟中外人户口二万二千七百七十八。

乡一区：正户五千三百一十，副户八千一百一十，男丁五万七千一百零七，女口四万七千八百八十九，合计十万零四千九百九十六。

乡二区：正户五千九百九十二，副户七千三百三十二，男丁五万七千七百八十九，女口五万二千零八十八，合计十万零九千八百七十七。

乡三区：正户四千三百九十七，副户六千七百四十一，男丁四万二千七百一十五，女口三万八千六百六十九，合计八万一千三百八十四。

乡四区：正户三千六百五十九，副户五千三百八十，男丁四万三千三百九十三，女口三万六千四百零三，合计七万九千七百九十六。

乡五区：正户五千六百九十一，副户六千七百八十五，男丁四万九千三百零三，女口四万四千六百七十四，合计九万三千九百七十八。

按：长春乡五区正副户五万九千三百九十七，男丁二十五万零三百零八，女口二十一万九千七百二十三，统计四十七万零三十一。

张书翰，马仲援修；赵述云，金毓黻纂；杨洪友校注：《长春县志》，长春：长春出版社，2018年，第104—106页。

《长春县志》卷五《人文志》

礼俗

长春民性敦庞，风俗朴茂，士崇实学，人文蔚起。鼎革以来，庠序林立，弦诵弗辍。近习礼让，雅尚诗书，虽邹鄹之士，曷以加焉。然闾里农氓，体健气盛，疏爽豁达，或偏于戆直犷野，殆辽金之遗俗乎？属民多自燕鲁晋豫移殖而来，披荆斩棘，蒙犯霜露，渐垦荒壤，变为沃田。盖自清初以迄光宣之间，几无日不生存于褴褛筚路之中。亦唯颠沛流离之士，斯有慷慨好义之风，甚愿保此醇俗，努力建设，则政教昌明，可逆观也。惟夹荒一带，辟地较晚，民风强悍，好勇斗狠，筑声惨烈，剑气悲鸣，虽睚眦之仇必报，然能轻财重然诺，济人之急，古所谓燕赵多悲歌之士，此其流亚欤？若待数十年后，原野大启，阛阓殷富[①]。教育陶冶，丕变时雍，其温良俭让之风必可观焉。

张书翰，马仲援修；赵述云，金毓黻纂；杨洪友校注：《长春县志》，长春：长春出版社，2018 年，第 248 页。

《长春县志》卷五《人文志》

岁事

旧历正月元旦，人家陈几于庭，名曰“天地桌”，列香烛供品，至上元后始撤；四民辍业贺岁，初六日商户开市。十三日张设龙灯、龙船，扮演秧歌；十五日煮食汤圆，俗曰“元宵”；十七日残灯，一名“落风灯”；二十日，农户、米肆各在囷廪中焚香致祭，谓之“填仓”。

二月初二日中和节，俗曰“龙抬头日”，以惊蛰率在此节前后故也。是日多食猪头，啖春饼。

三月初三日，旧俗是日瞽者醵饮于三皇庙。二十八日，为天齐庙会。

四月十八日，碧霞元君庙会（《山东考古录》：碧霞元君封号虽自宋时，而泰山女说，西晋前已有之。张华《博物志》：太公望为灌坛令，暮年风不鸣条，文王梦见一妇人当道而哭，问其故，曰：我东海泰山女，嫁为西海妇，明日吾归，灌坛令当吾道，令

---

① 富裕、充实。

有德，吾不敢以暴风过也。明日，文王召太公妇，已而果有骤风疾雨去者。泰山女，盖即传于此事）。二十八日，药王庙会（按：《列仙传》：章善俊，唐武后朝京兆人，长斋奉道法，常携黑犬，名乌龙，世俗谓为药王）。

五月初五日端阳节。人家檐端悬插蒲艾，食角黍，和饮雄黄酒。小儿佩五色丝，谓之“辟兵”，以祓除灾疠。十三日为雨节，俗传关帝昔于此日单刀往东吴赴会，故有磨刀备马等说。又谚云：大旱不过五月十三。历验不爽。

六月初六日，祭虫王，立青苗会。有六月六看谷秀之谚。

七月初七日为乞巧节（《荆楚岁时记》：七夕，妇人结彩缕，穿七孔针，陈瓜果于庭中以乞巧。有蟢于网于瓜上，则以为得）。十五日中元节。世俗延僧侣，结盂兰法会，放河灯，诵经施食。

八月十五日中秋节。民国以是日为秋节。世俗人家中庭陈瓜果饼饵，拜月食月饼。

九月初九日重阳节。日月皆值阳数，因以为节名（《风土记》：以重阳相会登山，饮菊花酒，谓之登高会，又云茱萸会）。

十月初一日，俗称是日曰鬼节。祭先茔，焚楮帛，谓之“送寒衣”。

十二月初八日为腊日，食腊八粥（《天中记》：宋时东京十二月初八日，都城诸大寺送七宝五味粥，谓之腊八粥，仿此）。二十三日，陈刍粟、麦饴，祭送灶神（古五祀之一，夏所祭也）。三十日除夕。祀神、祭祖，爆竹之声不绝，内外燃灯，朋友交贺，谓之辞岁。人家有未墓祭者，是夜在巷口焚化冥资，曰“烧包袱”。嗣则阖族拜贺，各分岁钱，团聚饮食，达旦不寐，谓之“守岁”。

风俗

邑民祀典，多从旧俗。祀祖祢，率于寝室之北设神龛或木主，每逢朔望，子孙拈香跪拜如仪。岁除，设酒醴庶羞，以明禋祀，过上元节后始撤享焉。遇清明节及七月望日、十月朔日，均祭先茔，亦慎终追远之意也。

邑人崇信神教，报赛祈福。关帝庙、碧霞元君庙（俗曰娘娘）香火尤盛。他若虫王、龙王、马王各祠，不胜枚举。盖鬼神之观念既深，迷信之拔除匪易，知神权之难以猝破也。复有巫觋辈，缘鬼神以求食，妇孺惑之尤甚，疾病惟事祈禳，奉为神明，至死弗悟，诚愚不可疗矣（按：王符《潜夫论》甚言巫祝祈祷之糜费无益。宋均则师西门豹禁河伯取妇之故智杀巫，以禁九江公妪奉神之俗；第五伦则按论依托鬼神恐怖愚民者，以禁会稽之淫祀。议论之正，立禁之严，皆有心世道者。然迷信既深，有朝禁而夕弛，此息而彼兴者，毋亦民智未开之故欤）。

上元夜，好事者辄扮秧歌。秧歌者，以童子扮三四妇女，又三四人扮参军，各持尺许两圆木，戛击相对舞，而扮一持伞卖膏药者前导：旁以锣鼓和之，舞毕乃歌，歌毕更舞，达旦乃已（《柳边纪略》）。

张书翰，马仲援修；赵述云，全毓骃纂；杨洪友校注：《长春县志》，长春：长春出版社，2018 年，第 250—252 页。

《长春县志》卷五《人文志》

人物

名宦

李金镛，字秋亭，江苏无锡县人。清光绪九年任长春通判。下车伊始，即问民间疾苦，除暴安良；长于折狱，夙昔积案，多所平反。每赴乡勘验，轻骑简从，所有陋规悉为革除。性坦易，不事威仪，凡巡行所及，必召居民与言孝悌力田等事，曲中民意，絮絮温语殆如家人父子。于劝农之余，更注意兴学，观风课士，优予奖拔，故士争奋励，风气一变。复创建养正书院，召集士绅劝募捐款，自出俸银千两，以为士民倡。书院落成后，延聘名宿主讲，并购书籍约数千卷，启迪后学，振扬士气。又建同善堂及牛痘局、养济所诸善政，功德被民，颂声载道，一时人皆称为李青天云。后擢道员，开黑龙江漠河金矿，兴利实边，政绩大著。旋以疾卒，当经北洋大臣李鸿章具奏，诏赠内阁学士，荫一子知县，并许于原籍设立专祠，其生平事迹宣付国史馆立传。长春士绅因思念德政，亦禀请建立祠堂，以伸感戴之意焉。

杨同桂，字伯馨，直隶通州人。家世胄，禀庭训，于清同治时，随侍其先君宦游东省，赞襄政治，多所擘画。后投笔从戎，历膺卓荐。光绪十六年投效吉林，经保奏录用，曾充粮饷、志书各局之差。二十年，奉委来长，署理府事。莅郡伊始，即为民兴利除弊，奖善惩恶，听讼如神，奸猾敛迹，税无苛征，银定平价。办团防，练商勇，整治沟垒，修制旗械，保民防盗，殚竭心力。时值军兴之际，凡兵车过境，守候川资，皆捐廉赔补，丝毫无累于民。彼欲从中鱼肉者，无所用其伎俩。洁己奉公，吏治大肃。更崇儒重道，礼士兴学，捐廉俸修理文庙。又贴补书院膏火，每试卷必亲阅，恐有遗珠。于是，仁风广被，士民爱戴。二十一年，府中商民曾立有德政碑，俾垂久远，以示不忘。

王昌炽，字古愚，湖北江夏人。于清光绪二十七年，奉檄莅郡。时值国家多事，拳乱甫平，而俄之铁骑横行，踞我土地。长春为东北要冲，首当其扰，故满目疮痍，民生凋敝。下车伊始，睹状悯然，乃召集父老，询问疾苦；折强邻于樽俎，惩剧盗以安民；商事公断，弊端尽革，凡百设施，渐臻上理。商民于惊痛之余，至是莫不欢呼鼓舞，恨公之来暮也。更整顿书院，严定课程，鼓吹文风，振作士气。复移建魁星楼，以开启文运；购杏花村，建课农山庄，以教民知稼穑之为先。与民更始，政化日隆。商会曾建立德政碑，以颂扬仁风，其遗爱在民，至今犹称道弗置云。

孟宪彝，字秉初，直隶庆云人。清光绪三十四年到郡。政必躬亲，案无留牍，微服周访，洞察民情，奸顽为之敛迹，闾阎赖以久安。后官至吉林巡按使。更工书法，片羽吉光，人争宝之。

张书翰，字筱斋，吉林伊通人也。于民国十五年十月来宰斯邑。下车伊始，即抚恤民瘼，整饬吏治。篆宰三年，循良卓著，而于公廨之改建，尤煞费匠心。缘本县公廨，初建置于城内西四道街通判之旧所。计大堂三楹，两廊各五楹，二堂三楹，内室五楹，前后皆有翼室，大门、二门各三楹。惟以地势洼下，屋宇不甚宏敞，每值夏令，淫雨则浸入室内，而潮湿之气，经年蒸腾，文卷票据间有腐蚀者，若不重事改筑，不惟有碍办公，抑于观瞻，亦属不雅。民国十五年十二月，经张公具情呈请省署，重事建修，其款由自治存款生息项下动支。奉令照准，乃改建洋式瓦房四十二楹，费款计哈洋二万七千三百六十九元二角。竣工之后，以员司宿值无处，又于后进请准添修十一楹，并于客厅外悬匾额一方，额曰“菜根堂”，金州名士李西东园所书丹也。今则遗泽辉煌，高悬门额，而宾客往来，员司过值其下者，莫不低首徘徊，欣羡赞叹不置云。

氏族

长春县乡六区刘家帽铺马氏　马氏肇于姬水，自轩辕黄帝为始，传经二帝三王，至周时分茅胙土，始锡姓氏。当日计三支：长赵，次秦，季封为马服君者，即马氏始祖，后人即以为氏焉，在陕西扶风郡。马氏自得姓之后，宗族益繁，有迁于别省者一支，赴山西太原祁县鲁村居焉。至汉勃兴，有名援者为伏波将军，累世公侯，历代簪缨。迨汉季，融设绛帐，授生徒弟子千余人，而郑、庐独得其一贯之道，垂训后人，以耕读忠孝为本，人称道学先生。嗣有名远者，善绘山水、人物、花鸟，宋光宗授待诏，为画院独步。自马服君以至于远，凡二十七世。迨至远至中和五十六世，均失讳不可考。及明永乐年间，迁民于山东，有在青、莱间落户者。长支优思故土，奔至南直省，不幸起红头苍蝇，专咬西行者，咬伤溃烂难疗，以致后未得觅，因此此支失所。次支祖名骕，字骢卿，一字宛斯，顺治时进士，精通古史，世有马三代之目，家居奉天上阳门外打磨厂。本支先人名中和，居三支。自和至仁育六世，育又一传至伦，伦三世至尚志，迄清圣祖康熙年间，祖乐山移居奉广宁连新屯界。嘉庆二年，长春出荒，经其祖名广居者，复迁长春北三道沟水泉，又五年移六间马架。光绪三十年，有镆与铭、镂、铉等兄弟析居，始终居刘家帽铺。

附：自尚字后各代名讳

尚、希、乐、广、云、金、书、吉、世、长、百、隆、喜、春、景、学、文、永、兴、恒

统系表　远代不得其详，自乐山代始。

乐山生五子：广仓、广耀、广居、广喜、广修。广仓生子二：云衢、云德。广居生子四：云从、云徽、云征、云衡。广耀无出。广喜生子一：云步。广修生子四：云峰、云露、云山、云岫。

按：云徽、云征、云步三人虽未仕，皆名登天阙，征曾请明封貤父母。

敕令父为登仕郎，母为孺人

封赠　一代

敕令　一轴

附：圣旨

奉天承运皇帝，制曰：设官分职，昭器使之无遗；锡类施仁，喜蒙恩于伊始。尔马广居，乃捐职未入流马云征之父，秉心醇朴，饬行端方。教诲怀式谷之勤，政事本贻谋之善。兹以覃恩，貤封尔为登仕佐郎，锡之敕命。于戏！一命得以逮亲，遂膺旷典，庶政期于称职。笃迓休光。

制曰：登皇路以驰驱，忠原本孝；入庭闱而侍奉，严必兼慈。马云征之母，性本和柔，饬衿鞶于阃内；教惟勤慎，纡章服于庭前。兹以覃恩，貤封

尔为九品孺人。于戏！所亲邀优渥之恩，勉图懋绩[1]；有子克靖共之谊，宜播芳徽。

同治十三年吉月吉日吉时

云徽子四：锳、镂、铭、铉。云从子一：锦。云征子二：铎、镇。云衢子一：才。云衡子一：钧。云步子二：镼、铨。云儇、云峰、云山、云岫均乏嗣。云露子二：镌、钢。

锳，字警凡，历充清长春厅府衙门幕宾及刑部主事各差；子五：书琴、书典、书洛、书香、书纬。铭，字西园，子二：书训、书绅。镂，无子，以锳之三子书洛承祧。铉，字贯士，子二：书棠、书田。锦，子二：书图、书简。镇子五：书文、书润、书荣、书举、书云。钧，子三：书龄、书春、书五。镼，子四：书尧、书礼、书孔、书孟。铨，子一：书百。才、镌，今尚无子。钢，子一：书云。

书纬，民国元年十月，团长诚委充第一营军需长；二年五月，陆军总长靳委为三等军需正；十年三月，充长春第三学区十五校校长；十九年三月，长春县长马委充第六区地方自治助理员。

乡贤

高培田，字蕴圃，清光绪乙亥科副榜，例授州判，因母老不仕。建筑养正书院，竭力襄助，迨书院落成，经李太守金镛委为书院总董。

王振鹭，字序堂，绩学未第，遂弃而就幕。为人性慷慨，喜排难解纷，奖励节义。县中创修文庙，与有力焉。

纪维纲，字高升，性乐善，好施予，每遇穷苦亲邻，不待乞求，辄竭力周济之。李太守金镛建设同善堂，委为该堂经理。以善人而办善事，无不谓李公知人善任也。

别煐，字焕亭，辛酉科优贡，所为文章，有名大家风。曾肄业奉天书院，才名噪一时。长邑创修文庙，筹款募捐，不遗余力，匡襄之功，当推第一。其子家瑞、家桂，皆廪贡生，是亦能善继述者也。

程鹏南，字海门，性谨慎，存心忠厚，颇有长者风。曾着有《韵语》一编，行于世。

---

① 大功绩、功绩。

胡云藻，字凤楼，附生。性慷慨，尚义节，设塾里中。时宋小濂及门受业，贫不能具修脯。怜其才，竞弗索，且尽其所学以教之。后宋登显仕，任封疆，馈报丰厚。每过长，必躬亲趋谒，执弟子礼甚恭，始终若一，人两重之。

朱琛，字斗南，性慷慨，有智谋。清同治四年，马贼犯城，人心惶恐，琛挺身出，建计御贼，率众趋东门，登陴以守，卒以调度有方，城赖以保。嗣以守城功，叙奖五品衔布政司理问。

高鸿飞，字子瞻，为清光绪庚子、辛丑并科举人。曾署理热河建平县知县，甚着政声。

孝子

常凤官，长春府怀惠乡人。母王氏年二十二，而父德殁，无子，以凤官嗣。凤官有至性，事母孝，妻于亦以孝闻。缘母婴痼疾，缠延床第者二十余年。凤官昕夕侍侧，饮食必亲。值出耕，妻于则纺于姑旁，以防转侧。疾剧，每涕泪沾衣；有瘳，则欣然色喜。历二十余年如一日，时人多谓所自出者，亦未必若是，况嗣子乎。非生有至性，乌能如是也（曾载于《吉林通志》一百十四卷）。

何给，字世瞻，性至孝。嗣父疾遗溺，必躬为检点，防护备至，历久无倦容。充廪保时，值发生刘鸿恩辱击士子之案，由吉而奉而京师，久缠未结。世瞻以廪故，牵作证人，刘鸿恩遣人致意，并厚啖以金，拒弗受，卒证明此案，而刘鸿恩始判定。似此，不惟以孝称，其宅心正直，更可风矣。

王延世，字享久，附生。夙以孝称，人无间言。其处世蔼然可亲，未尝有疾言遽色。清宣统元年，孟秉初太守莅郡时，闻延世孝行，举为孝廉方正。

烈女

袁氏，邑之怀惠乡人，归王清山。清山病将殁，有从兄清海来视，私语之曰：弟妇苦亦至矣，仅一女且贫，将何以守？弟如不讳，当令母女得善所，无多要索也。袁微闻，痛澈于心。欲哭，又恐伤病者，乃强隐忍，以致昏仆于地。及苏，乃嗷然曰：我不能以身与人易钱也。旋清山殁，葬讫，袁早夜取旧衣为女改制十数事。适清海偕戚属至，有所议，议就将语之，而袁已自缢于别舍矣。

孙烈女，亦怀惠乡人，幼字李殿宠。殿宠殁，请奔丧，母不许，女遂不食。越三日，母慰之曰：我老矣，儿死我何生？女乃强起。逾年，竟别为议婚，女知不可止，乃语邻女曰：我所以忍死者，冀终母天年，今若此，不复能待矣。乃沐浴理妆，饮药而死。李氏请于孙家，迎女榇，与殿宠合葬焉。

张氏，怀惠乡人，归李彦亮。年二十七，值彦亮病笃，垂殁时谓之曰：吾虽有兄与弟，至事病母，则在若矣。张泣许焉。盖母病卧床第间已十余年矣。饮食一切，虽有娣姒，终未若张之侍奉适意，体贴称怀。彦亮殁后，张悲恸澈心骨，然酸泪偷咽，未尝显于形声。夫之若弟皆嗜博，负无以偿，张则斥己之奁具，并谓之曰：请以此偿所负，后请勿在博，可乎？彼兄弟亦深自惭悔，乃亟谋治生，以图振奋，家遂小康，门以内雍雍如也。

刘氏，亦怀惠乡人，与张氏同里，归王瑞琳。瑞琳病殁，刘年仅二十有一。邻妇每以无出，劝刘改醮。刘曰：虽无子女，尚有翁姑在，倘他适，翁姑将何所恃耶？因鄙之曰：尔固有夫者，夫亡劝使改醮，尔夫不尔惧乎？由是，人无敢再有喋喋者。族人韪其言，嘉其志，乃嗣以子焉。

徐氏，亦居怀惠乡，归生员郭其昶，生一女，而其昶病殁，时年二十有二。舅姑知其性烈，谓之曰：儿不难一死，其奈吾二人年皆衰老，复有呱呱者在抱何。倘殉尔夫，则老与幼将同归于尽矣。徐于是忍其悲哀，遵舅姑命，奉事堂上备至。后舅姑相继谢世，乃罄其所有，以营葬事。及女年长，里有以从俗赘婿作嗣为言，徐不可，曰：宗祧岂可乱耶？卒以其昶从子霖为嗣，乡党莫不称为女宗，或徐节妇云。

张氏，沐德乡人，适夫王振翰。振翰病笃，执其手谓之曰：以尔年之少，又无所底，吾死目不瞑矣。张泣对曰：此无虑，脱不幸，当与偕，乃探枕畔所藏毒药以示之。及振翰瞑，即服以殉，可谓烈矣。光绪十三年，旌表如例。

李氏女，幼字恒裕乡王连源。未及婚，而连源殁，女闻仰药死。或以为恩未接，情未孚，徒徇名义，无乃太过？是不然，女以为名义既在，奚论恩之接，情之孚，即应为之守。顾继此之凄凉岁月，又莫若一死之为了当也，亦可知矣。

霍氏女，居邑之大家沟，幼所许字者殁。会有饮于女家者，道其情，并甚惋惜。适为女闻，遽入室久未出，父母疑而就视，已自缢死矣。惟所许字者为谁氏子，已不可考，不能附霍女以并传也。

梁氏，名坡，县属西北乡人，幼字同里王氏子。王甚贫，致愆婚期，而梁以艳著。近村有孙某者，富而不仁，稔女美，乃以金啖女父母，谋取为妾。父母殊聩聩，竟许之，行有日矣。梁悉所谋，知无可挽，因迹婿之所在告之，故遂与之偕遁，冀可避免。讵孙竟讼于厅，经厅判决复归孙某。及归孙之夕，遂自缢死。噫，烈矣！若梁氏者，因被迫而归幼字之婿，不得谓之私奔；婿与已聘之妻走避强梁，亦不得谓为拐逃。至孙某恃财肆暴，强谋娶已聘之女为妾，其罪已无可逭，正有司所亟当治之以法者，不知判而归孙，于律奚据，谁欤判此？何若是之昏昏耶（以上均见《吉林通志》）。

张氏，为张廷林之女，幼许于恒裕乡十甲宋秉卿。未及婚而秉卿病殁，张闻之终日泣，饮食不入口，必欲奔丧。父母知女意坚，决不可挽，乃告其翁姑迎之往吊。当时即易髻为鬟，遂留而不返。从此奉事尊章，志励冰雪，历三十年之久。乡中士绅为之请旌表焉。

田高氏，为邑人高文学之女。年十九，归田广泰为妇。性谨淑，娴家训，奉事舅姑，主持中馈，更躬耕田亩，无违夫子，里党罔不称其贤。讵嫁甫六载，而广泰以疾殁，遗一孤方四岁。时家运维艰，而堂上双亲，怀中幼子，虽有叔氏，奈年尚稚，凡一切家计，氏实操之。迨殁时年已七十有二矣。苦心孤诣，历数十年如一日。邑绅何给、王振鹭等为请旌，邀准建坊，并入祀节妇祠，以彰其节孝云。

聂丛氏，邑人聂荣之妻，丛凤舞之女也。幽娴习礼，燕婉通经。于归时年十有七，躬操井臼，亲挽鹿车。生有三子，而荣以瘵卒，氏竟绝粒，欲以身殉。继念亲老子幼，意良不忍，遂益加辛勤，事老抚幼，竭尽心力。嗣双亲殁，葬祭皆尽礼，诸子亦教诲成名。年五十遘痰疾卒。经邑绅合请当事者，疏上于朝，准入祀节妇祠，以著其节孝焉。

郑王氏，郑友辅之妻。于归时年十七，系出名门，颇娴内则，事翁姑尽孝，相夫子无违，人多贤之。越七年，生有二子，长四岁，次仅及周，友辅时年二十三，竟以疾殁。氏遽失所天，痛不欲生，顾念上有双亲，下有二子，又不可以身殉，乃节励冰霜，心矢铁石，捐钗细，操井臼，奉亲必先意承志，教子则画荻丸熊。及翁姑殁时，葬祭尽礼，不第以节著，而孝亦可称矣。邑绅王佐臣、张自书等联名呈请旌表如例。

袁赵氏，邑人赵全璧之女，长适袁锦为妇。生而明慧，识大体，不幸锦以疾卒，遗有子女各一。氏哀恸欲绝，继以仰事俯畜，均系一身，遂茹苦含辛，事亲教子，身心交瘁，形影纷劳，卒教子得有成立，大振家声。邑廪生别荣桂、胡云藻等为之请旌焉。

王陈氏，邑人王仲妻也。仲殁，守节矢志无他，具冰雪心，有柏舟操。经太守李金镛禀请旌表如例。

刘氏，沐德乡八甲马景孔之妻，士人刘福兴之女也。夫殁，守节五十三年。

边陈氏，为边庆云之妻。夫亡，立志守节三十九年。

姜杜氏，沐德乡八甲杜永清之女，适夫姜际秀。际秀殁，氏守节五十五年。

刘李氏，抚安乡三甲刘天恩之妻。夫殁，守节二十四年。

茹殷氏，茹秀之妻。秀卒后，殷为守节三十六年。

杨鲁氏，杨凤岗之妻。凤岗殁，氏矢不再嫁，励志守节历四十年。

入祠节孝妇表

朱厉氏　于周氏　马黄氏　孙姜氏　滕贾氏　刘张氏　卢姜氏　张刘氏　樊倪氏　纪李氏　王李氏　丁李氏　吴王氏　王姜氏　郑王氏　王邹氏　王李氏　李徐氏　张胡氏　王李氏　何马氏　袁赵氏　刘李氏　张邹氏　王陈氏　杜纪氏　田何氏　董黄氏　田高氏　蔡谷氏　苏胡氏　聂丛氏　邹张氏　王张氏　曲张氏　梁刘氏　李孙氏　丛王氏　王孙氏　蒋毛氏　邹赵氏　张姚氏　于商氏　王高氏

按：表列各节妇。其有事状可考者，业经叙载于前。余者仅书姓氏。因其里第门阀，守节年月及经过情形，均无可考。只得从略，然松筠励节，冰雪为心，阐发幽光，又不能以其略而忽之也。

张书翰，马仲援修；赵述云，金毓黻纂；杨洪友校注：《长春县志》，长春：长春出版社，2018 年，第 266—274 页。

《光绪打牲乌拉乡土志》

风俗

性情朴厚，气质温和。士秀尚文，惟重诗书之礼义。民知务本，诚敦稼穑之艰难。

打牲乌拉总管衙门纂修：《光绪打牲乌拉乡土志》，《中国地方志集成·吉林府县志辑1》，南京：凤凰出版社，2006年，第596页。

《民国磐石县乡土志》

七、种族及户口

种族及户口	男（名）	女（口）	计（名口）
满：二二、八八六户	八二、八六一	五九、二二六	一四二、〇八七
日：一四四户	二六七	一五二	四一九
鲜：二、九四五户	六、三七八	四、一四三	一〇五二一
合计：二五、九七五户	八九、五〇六	六三、五二一	一五三、〇二七

<table>
<tr><td rowspan="12">一区</td><td rowspan="4">县城保</td><td>满：四、二〇〇（户）</td><td>男：一四、四八四（名）</td><td>女：一〇、七三四（口）</td><td>计：二五、二一八（人）</td></tr>
<tr><td>日：一三三</td><td>二五四</td><td>一五〇</td><td>四〇四</td></tr>
<tr><td>鲜：二二一</td><td>五二五</td><td>五一五</td><td>一〇四〇</td></tr>
<tr><td>计：四、五五四</td><td>一五、二六三</td><td>一一、三九九</td><td>二六、六六二</td></tr>
<tr><td rowspan="4">孤顶保</td><td>满：一、七二三（户）</td><td>男：六、〇七六（名）</td><td>女：四、五三五（口）</td><td>计：一〇、六一一（人）</td></tr>
<tr><td>日：</td><td></td><td></td><td></td></tr>
<tr><td>鲜：一二六</td><td>三二〇</td><td>二七八</td><td>五九八</td></tr>
<tr><td>计：一、八四九</td><td>六、三九六</td><td>四、八一三</td><td>一一、二〇九</td></tr>
<tr><td rowspan="4">太平屯保</td><td>满：三、〇三二（户）</td><td>男：一一、八一一（名）</td><td>女：八、五六五（口）</td><td>计：二〇、三七六（人）</td></tr>
<tr><td>日：</td><td></td><td></td><td></td></tr>
<tr><td>鲜：一五八</td><td>三八四</td><td>二四八</td><td>六三二</td></tr>
<tr><td>计：三、一九〇</td><td>一二、一九五</td><td>八、八一三</td><td>二一、〇〇八</td></tr>
</table>

续 表

二区	烟筒山保	满：一、四九九(户)	男：五、三〇三(名)	女：四、三二三(口)	计：九、六二六(人)
		日：九	一〇	一	一一
		鲜：二五九	五八四	五〇八	一、〇九二
		计：一、七六七	五、八九七	四、八三二	一〇、七二九
	杏树泉子保	满：一、一二一(户)	男：四、九一九(名)	女：三、八七四(口)	计：八、七九三(人)
		日：			
		鲜：一六四	三五九	一九四	五五三
		计：一、二八五	五、二七八	四、〇六八	九、三四六
	大梨树保	满：一、一二一(户)	男：四、九一九(名)	女：三、八七四(口)	计：八、七九三(人)
		日：			
		鲜：一六四	三五九	一九四	五五三
		计：一、二八五	五、二七八	四、〇六八	九、三四六
	青阳崴保	满：四七一（户）	男：二、三九六(名)	女：一、五〇二(口)	计：三、八九八(人)
		日：			
		鲜：一二九	五三九	二二一	七六〇
		计：六〇〇	二、九三五	一、七二三	四、六五八
三区	呼兰镇保	满：五八一（户）	男：一、七五七(名)	女：一、二六八(口)	计：三、〇二五(人)
		日：二	三	一	四
		鲜：二二一	四一二	二一三	六二五
		计：八〇四	二、一七二	一、四八二	三、六五四

续　表

三区	二道河子保	满：一、五二五（户）	男：六、三七七（名）	女：三、九八五（口）	计：一〇、三六二（人）
		日：			
		鲜：二一四	四六〇	二六〇	七二〇
		计：一、七四九	六、八三七	四、二四五	一一、〇八二
	富太河保	满：一、三四六（户）	男：四、八一三（名）	女：三、二四一（口）	计：八、〇五四（人）
		日			
		鲜：二三七	五五〇	四一五	九六五
		计：一、五八三	五、三六三	三、六五六	九、〇一九
	石咀子保	满：四八〇（户）	男：一、七四八（名）	女：一、〇三二（口）	计：二、七八〇（人）
		日：			
		鲜：九九	三一七	二二一	五三八
		计：五七九	二、〇六五	一、二五三	三、三一八
四区	黑石镇保	满：二、二三〇（户）	男：八、一二九（名）	女：五、一七八（口）	计：一三、三〇七（人）
		日：			
		鲜：一四九	二九七	二一六	五一三
		计：二、三七九	八、四一六	五、三九四	一三、八二〇
	细林河保	满：八一一（户）	男：二、八〇〇（名）	女：一、八八一（口）	计：四、六八一（人）
		日：			
		鲜：一八七	二二九	一五八	三八七
		计：九九八	三、〇二九	二、〇三九	五、〇六八

续 表

五区	朝阳山保	满：三九九（户）	男：一、一六六（名）	女：八一四（口）	一、九八〇（人）
		日：			
		鲜：一六七	二二三	一四六	三六九
		计：五六六	一、三八九	九六〇	二、三四九
	草庙子保	满：六五七（户）	男：二、三〇五（名）	女：一七一一（口）	计：四、〇一六（人）
		日：			
		鲜：一五七	二五〇	一二一	三七一
		计：八一四	二、五五五	一、八三二	四、三八七
六区	吉昌保	满：一、八六三（户）	男：六、四二一（名）	女：四、八二二（口）	计：一一、二四三（人）
		日：			
		鲜：三二六	五四五	二六四	八〇九
		计：二、一八九	六、九六六	五、〇八六	一二、〇五二
总计		满：二二、八八六（户）	男：八二、八六一（名）	女：五九、二二六（口）	计：一四二、〇八七（人）
		日：一四四	二六七	一五二	四一九
		鲜：二、九四五	六、三七八	四、一四三	一〇、五二一
		计：二五、九七	八九、五〇六	六三、五二一	一五三、〇二七

八、风俗及习惯

1. 概言

境内土地膏腴，民风朴厚，勤俭而又守信义，极重宗法，且喜同居，向有五世同居之民风。对于祖先之崇拜，老人□孝敬，家长命令之服从，尤为一般人所具有之精神也。家中男子治外，女子治内，已为有条不紊之定规。男可多妻而女则严守一夫，丈夫故去时，无论长年岁之大小，必须守节，始能完其人格。如缺子嗣，则检□叔子□□承继之，所有财产悉归嗣子承受。

一般乡民子弟除少数读书以求进取外，率皆务耕稼穑，在市镇居住者，半求学半习商。迩来交通便利，文化日进，一般乡民亦知遣子入校读书，非复如昔日之守旧矣。惟对于迷信鬼神之观念，则牢不可破，而尤以妇女为尤甚，每年焚香、祈祷、许愿、祝福之事屡见不鲜，所耗金钱为数颇多，并不稍事顾惜。其迷信观念实深且固矣。至于一般勤俭人家则逐日勤于工作，终无休息，确有披星带月、沐雨栉风①之生活习惯。工商界虽亦有此勤俭之风，惟于经济中过生活，养成视钱过重、虚伪过度之习惯，所谓受利轻义也。

姚祖训修；毛祝民纂：《民国磐石县乡土志》，《中国地方志集成·吉林府县志辑 3》，南京：凤凰出版社，2006 年，第 20—27 页。

《民国延吉县志》卷九《礼俗》

理财

延吉人民理财之术，无自由之财，而有经济之财。除土地家物财产，必须少数劳力而后可以取得。外其经济之理财计有三种，一物品与物品之交换，如饮食制造物，甲有白面，乙有烧酒，恐受同业之抵制，乙欲购存甲之白面，可以获利。甲欲购存乙之烧酒，能以得财。甲乙以物互相交换藏物，待时由间接而供人饮食，面价昂贵，乙则转售，酒价增涨，甲则出买，一交换间，甲乙均获巨利。此物品与物品支换之理财也。二物品与劳力之交换，如借贷交系必须以物品抵押。

石绍廉编：《民国延吉县志》，《中国地方志集成·吉林府县志辑 2》，南京：凤凰出版社，2006 年，第 350 页。

《民国延吉县志》卷九《礼俗》

民事

（甲）韩民性质　延境为杂居区域，人民处事诚实，存心横厚，彼此交通尚无欺诈之风，亦无狡滑之习，惟韩民越界垦我领土，自日韩归并后，对待我国人民颇行猜忌之心，言其状态每遇我国有应行事件，如稽查户口、改良教育、保卫治安等事，往往借他人势力横生阻碍，又或因图谋田产，以利

① 形容人经常在外面不避风雨地辛苦奔波。

动人致起争端。甚至联盟结党，逞其阴险之行为以自残骨肉，诸如此类动须地方官，力为排解，方能寝事。此可见韩民居心之一斑矣。

（乙）户籍限制　延境户籍向无土著，大抵我国客民占居十分之四，韩民占居十分之六。遇有外省或外属流离失所之人至此，后生苟营，有田庐坟墓，自立门户者，不拘年限，一律称为本籍。

石绍廉编：《民国延吉县志》，《中国地方志集成·吉林府县志辑2》，南京：凤凰出版社，2006年，第351页。

《民国辉南风土调查录》第四章《民治》

第一节　户口

本县户口从前并无确数。民国八年举办清乡遵令调查户口，编钉门牌，经派各区警察保甲，各就管界详细调查。先查户数，分甲、乙、丙三等，由县刊印户数册，记载户主姓名分别正户、附户，一律编钉黄木门牌悬钉门首；次查户口数，刊印户口数册，载男女口数，分别亲属雇佣等项，并责成警甲，如各管界有门户迁徙及人口死生婚嫁承继来往等事，均令各该户户主自行报明注册。调查五阅月始竣事，兹列举细数如左：

城厢及南区：甲等一千一百十五户，男四千二百九十丁，女一千七百八十六口；乙等二千九百二十九户，男九千二百八十丁，女四千五百零五口；丙等六十一户，男八十九丁，女三十七口。

王瑞之编：《民国辉南风土调查录》，《中国地方志集成·吉林府县志辑4》，南京：凤凰出版社，2006年，第23页。

《民国辉南风土调查录》第十三章《实业》

第一节　农业

辉南县境从前本像鲜围，间有山田，当光绪四年全行放垦，辟草莱，驱鹿豕，一变而为农植区域。前十数年犹屡遭霜雹，灾歉频仍，近年人烟日密，地脉气候渐见转移，收获亦遂丰稔。

王瑞之编：《民国辉南风土调查录》，《中国地方志集成·吉林府县志辑4》，南京：凤凰出版社，2006年，第55页。

《民国抚松县志》卷四

人事

我国自黄帝迄今，凡四千余年，国内之种族互有盛衰，而人事亦因之屡变。自海禁大开，五洲互市，而种族之说以起。人口之数亦日渐增多。我国人口繁衍为世界各国冠。人口愈多，生计日促，于是乃各择一业，尽力经营，以维持其个人之生活，争谋工商业之发展。十九世纪之后，我国工商各业日渐振兴，而物质亦日进文明，人民亦知努力，讲求以与世界各国相竞争。惟晚近以来，人心不古，狡诈成风，非严刑峻法所能尽惩，必数有礼教以范围其身心，用补法律之不足。然抚松地处边远，草莱初辟，直鲁难民虽有来此垦荒者，户口终属寥寥，以致凡百事业均未见振兴。斯不能不希冀后之来者，知所取舍，共相奋勉，与世人相竞争，谋个人之生存，图国家之强胜焉。

民族

抚松僻处辽宁东边，昔属吉林蒙江州，实归韩边外[①]管辖。清宣统二年春，划归奉天，始放荒设治。人民多无室家，皆以围猎为生，以山东人为最多，直隶次之。迨民元以后，人民移来垦荒者日见增加，总以山东人占多数，直隶本省人次之。年来户籍日繁，土地日辟，兹将调查所得之数目比较如左：

汉族占全县民族百分之八十八强，

满族占全县民族百分之十，

回族占全县民族百分之二。

匪乱

原因

抚松未设治之先，属吉林蒙江洲，居民寥寥，韩边外管辖。彼时无官治，由人民推举会首，凡事均听会首裁决，俗呼大房子。会首为当家的，获匪自由处之，一时盗贼颇为敛迹。迨设治以后，外省移来人民日多，捐抢之事时有所闻，虽有官治，无如兵力单薄，此击彼窜，此匪乱之原因一也。抚松地面辽

---

① 是位于今吉林省白山地区的一个极其特殊的地方自治政权和一个极富传奇色彩的家族的统称，既是指韩氏祖孙四代：韩宪宗、韩寿文、韩登举、韩绣堂、韩锦堂，也是指当时韩氏祖孙统辖的“黄金王国”。

阔，森林遍野，易于潜藏，此匪乱之原因二也。抚松地处边陲，距省穹远，内地人民因犯有刑事处分者，均以此为逋逃薮；一人号召，从者颇众，此匪乱之原因三也。有此三大原因．抚松遂有二次破城之惨剧，殊可悲也。

事实

民国三年，阴历六月初二日，匪首刘大个子率领伙匪二百余名，于平明时候自东山而下，分为三股：一股扑防营，各据一地相持不下；一股扑巡警局，警兵人数单薄，无力抵御，逃过江西；一股扑县署，知事汤公信臣时在厅事，亲自持枪攻击，卒以寡不敌众，遇害死。城既破，胡匪恣意奸抢烧杀，惨不忍闻。延至初三日午刻，始呼啸而去，商民被掠一空。出城之时，绑去人票四十余名。行十余里，由商民措洋三千余元始得赎回。民国十五年，阴历十一月十四日，匪首占九州、铁雷等率领伙匪三百余人，黎明时候，顺江而下，将至城，分为三股。一股自西南城角而入，直奔警所，蜂拥而入，刘所长奋勇向前，持枪攻击，以人数单薄，卒被其掳。一股自南门而入，直奔县署，破障而入。时监督高公文璐闻警，避于商会，家眷匿于民家，幸无损伤。监狱释放一空，卷册焚烧殆尽，所有款项亦抢掠无余，孙科长被掳。一股自西门入，已御北营，胡匪遂得任意猖獗、毫无畏惧，奸杀抢掠不堪言状。延至十六日晚十二句钟，始出城而去，当将警甲所刘所长、县署孙科长均行绑去，并绑去教员两名、学生十一名、商人十九名。甫过江西，枪杀学生一名、商人二名。胡匪入城时，击死队长、巡长各一名、甲长二名、兵一名、商民三名。出城后，妇女因受惊而死者四十余人。商民之损失较之民国三年之损失，为尤酷矣。

善后

县城被匪攻破，高公因是去职。继任者为张公杰三，受事后，见商民辍业、满目疮痍，遂与绅商筹办善后事宜：出示安民，招归逃户，一面劝令商家照旧开市。无如残破之余兵不听命，良莠不分，盗贼遍地乘机思逞。张公严督警甲，星夜剿捕，复将旧有土城大加修葺，树以木栅，于四周增筑坚固炮台，驻以精兵，借资防御。复晓谕各警甲官兵等：有能斩获盗匪者受上赏。于是，兵乃用命，民得安居，商务亦渐复原状。张公为防患未然计，每夜必率队亲巡关卡，俾免疏虞。不二年间，斩获盗匪无数，获枪二百余支，盗匪绝迹。垦户日渐增多，商务日见起色，四民乐业，相庆以安也。

户口

民三以前，因匪乱，卷档被毁，户口之数无从稽考。厥后，复因荒旱连年，居民鲜少，亦无详确调查。至民国十五年，又因胡匪破城，所有卷宗焚毁殆尽，户口一项亦无从考查。民国十六年春，户口之数又复寥寥，一因胡匪搅扰不得安居，一因地处边陲交通不便。自十六年冬，户口骤增。此后既无胡匪，商民自当接踵而至，逐岁增加，不复似昔日之荒烟蔓草、野无居人矣。今就十九年春，各区警察调查所得之数，分别列表如左。

区别	村名	村长	村副
第一区	马鹿村	梁玉	张守文
	九才村	郑富春	王连三
	荒沟村	李万金	萧克龄
	珠宝村	董九德	刘长珍
第二区	松树村	曹文治	李廷海
			王德伦
	海青村	孙登科	张廷林
第三区	万良村	张财德	苑永泰
	向阳村	张树林	王福棠
	保安村	李清荣	张锡山
	贝水滩村	张福祥	徐　金
第四区	太平村	孟广义	赵传德
			王见有
	朝阳村	刘景阳	吴万才
第五区	普河村	安竹溪	臧宝亭
	立河村	崔福亭	李寿千
第六区	国庆村	衣丕宽	孙家宝
第七区	平安村	李吉辰	刘德奎
	漫江村	罗祥	赵有祥

张元俊监修、车焕文总编：《民国抚松县志》，抚松：抚松县长白山文化研究会，抚松县收藏协会，2017年，第109—112页。

《民国抚松县志》卷四《人事》

医业

抚松县设治未久，风气不开，人民均佞佛媚道，有疾则焚香祷神，不知延医服药。自民国二年，汉人日聚，医士有来设药肆疗疾疫者，虽非扁仓亦胜巫觋。民国元年，有药店一处，四年增为二处，八年增为三处，十年增为十四处，十三年增为十五处，十五年增为十六处之多。抚松之医业日见起色可知矣。惟医之庸者不无误人生命之虞，民国五年，曾奉令考试；医生以无应试者未果行。本年，知事张公杰三始实行考验，分别去取。其实精医理学问明通者，发给执照，准其行医；其试不及格者，勒令改业，以免误人生命。兹将合格医生列表如左。

调查医生表

姓名	年岁	籍贯	业医城区	医科	至县年月	药店名称
张秀峰	五六	孟沂县	一区	内科	民国元年	张秀峰
韩子玉	三七	北京	一区	内科	民国四年	积盛广
裴子俊	六二	日照县	一区	内外两科	民国八年	广仁和
尹光济	四六	朝鲜	一区	内外两科	民国十年	永源昌
田新启	三三	新民县	一区	外科	民国十二年	守善医院
李书铭	四一	凤城县	一区	内外两科	民国十二年	新亚医院
刘清池	四一	邹县	二区	内科	民国十二年	广育堂
李绍庚	三九	辽阳县	一区	内科	民国十二年	天福堂
连文斋	五五	文登县	一区	内科	民国十二年	久兴隆
刘海峰	五四	武安县	一区	内科	民国十二年	久兴隆
李忠元	六八	寿光县	一区	内外两科	民国十二年	万合堂
孙同恩	三四	莱阳县	一区	内科	民国十二年	同仁药店
金亨权	二三	朝鲜	一区	内外两科	民国十二年	抚林病院
李琴亭	六〇	乐陵县	一区	外科	民国十二年	天德堂

续　表

姓名	年岁	籍贯	业医城区	医科	至县年月	药店名称
高凤谦	三八	平都县	一区	外科	民国十三年	谦益堂
王全祥	四八	泗水县	一区	内科	民国十五年	天合堂
袁成筠	二八	武安县	一区	内科	民国十六年	广合祥
于子清	二三	海城县	一区	内外两科	民国十七年	日新医院

医学研究会

抚松从前虽有医生，均未经考取，不无误人生命之虞。县长张公杰三有鉴于此，于民国十八年春实行考验，分别去取，共考取合格医生十八名，发给执照，准其行医。其考未合格者，勒令改业，以免误人生命。遂于十八年六月十七日成立医学研究会，以谋医业之发展。招集医生开会，选举田新启为正会长，庞俊为副会长；嗣又举田新启为正会长，李书铭为副会长，其余列为会员。租小南门里路西瓦房三间为会址，规模亦颇完备。

张元俊监修、车焕文总编：《民国抚松县志》，抚松：抚松县长白山文化研究会，抚松县收藏协会，第 125—126 页。

《民国抚松县志》卷四《人事》

慈　善

直鲁难民救济收容所

直鲁各地比年荒歉，就食东省之难民日益加多，每际隆冬，扶老携幼，啼饥号寒，不堪言状。县长张公杰三所以民国十七年三月二十八日，有直鲁难民救济收容所之设也。该所设于南门外山东同乡会院内，办事人员皆由县署警甲、学、农、参、商会各职员兼充，不支薪水。经费由山东同乡会负担，若有不足再由地方绅商捐助。凡难民老幼残废茕茕无告者．均可入所内食宿。倘有死亡，验明购棺掩葬，如有疾病得随时医治。此所成立．难民不致无所归矣。兹将拟具简章列左。

直鲁难民救济收容所简章

一、由县长督同教育、农、商、参各会设直鲁难民救济收容所一处，设于山东同乡会院内。

二、办事人员由县署警甲、学、农、商、参会各职员兼充，不支薪水，成绩优良者，得呈请核奖，以酬劳勚。

三、难民中有寻找亲友者，则询明地点，指明途径，使其前往。其无预定地点者，拨交各村，或佣工，或开垦荒地，一听难民之便；均由警甲妥行监视，以免流离。

四、本所经费暂由山东同乡会负担，倘有不足，再由地方绅商捐助或呈请拨放。

五、难民入境时先由警甲检查，但非匪党即行送所；倘有形迹可疑之人，即拘送究办。

六、难民中有疾病者，得随时医治。倘有死亡，应依法验明殓埋，并照章呈报。

七、入所难民人数，应按月表报，以备查核。

八、本简章有未尽事宜，得随时修改，呈请更正。

义　地

商旅来抚倘有死亡，掩葬无地，多停柩庙宇以及城边隙地；甚或棺木菲薄，封漆不严，日久被风雨侵蚀，棺木朽腐，不免骸骨暴露，无人顾问而饱于狐貉犬狼之腹中者，所在多有。于民国三年，设立义地一处，计二垧一亩，在县城西南江沿地方。民国九年，知事曹公树葭以此义地距城近在咫尺，不但有碍交通且于卫生亦大有妨害，乃通知商民限期迁移。嗣由山东同乡会出资，于县南距城五里碱厂沟门地方，购置义地一处，计宽长里许。凡客籍商民及游旅来抚，倘有死亡均可浮厝，至无家可归者亦可久葬。自义地设，而民人骸骨不致暴露于野矣。

张元俊监修、车焕文总编：《民国抚松县志》，抚松：抚松县长白山文化研究会，抚松县收藏协会，第126—128页。

《民国抚松县志》卷四《人事》

礼　俗

民　风

本邑人民，以直鲁二省为最多，本省人次之。刚柔文野，各有不同。兹略举各省人民之同异，并着其特长之点：

直隶及本省人民性柔好礼，鲁省人民性直好斗。直籍人民体质微弱，善于经商。本省人民长于稼穑。鲁籍人民躯干壮硕，能耐苦，喜田猎；然以其气质强悍，挺而走险者多，以故萑苻不靖，时扰闾阎，良可慨也。

张元俊监修、车焕文总编：《民国抚松县志》，抚松：抚松县长白山文化研究会，抚松县收藏协会，第129页。

《民国抚松县志》卷四《人事》

文　艺

大堂撰联

许中枢

天从此开，地从此辟，心不为天地分忧，便是两间无能之辈，民吾同胞，物吾同与，身不与民物立命，即系一方有罪之人。

抚松县城工记

抚松县居长白右麓，旧属吉林地方，幽僻二百余年，依然草昧。清宣统二年，改隶奉天，初设县治，虽有官署，并无城郭。民多新迁，良莠杂处，伏莽潜滋，戒备偶疏，乘间窃发。民国三年七月二十四日，匪众二百余人，以刘大个子为首，平明由东山凭高直下，衙署与市廛民居散若晨星，本不相属，匪遂分股攻扑。前知事汤君信臣殉难，商民均被蹂躏。警报至省，大吏震骇。余自民国二年，卸署吉林德惠县篆务，丁忧在籍。镇安上将军张公金波在兼巡阅使任内，函电交驰，调赴奉省。丧葬未毕，余不果行，迟至三年五月到奉，七月适逢是厄，命摄兹邑。到任后，周览形势，东南两面皆山，林木丛杂，易于藏垢；西迫头道松花江．北绕松香河，秋冬水涸，随在可涉，此所谓四面受敌之地也。警力单弱，不堪言战，既无深沟又无高垒，更何以守。商民甫经匪乱，财匮力绌，凡百设施诸难为计，潢池未靖，风声鹤唳，一日数惊。乃躬率巡警，徒张虚帜，贼不敢犯。适获博徒，援律应处以徒刑、科以罚金。余曰：“余宽尔刑，免尔金，尔其为我工作?”佥曰：“诺。”于是拓地，周围四里，决濠，修垒，分别轻重，定为日程。初以濠深四尺、上宽七尺、下宽三尺、长一丈为一日，四面已周由浅入深，继以再深三尺、底宽一尺、长一丈为一日。接续更替，工满则释。博徒不充，复捐薪俸，继以佣值，规模初具。贼屡窥伺，迄未能入。商民额首称庆，以为七月之变不再见于冬日者，濠垒之力也。众志既孚，万口同声。乃于四年春，集商民而告之曰："匪祸之惨，君等已躬尝之矣；濠垒之力，君等已亲见之矣，然而尚未平也。濠之浅、垒之低尚不足恃也，增垒浚濠，君等任之。有垒矣，必有门以闲出入；有濠矣，必有桥以通往来，吾任之。"佥以为可。遂乃按户计丁，分工兴作. 踊跃从事，众力毕举。筑垒高至七八尺，修濠宽至一丈，深一丈或八九尺，各因地势稍有不同。余乃鸠工庀材，原有五街，各修一门，各一桥。东曰励山门，南曰获鹿门，正南曰安澜门，正西曰襟江门，正北曰带河门。门外桥各长一丈六尺，宽一丈五尺。西曰襟江门，桥长二丈四尺，宽与各门同。东门内旧有水渠，下有泉与江通，随江水为消长。门外百余步为松香河故道，各修一桥，内曰通江桥，外曰古松桥。又东小桥一，北门外小桥一，共为五门九桥。是役也，濠垒各工，凡经三次；门桥各工，凡历五月。襄助其事者，商会会长张成业、副会长冯舜生之力为多。后之官是土者，岁加修葺，俾勿堕坏，是则百年之利也。

中华民国四年十月，知抚松县事黄县由升堂记。

镇边楼记

昔者，魏武侯与吴起浮西河下中流曰："美哉！山河之固，此魏国之宝也。"吴起对曰："在德不在险，虽然险，亦何可忽哉。"抚松县治左山、右江、前沟、后河，地势险阻，洵可宝矣。然而三年七月，竟至失守者，何也？则以不知守险之故也。余承乏斯邑，正值残破之余，至则掘濠筑垒，分设五门，匪警时闻阖城晏如，《易》所谓"设险以守其国"者，庶几近之欤！惟众山环绕东南一隅，峰峦矗立，俯瞰城市，有高屋建瓴之势。乃建炮台于其上，方二丈四尺，上起望楼，方八尺，围以壕堑，纵八尺，横十丈。工既毕，题其额曰：镇边楼。商民相顾称庆，以为有备无患。虽然，守之固在人耳，得其人，则足以捍卫全城，固若金汤；不得其人，则足以拊我之背而扼我之吭者，未尝不在此台也。吴起所谓舟中之人尽为敌国，不其然乎？然则守险在用人，而用人在德，固犹是在德不在险之义也。是役也，县署第一科长歙县方明、警察所区官县绅于广义、巡官刘永禄、稽查员任奎忠监修之力为多，不可以不记；因书是语以告来者。

中华民国五年十月，知抚松县事黄县由升堂记。

镇边楼楹联

一楼足镇岩疆襟带松江居然天险，
百里胥归锁钥屏藩花县永息边氛。

——奉天政务厅长调任洮昌道尹金梁

城外建高楼吾民依险防维不惊风鹤，
邑中得贤宰他日巡边登眺共印雪鸿。

竹亭贤令尹，治松三年，庶政毕举，复筹款建炮台、起望楼，以资保障，商民称庆。从此，阛阓不惊，边邑之幸；而贤令尹苦心毅力良可佩矣。撰联寄悬，用志欣慰。民国六年四月，东边道尹方大英书识。

高摘星辰天外挽枪从此扫，
俯临城郭边庭鸡犬总无惊。

抚松，岩邑也，山水环抱。东南一峰逼近城垣，尤为险要。由竹亭知事建炮台于其上，以资守御。工既毕，邀余登临，全城在望，洵一方之保障也。因志数语，以抒景慕之意。中华民国五年初冬，陆军步兵上尉古龙原关明启耀东氏撰。

镇边楼落成志喜

由升堂

镇边楼上午风清，啸侣登临庆落成。
烟火万家联市井，江河两派绕山城。
云霞欲敛胸前荡，燕雀翻飞眼底平。
地势龙蟠兼虎踞，潢池群盗漫相惊。

奉和镇边楼落成志喜原韵

何原琦

镇边要使盗源清，伟绩三年信有成。
万里烽烟销远塞，千秋台榭瞰孤城。
循良余事传歌咏，父老同声颂太平。
遥识登临偿素抱，闾阎应少吠厖惊。

和竹亭先生镇边楼落成诗并步原韵

吴守坤

天外妖氛扫荡清，登临一览庆功成。
廛开肆列千家市，水绕山环四面城。
棠舍阴浓鸿羽集，松江风静鳄波平。
建瓴高屋雄图壮，安堵闾阎总不惊。

和镇边楼落成原韵

鲁宗煦

萧然两袖惹风清，屈指三年恰落成。
胜迹堪同筹笔驿，收功如筑受降城。
（台初成，适葛景春率首领九人，伙党六十余名投诚。）
旌旗别色威先壮，战鼓无声贼已平。
（台上见有军队，即悬方旗，以告警署，使知准备。）
从此闾阎皆额首，万家安枕不须惊。

赠吴委员资生

与君邂逅在天涯，文字因缘幸未差。
有子书香留奕业，无家宦味感年华。
诗追李杜篇章古，话说桐城志愿奢。
相见相知方恨晚，骊歌门外促征车。
一官匏系在边城，百事经营百不成。
鸿雁泽中稍敛息，豺狼化外尚纵横。
愧无恩沛千家渥，只有风生两袖清。
若使上房来问讯，受降令下乱初平。
嗟君此去太匆匆，知己原从客里逢。
座上酒筹增别恨，囊中诗句写行踪。
随身伴侣惟三两，归路河山更几重。
何处征尘能远及，镇边楼畔最高峰。

贺由公受降诗

恩威兼用共推公，顽梗输诚见治功。
驱使贪狼奔境外，攫来鸷鸟入笼中。
龚平渤海[①]神同妙，禹格苗民术并工。
从此妖氛都扫净，凯歌高唱大江东。

元旦

曹祖培

指顾双轮瞬息天，光阴飞箭又迎年。
身如贬谪堪参佛，官到清贫即是仙。
少许山珍新献岁，几多爆竹壮开筵。
茅衙愿约先生饮，醉后何妨说酒颠。

和前题

车焕文

无所从违若二天，洋年方去又阴年。
灯杆权作山头月，爆竹惊醒洞里仙。
缥缈香烟酬祖德，喧哗儿女闹华筵。
移人习俗诚难免，叩首神前起复颠。

元旦

曹祖培

爆竹久无声，声喧喜若惊。
众山夸震定，一夜卜升荣。
我索梅花笑，人争柏叶迎。
抚松新气象，祥瑞满城生。

---

① 渤海国。

和前题

方明

昨夜訇訇爆竹声，声传不断鬼神惊。
桃符万户都新换，柳线千条欲向荣。
暖人屠苏欣共饮，香销柏子笑相迎。
汉宫蜡烛连城市，喜觉春风百媚生。

和前题

车焕文

年来刁斗寂无声，爆竹声喧总不惊。
银烛辉煌欣结彩，金钱颁赐倍增荣。
屠苏醉倒人休怪，梅蕊斜教我笑迎。
更有文明新气象，国旗飘荡春风生。

元宵

曹祖培

元宵欣此日，迥异往年情。
爆竹新开放，桃符未变更。
烽烟销旷野，灯火彻江城。
漫说昆仑事，狄青善用兵。

和前题

方明

何为天不夜，春色最多情。
烟火开千树，笙歌到五更。
秋千况院落，珠玉满边城。
四境升平象，从兹偃甲兵。

和前题

车焕文

每遇元宵节，灯光接月明。
关山寒有色，刁斗寂无声。
人乐长春国，天开不夜城。
昆仑堪继迹，大帅用奇兵。

重九偶成

曹祖培

满城风雨转晴天，放眼楼头喜镇边。
人爱东山怀谢傅，登高近接向山巅。
重阳情景胜端阳，缓缓催租户有粮。
难得秋成佳节乐，江头也见菊花黄。
脱帽偏逢落帽风，樽前露顶识英雄。
山陬谁敢题糕字，醉饮葡萄一笑中。
韩侨都是白衣人，送酒官家话性真。
僻地先寒霜满树，枫林美景隔江津。

抚松十景

辽东名胜首推白山①，而附近诸山又无峰不奇，无石不峭。山巅积雪四时不消，故名之曰白山；而松花江源出其上，蜿蜒如带，北流千里。抚松佳景触目皆是，令人应接不暇。从前并未经人品题，虽有佳景亦无闻焉。自张公杰三到抚之后，始列为十景，并七言十首，经斯品题而益显矣，兹将十景列后。

柳城春晓

云净烟开晓日晴，春风杨柳满边城。
天公洵是无私者，也遣黄鹂自在鸣。

① 即长白山。

笔架寻秋

笔架山高气象雄，三峰直插入晴空。
黄花新艳丹枫老，此地秋光迥不同。

东山晨钟

镇边楼上起钟声，送入春风满柳城。
到耳听来高枕卧，桑麻鸡犬总无惊。

西江晚渡

江头日暮各纷然，渔舍家家起晚烟。
一叶轻舟归未得，行人唤渡夕阳天。

莲池泛月

把酒传杯笑语频，扁舟来往夜沉沉。
爱他莲影波心月，领略风光有几人。

仙洞生云

仙洞清幽不染尘，白云深处客来询。
边城纵有桃源地，今世何须再避秦。

长堤垂钓

垂钓长堤日色阑，斜阳归去几人欢。
江头何处逢漂母，千古英雄说饭韩。

镇边远眺

步上高峰近日边，登临爱趁夕阳天。
晴空万里归云缓，处处山村起晚烟。

香水环带

香水环城西北流，烟波倒影镇边楼。

柳堤春晓池塘绿，四壁山光一色收。

白山积雪

惟有白山极壮观，层峦高耸日光寒。
年年剩有峰头雪，皎洁偏宜月下看。

抚松十景次韵

董宝廉

柳城春晓

白日青天万里晴，晓看柳色绿盈城。
流莺欲世知时变，为报春音带曙鸣。

笔架寻秋

架笔依峰意态雄，云霞焕彩罨晴空。
山寒石瘦枫如火，画出秋光迥不同。

东山晨钟

东山破晓起钟声，散入春风送满城。
警觉斯民酣梦醒，身心策励总相惊。

西江晚渡

江清月白两悠然，渔火船家起晚烟。
为政必期能济众，使民长此戴仁天。

莲池泛月

圣地清游不厌频，莲池倒影叶浮沉。
月明澈底浑无滓，诣此方无愧作人。

仙洞生云

何事求仙了俗尘，洞云叆叇路难询。

世人未到功成日，莫作桃源学避秦。

长堤垂钓

香饵长钩兴未阑，临渊岂止羡鱼欢。
严陵峻节高千古，三杰淮阴有一韩。

镇边远眺

造极登峰云汉边，长空万里蔚蓝天。
岩疆资此为雄镇，烽火消除净塞烟。

香水环带

川傍松林香气流，成环蓄势护城楼。
蕴宣奇秘钟灵秀，全县精华让水收。

白山积雪

矗矗奇峰讶巨观，云霄直上犯清寒。
苍颜皓首峻嶒态，应作群山道貌看。

柳城春晓

王鸿基

春来天气正清明，晓日初生照柳城。
烟树万家多掩映，云山四面更峥嵘。
台隍迤带如青锁，土壁周围似翠萦。
百里仁风生意满，康衢鼓腹咏承平。

莲池泛月

前人

一轮明月满前川，半亩池塘别有天。
泛影辉煌生绿水，浮光灿烂照青莲。
金球滚滚惊鱼跃，玉镜莹莹动鹭眠。

不染泥尘君子德，四方人士颂清涟。

仙洞生云

世人莫笑学逃禅，流水光阴有几年。
自去自来云外影，不生不灭洞中仙。
红霞烂缦升岩穴，紫气氤氲出岫巅。
敢问海涛何处往，空留石室夐无边。

笔架春秋

笔架山中处处游，寻看景物即成秋。
柳城疏影千家露，松水清波万里流。
淡雾轻烟笼峭壁，黄花红叶挂峰头。
与民此日同观赏，胜似登云百尺楼。

镇边远眺

建筑高楼立峻巅，登临远眺景无边。
云山淡淡迎眸下，江水泱泱在眼前。
草木看来归掌握，萑苻不敢起云烟。
全城市井皆安堵，一响雷声动午眠。

柳城春晓

刘椿

缘何植柳作边城，绿压墙头画不成。
廛肆春同陶令第，闾阎晓似亚夫营。
深笼翠色微风动，淡锁青烟曙气清。
天外妖氛从此扫，讴歌惟有管弦声。

仙洞生云

前人

古洞传来内有仙，山深径曲近云边。

光呈狭谷原非雾，彩绕悬崖却似烟。
叠嶂排空名胜地，飞岩入画艳阳天。
寰中吉兆于斯卜，永庆升平万亿年。

镇边远眺

前人

望楼危起极山巅，取义森然号镇边。
胜日登临凭眺瞩，乘时吟咏足流连。
江河万里奔疆外，市井千家聚眼前。
高类齐云堪驭下，倚为保障亦天然。

香水环带

前人

河唤松香水往还，蜿蜒自北出山间。
江城一曲如萦带，市井千家似佩环。
回顾源源非泽国，周观漫漫近仙寰。
天然地势成天堑，据此何须别设闲。

白山积雪

车焕文

巍巍坐镇在辽东，费尽丹青画未工。
常似银沙堆地上，曾经天女在空中。
高侔嵩岳两无别，景比峨眉一样同。
若待雪消冰释后，群峰仍像白头翁。

西江晚渡

刘椿

白日依山照晚窗，行人济济渡松江。
农夫返去登长岸，樵子归来问小艭。
隔水频呼声不一，轻舟独荡影无双。
游临欲赋新诗句，聒耳偏听欸乃腔。

笔架寻秋

前人

山名笔架景偏幽，胜日寻看处处秋。
云晓三端身外过，气清千里目中收。
黄花满径毛锥卧，红叶盈林栗尾游。
欲共长天浑一色，松江香水两悠悠。

长堤垂钓

车焕文

水绕长堤向北流，何人垂钓懒乘舟。
举竿洒散孤洲雁，飘缕惊飞两岸鸥。
独占高岗探雪浪，全凭雄势挂金钩。
老公须有太公志，莫负松江一色秋。

东山晨钟

前人

东山耸峭碧摩天，最好晨钟在上悬。
撞罢声随千丈落，听来身起万家眠。
势高可摘楼头月，向远能惊洞里仙。
从此发人深省了，弦歌并作乐无边。

春晓登抚城镇江楼

周凤阳

镇江楼上日迟迟，正是群芳角胜时。
四面青山开锦帐，一城绿柳挂金丝。
白山雪映幻红彩，仙洞云升护碧枝。
如此韶光空自负，劝君莫赋旗亭诗。

雪夜偶书

前人

梦里还家恨五更，经年旧事话分明。
无情风动窗前柳，不是钟声是雪声。

吊前教育厅长王公毓桂

前人

噩耗传来入梦频，西风沉水赋招魂。
德音已渺泪空洒，俎豆云天何处存。

其二

辽水青年沾雨化，哲人其萎夕阳斜。
而今对影空挥泪，杯酒断肠哭天涯。

柳城春晓

牛善堂

长堤一抹绿杨烟，围绕江城洵可怜。
花怯晓寒和露睡，柳披宿雾恋春眠。
斜风碎卷云中絮，旭日晴烘画里天。
如此韶华应自惜，人生切莫误青年。

莲池泛月

前人

为爱莲花戴月游，池塘深处泛轻舟。
白蘋风细鸥眠起，红藕香清蝶梦幽。
镜影浮沉随浪涌，歌声委宛扣舷讴。
此间佳趣知人少，以水为家乐自由。

长堤垂钓

前人

一篙春水远连天，两岸渔人泊小船，
箬笠微沾红杏雨，钓丝斜挂绿杨烟。
投竿宿鹭先惊梦，争饵游鱼屡跃渊。
满载归来天色晚，举杯醉月乐陶然。

西江晚渡

前人

闲来晚眺大江东，渡口行人总不穷。
帆影飘扬残照里，橹声摇曳暮烟中。
鸭头活水三篙绿，鸦背斜阳一抹红。
笑看往来名利客，浮沉浪迹等飞蓬。

长白积雪

前人

满山积雪任纵横，埋没群峰辨不清。
白混冰天晴有影，光摇银海皓无声。
花攒六出乾坤冷，玉拥千秋画夜明。
向晚凭栏远眺处，苍茫极目愈晶莹。

长白积雪

史鸿钧

层峦陡起峭寒侵，雪压峰头云雾深。
千古白山真面目，当时王气已消沉。

莲池泛月

前人

沽酒同消万古愁，湖光夜色满莲舟。
关情最是波心月，也解留人曲做钩。

镇边远眺

前人

凭栏远上镇边楼，满日风光万象幽。
美景天然踪似水，他年能得几回游。

西江晚渡

前人

古岸春光逐客来，夕阳唤渡小船开。
青山有意自千古，松水无心去不回。

柳城春晓

前人

白山松水两分明，春色含烟满柳城。
戍鼓频吹听断续，箛声阵阵起连营。

东山晨钟

前人

东山高处起晨钟，声彻边城路几重。
一杵万家齐警醒，晓窗细语兴犹浓。

东边道尹王公理堂德政碑

（在县城西江沿）

功施于一郡，德被于一属，此官守之常，非极则也。汉世龚虞今犹称之，其治行风化，渤海朝歌，外不及也。以其官治其所守，职责所在，龚虞能尽其职焉耳。若夫宏施广被，畛畦不分，邻境穷黎同沾惠泽，顾犹谦让，未遑其蕴蓄为何如也？王公理堂官东省三十年，功德在民而治匪维严，凡东省人士孰不感公德而仰公威。此次督办清乡，殆即重公威德，冀以治此匪患耳。东边山深林密，易于藏聚，故匪尤甚。公任事后，凡四赴东边，往来山林中九千里，知此匪绝非各县警甲所能扑灭也，创募林警分布贼巢，以犁其穴；村屯散落，易受匪胁制也，归并之以厚其势；防民之窝济匪类也，设互保之法；恐林警怠于剿捕也，定计首之赏；伐树修道，利于搜剿也；择要筑防，便于策应也；长途设电，易得匪耗也。凡此者皆足以杀匪势而遏匪氛，是年盗案减三百余起，而抚、临、蒙等处因得获一日之安，则王公之赐岂鲜也哉。十年春，公兼署东边道；翌年夏，清乡裁并，专任道职。蒙江本吉属，与东边之抚、临接壤，而修道筑防款悉公筹，并拨林警筑防蒙境，其视蒙也一如抚、临，不以非其属而歧视也。抚、临获承公惠，犹其民也，蒙以邻属而沐恩如其治，则王公德量抑岂囿于一郡一属之功德而沾沾官守之常者所可同日语耶？公性直而嫉恶，严苟不法，虽近幸无所贷，故出巡豪猾敛迹，乡僻小民因得拨云雾而见青天者不知凡几，则其黍雨之歌、甘棠之颂又岂惟抚、临、蒙等民已哉？

奉天省抚松县所属文武官员农商各界恭立

中华民国十二年吉月谷旦

戊辰松江留别二首并序

李镇华

东路清乡，奉令调省，抚松各界盛宴祖饯，快镜留光。感谢之余，赋此志别，词之工拙不计也。

赠同学张杰三县长

与君总角论交情，二十年来寒暑更。

（前清光宣间，余与君同学师范于奉天，彼时皆青年，今纵谈往事，垂垂已二十年矣。）

教育英才同此乐，宣劳为国有光荣。

（毕业后，余与君均在籍办学，任劝学所所长有年。）

（君嗣被举为省议员、国会议员等职。）

安民查吏留成绩，大用长才已记名。

（君历任全省保甲公所参事、东边剿匪总指挥、省长公署考查吏治委员各要职。）

（君荣任国务院简任职存记。）

清慎勤能兼和缓，依然本色老书生。

（君虽一行作吏，奔走风尘仍不改其书生本色，而清慎勤能，尤非常人可比数云。）

赠农商警学各界诸友

人生聚散本无常，况复男儿志四方。
泥雪飞鸿留印象，春风快马任腾骧。
（临行，各界公议合影，以留纪念。）
（璞庵所长为借快马，以利行程。）
新交旧雨齐欢送，旨酒嘉肴更饱尝。
（聘之、耀东、亚钟诸公皆多年老友，而覃轩、凌云、功甫尤一见如故云。）
（各界惜别，盛宴款待，几无虚夕。）
此会他年知有日，隆情盛意实难忘。
（各界名流送于松花江畔，江干话别，不尽依依，至今思之，心犹不忘。）

抚松县长张公德政碑

盖闻体国经野，古慈君之壮猷颂德歌功，今士庶之报称：我县长张公杰三，印元俊，宽甸籍，为东省名士，以国会议员来长我抚，宅心仁厚，天性慈祥，视抚民如子弟，固抚境于苞桑。丰功伟绩，熙天耀日，虽无能名，谨述其略。我公下车伊始，适值丙冬胡匪陷城之后，荆榛弥天，疮痍遍地。我公沉几应智，以剿匪为首谋，安民为急务，于是严督剿捕、召集流散，不数月间，防务周密，人心渐安，商民各复其业。我公复请大府免农债以苏民困，修城池筑炮台以防匪患，发仓谷请赈款以维民食，修电话辟道路以利交通，请省款筑江坝以遏水患，收私枪改队伍以固防务，设师范增学校以育人才，查游民禁烟赌以厉清乡。他如贷款济商、建昭忠祠、立教养工厂、禁擅派花费、免供给木柴、放佘荒、招恳户、划街基、立市场、购枪械、修县志、定苗圃、请库款、修县府，种种设施无一非治抚之善政。我公尝谓抚民之害有三：胡匪不清，一也；滥派花费，二也；林内种烟，三也。我公一举手即廓而清之。我公莅抚之初，股匪充斥，户数仅有三千。嗣经我公督饬警甲，严行剿捕，擒毙胡匪二百余名，获枪百二十余支。戊辰秋，境内肃清，户数现已增至数倍。丁卯冬，通、临刀匪蜂起，我公严密防范，躬亲查卡，衣不解带者四月有余，虽邻封扰攘而境内晏如：复出队应援临江，卒歼渠魁。此皆我抚民所不能忘者。兴利除弊，公正廉明，古所谓一路福星万家生佛者，我公克当之矣。惟是乐业安居四载，怀爱戴之诚而霖雨苍生亿姓，少纤尘之报返之，寸心难安俄顷。谨将我公治抚善政略述梗概，义不取谀，事皆从实，用勒贞珉，以期常戴棠荫，永垂不朽云尔。

中华民国十九年岁次庚午五月谷旦

抚松县阖属农工参学商民人等恭颂

重修抚松城池添设炮台记

抚松设治以来，至民国甲寅丙寅，两罹胡匪陷城之祸，即甲子乙丑两年间，胡匪之害亦无日无之，商民受害至惨，且据守斯土者不能未雨绸缪，匪去则侈然晏安，匪来则警惶无措，良可慨也。查抚松原有土城，周围四里，经由县长竹亭监修，年久颓圮，殊为可惜。

民国十六年丁卯一月，予来抚，适当胡匪[①]陷城之后，目击心伤，不胜今昔之感。乃调集工役，将城池重加修筑，城之高、池之深均倍于畴昔，复于土城之上植柳作栅，以资防守。原有五门九桥，亦各鬃而新之。抚松城池自此次重修，城高约一丈五尺，池深约九尽许，虽不能如金城汤池据为险要，而守望有资亦可稍恃无恐矣。

予曩奉檄剿匪东边，以经验所得，凡无城池之地，防匪善策莫若炮台，以为言战不如言守，用兵以卫民，又不如先用地利使民自卫。公输之善攻不如墨翟之善守，譬之于棋负者误于进取，胜者以慎守为算，其切喻矣：抚松处万山之中，森林丛茂，地势险要，且孤悬偏隅，无声援之足恃，故治匪之策能守始能言剿，是以于重修县城之后，城内外各要隘均建筑炮台，以严防务而资守望计。城之五门建炮台五座，南江岸、西市场、西江岸炮台各一座，县政府炮台二座，公安局炮台三座，北营炮台一座，加城之四角原有炮台四座，东山炮台一座，共有炮台十九座，并劝殷实商民联络增修炮台十八座，计城内外公有私有炮台都凡三十七座，均系当卫之地，平时以数人守之，临警则添兵防御，纵有匪患，亦可雄据险要，有备无患。近年胡匪肃清者，实因县城有险可恃，故得出全力严行剿捕。抚境之肃清，则重修城池、添修炮台二事实不无裨益也，且城池、炮台相为犄角，不特为防匪要著，即

① 又称胡子，是1949年前对东北地区的土匪的称呼。

对于国防亦系要图，此宁非地方当务之急哉？

中华民国十六年五月宽甸张元俊记

镇江楼记

镇江楼者，抚松县西松花江岸之炮楼也。西岸为吉林蒙江县境，江介两县之间，两岸山深林密，胡匪不时出没；楼名镇江，义盖取此。楼成于民国十六年春，矗立江岸，规模宏壮，为抚城炮台之冠。前临松花江，北绕松香河，登楼四顾，东南之马鹿沟、南甸子，溪流川谷，纤悉靡遗；西面蒙地之冈陵沟渠，历历在目。远与镇边楼相映对，近与各炮台相掎角。置利器其上，十人守之能独当一面，可谓据形势之要矣！抑尤有进者古之人“先天下之忧而忧，后天下之乐而乐”，往往于公余之暇，即所守境内构建楼台亭馆，为与士民游观之所。是楼也，处环山之中，四望不能十里，固不若岳阳、黄鹤极目千里，具宇宙之大观，唯其山拱四围，水环三面，亦自别饶佳趣。况此地为白山数百里山水所会，灵秀所钟，其江山胜概与夫四时之风景，皆足供人玩赏。时而岸柳萦青烟波漾绿，时而水鸟纷飞渔帆往复，时而红树寒潭相映成幻，时而雪压松巅橇行冰上。节序推移，景物变换，尽可于此楼一一见之。夫抚邑东山仙洞竞称十景，今更得此楼为点缀，庶几白山松水之名胜为不孤矣！他日地方发展，文物昌明，长此土者于雨霁风和之夕，偕二三绅耆登楼赋诗，临风把酒，则名之为风月楼可也。洎乎交通便利，汽车四达，由兹接轨，直达白山，辟天池为世界大公园，任中外人士游览。登斯楼者，话种族存亡之历史，谈古今民生之苦乐，则即名此为大同楼，亦无不可也。是役也，地方公款主任车仁盛、一区区官温瑞英、商会会长李明祥、张万程之力为多，特为之记以告来者。

中华民国十六年五月日宽甸张元俊记

抚松县武庙记

世有德擅片长功，存一地坊表庙貌俎豆馨香者，况乎富贵不能淫，贫贱不能移，威武不能屈，天地合其德，日月合其明，四时合其序，鬼神合其吉凶，英灵神武，亮节光风，忠义仁勇，德兼众善，而可无所尊祀用资敬仰者乎？是知抚松虽远处边陲，草莱初辟，凡百设施，诸端待举，而兴修武庙，崇仰先圣，为尊重国典所攸关，尤为刻不容缓者也。民国十七年春，于县城南关外，关、徐二姓所施之地，相度经营，鸠工庀材，创始兴修，阅时五月得观成焉。其地广十丈，纵三十丈，计正殿三间，内塑关岳二圣神像；并招道士范教德司香火，住持其中，每年率邦人以时致祭，缅先圣之功德，慰敬仰之虔心，亦所以尊重国典也。斯为记。

宽甸张元俊

重修镇边楼记

抚之东山旧有镇边楼，前任由公竹亭建以防寇者也。其炮台望楼构置规模及其用意所在，由公记之详矣。讫今历十余稔，风雨剥蚀，势将倾圮，若不重事修葺，听其颓塌，则前人惨淡经营之苦心，不将与断壁残垣同归湮灭乎？予莅兹邑已历三年，境内匪氛渐次肃清，今春公私稍暇，将城关炮楼修筑完整；而镇边楼居高临下，为全城第一保障，尤弗可缓爰。即旧址鸠工，约之椓之，既勤垣墉，遂涂塈茨，不浃旬而落成，基址较前愈坚，规模较前愈柘。工成之日邀集邑之绅商、父老、学子、兵士聚于斯楼而告之曰：使我抚邀天之幸，胡匪绝迹，而今而后永获安宁。此楼不但堪作防务之资，更可作为游眺之所，可不善为保守乎。后之守斯土者，或于政暇率抚之人士登楼眺望，见夫万家烟火，遍野桑麻，鸡犬无惊，边鄙安居，追念畴昔建楼镇边之功，则由公之名可以永垂不朽矣。此予所以乐为之记也。

中华民国十八年五月日宽甸张元俊

建修松花江坝记

环城之西有大水曰松花江，源出长白山麓，蜿蜒自东南来，万山夹峙，水势湍急，加以夏秋水涨，洪涛巨浪，正当南门。比年江岸被水冲刷，沙土颓塌，距城不及里许，一旦溃城而入，全城必成泽国，若不先事预防，贻患商民，诚非浅鲜。事关民瘼，责有攸归。到任以来，数与商民筹堤防之策，辄以工程浩大、胡匪滋扰、商民力弱中止。夫天下之事，不一劳者不永逸，不暂费者不久安，坐言无益，起行有功。幸值匪势稍安，商民日集，乃于己巳春一月，招集地方农、商、参、学各界以及士绅到署，会议建修江坝，均各乐从相与。实地勘验，绘具详图，拟于大南门外松花江泛溢之处，建修江坝以资堤防，估计需银币八千元。惟兹邑地处边陲，商民稀少，财力艰窘，此项巨款若全出，诸地方力实未逮；爰为呈请大府拨发一半，由地方筹措一半。大府体恤民艰，准如所请，由省库拨给现银四千元。遂即拟具简章，派邑绅李长胜为监工委员，鸠工庀材，从事建修，凡十阅月而工竣，名曰松花江坝。商民额手相庆，以为有备无患，实全城一大屏障也。夫是坝也，予提倡于先，商民赞助于后，复赖省库拨款，始底于成。费款虽属不赀，而规模已具，后之来者随时修葺而保护之。俾斯坝得以永固，不但抚松商民之幸，亦予之所深幸也，因为之记。

中华民国十八年十月日宽甸张元俊

建修砺山门记

砺山门者，城之东门也，夫门以砺山名，其为险要可知也。县城三面环水，一面依山，地占形胜，诚属天成，苟无雄伟之建筑以壮大其势，不但失其屏藩，亦且有碍观瞻。于时南有安澜、获鹿，西有襟江，北有带河诸门之设，而东则群山耸峙，俯瞰其下，设非扼其险要，防务稍疏即遭不虞；民国甲寅、丙寅两招胡匪陷城之害，其明证也。余到任后，增修各险隘已不下四十余处，兹砺山门又颓焉将圮。经云“城郭不完余有责焉”，乃筹款鸠工庀材，重行建筑，增修炮楼坐镇其上。楼高四丈，长四丈，宽三丈。民忘其劳，款无虚掷，阅十月而工成。继此以往，依砺山之屏藩作全城之保障、居高临下，凭险而守，宵小敛迹，龙吠无惊，大有一夫当关万夫莫开之概、岂止壮观瞻已哉！是役也，襄助其事者，商会会长郭恩溥、监工者翁国宝、王天盛、王盛魁是为记。

中华民国十八年十月日宽甸张元俊

建修县政府记

人必威仪尊严、衣冠整肃而后足以动人之畏敬，不生慢易之心。邑之官廨，人民之所仰瞻，如因仍鄙陋，漫无轨制，殊无以辨等威而尊国体。况抚邑地居边僻，密迩邻邦，人情重畏威而轻怀德，国家之设置一涉简陋，易启戎狄轻藐之心，奸宄窥伺之隙。予曩游内省及东瀛，见夫官廨之森严、建筑之宏敞，不觉为之悚然。何也？盖官廨者，国家之建筑，品其爽垲与湫隘，可代表国家之强弱，岂徒壮观瞻、夸美丽云尔哉？抚松设治二十余年，两罹胡匪陷城之祸，虽曰防卫稍疏，要亦设置未备有以致之耳。溯设治伊始，在清宣统二年，当时居民鲜少，地方安靖，设治者草创经营，俨然公刘陶穴、楚子筚路之景象。创建正式公署未遑也，暂就今师范校地，有草屋一正两厢各三间，官于斯、吏于斯、民众讼于斯，嘻逼亦甚矣。民国三年，遂演出胡匪破城、汤知事遇害之惨剧。由公竹亭接任，将县署移城内今址，草舍十三间，覆以白茅，筑以板壁，规模狭小，无异穷闾。嗣经苏、梁、曹、刘、高历任接续增筑，依然因陋就简，卒又有十五年十二月再遭胡匪陷城之浩劫。翌年一月，予奉命来守，斯土破残之余，商民散亡殆尽，一夜数惊，人心惶乱，岌岌焉不聊其生。予昼则召集流散，夜则躬率椽属兵弁分队巡城卡堵以防匪患。当此时，席不暇暖，虽廨舍萧然不蔽风雪，亦不遑顾也。嗣后，人心渐安，商民复集，盗匪稍为敛迹。因思春秋时，莒子城恶，自谓僻陋在夷，不备不虞卒致灭亡，抚邑之患毋乃近是？未雨绸缪，不可以已也。夏六月，乃葺旧屋并增筑头门瓦房三楹，围墙九十六丈，乾巽两隅各筑炮台一座，暂资防守。己巳春，盗匪肃清，城内外商民二三年来骤增数倍，向之日处荆棘猛兽中者，今渐著平安之象矣。欲为地方谋久安，乘时建设不容稍缓，爰请准大府，拨库款现银三千元，招匠人翁国宝、曹学德、陈元德等重建大堂三楹，两庑各五楹，堂左右法庭、办公室各二楹。洎乎今秋建仪门一座，仪门外东西厢各五间，头门外开东西官道一条，建东西辕门各一座，影壁一方，库、厨房各三间。所有墙壁均砌以砖石，上则覆以链瓦，栋梁榱桷纯取土产坚大耐久者，形式不尚奢靡，规模专取远大。盖地当边塞，不如是不足以建威弭患而起人敬畏之心也。历三月而工告竣，落成之日，士农工商、贩夫走卒莫不额手相庆，转相告曰："大府轸念抚民，特发库款建修县府，俾我抚民得所托庇，非独我抚之光，亦我国之光也。"予喜闻此语也，用志梗概，以遗抚人，使知我大府重视抚县之深意焉。

中华民国十九年岁次庚午秋日宽甸张元俊谨记

白山天池记

白山之巅有潭，深不可测，曰天池。去县治三百里，盘郁抚松、安图、长白三县之间，为我国东北第一高山巨泊。丙寅秋，余东来考察吏治，道经白山一周，未达其巅，深以为憾。翌年一月，奉命守抚，因思白山半壁属于管境，尤应巡视以周知边圉，乃荏苒三载，未得果往。今秋出巡漫江，勘设防所，事毕拟转巡白山，借瞻天池。而山深林密，途径难寻，适有公安局员岳长久在白山附近渔猎多年，又有猎夫张春山原籍河间，对于山径亦稍辨识，爰率公安大队长王永诚、科员蓝允辰、队长杨振胜、王景贤、关弼侯、张兆梦、宋良弼暨李学泗、王树美并班长队兵方万贵等共三十八人，于十月二十二日由漫江起程，行数里即入白山泊子。一路岗峦起伏，松楸茂密，蚁塿如冢，鸟巢似球。挂塔松寄松垂生，迎风若带；阴天乐就地菌生，遇雨勃兴；万年松高不满尺，碧绿遍野……珍禽奇兽，屡见不鲜。经苇沙河、桦皮河子、紧江各水，清洁澈底，游鱼可数。时当秋老天高，两岸花剩余红，树凝浓绿，与江水相掩映，流览风景，别饶佳趣。行过半日，在桦皮河沿遇矮房一处，上覆树皮，俗称蹚子窝棚。内有七旬老者山东刘观青，居此以猎为生，已四十余年，颇有山中无历日，寒尽不知年之景象焉。询以山中景物，言之历历如绘。复前行二十里，日暮黄昏，燧木为炊，遂露宿焉。二十三日黎明起程，前行约四十里，至一陡山，名曰大坎，高约十里，势陡如削。攀枝而上，及达其巅，平原无垠，惟倒木纵横，堆积如山，俗称倒木圈，有碍前进；以斧锯凿之，始得通行。此种大坎俨同塔形，如白山有座者。然至一小山，又遇矮房一处，为刘财蹚子窝棚。内有猎夫一人，袁姓，宽甸籍，乡谈多时，出鹿肉一碗见与，盖尽乡谊也。登小山之上，远望白山突起，积雪如银。行不数武，至平原，俗曰阴阳地，当摄白山全景一幅。前行至梯子河，源出白山巅前，宽四五尺、六七尺不等，崖深有六七丈、七八丈、十数丈，或有深不测者，人畜误坠其中，无幸脱者。有桥一道，非土非石，细视之，似积砂而成，俗称天桥，又名梯子桥。人马经行其上，不知几经寒暑，而桥仍完整，亦云奇矣。自此东行，又登一陡坎，行平原十数里，遇一张蹚子窝棚。少息，复前行，至紧江上源，江中有巨石特起，石上有双孔喷水如线，热达沸点，名洗眼汤。循江上行二里许，江岸有汤池，曰汤上。以名胜所在，不可失之交臂，乃浴于汤池，顷刻之间汗出如浆。时已黄昏，傍汤池紧江东岸林中宿焉。二十四日早五时起行，过紧江，复经梯子河上源至馒头山，崇如墙壁，青松蔽日，行息数次，始达其巅。俯视群山林树，烟露弥漫；仰望白山，高插云霄，形势巍然。于是循岗前行，如登天焉。树木不生，只有鞑子香、葡萄松、仙人果、高力葡萄等物，均高不盈尺。据谓鞑子香叶色碧绿，形同桂叶，经冬不凋，夏正二月雪里开花；葡萄松干形似葡萄，蔓生；仙人果经霜叶红，果红，小如豆；高力葡萄食味甘芳。各物杂处丛生，密不露土，名曰护山皮，俗以五花山呼之。万紫千红，灿烂夺目，诚可谓锦绣江山也。上至天桥岭，宽不过五尺，长里许，高逾万仞，步行其上，不敢傍睨。过桥，行五里许，至白山巅下之西坡口，名悬雪崖。时已午前十时，风和日暖，气清天朗，俯瞰天池，水光万顷，群峰罗列，峭拔若削，岩壑空幻，石骨玲珑。而各峰乍隐乍现于银涛雪浪中，滴翠浮青，留倒影于天池之内，洵宇宙间之大观也。举首天外，俯视寰中，浩浩茫茫，四无涯际。南望朝鲜，负山阻海，北顾吉江，横亘万里；辽宁诸县，星罗棋布。盖白山面积纵横千里，峻极二百里，耸出云表，为群山之主峰。余等登其西峰. 其余隔水相望，石壁万仞，咫尺千里，均未得往，实不能测其由。旬山色纯白，终年积雪，远而望之，若珠宫玉阙，近而即之，如瑶林琪树，名以长白，洵非虚语。由悬雪崖至池，尚须下行五里，惟山势陡峻，雪崖壁立，以无人敢前行者。乃用长绳汲引下行，而雪道滑汰数武之外，已颠扑雪中。卧雪直下，如冰橇之奔驰，顷刻间已达池边。池水清澈，洞乎无底，澴焉汹汹，隐焉弥弥，扶羲朝停，奔涛夕起，瑰宝之所丛育，鳞介之所萃止。池周约四十里，略呈斜方形，如城四面，峰峻仰不可视，并各有坡口如门，俗称天池四门。北门流水为安图二道白河之源。当将天池东、北、西三面各摄影一幅，绘略图一幅，并刊字于天池西岸石上。是时日暖风和，盘桓而不忍去。猎夫张春山谓，以前中外人士来游者，因多云雾弥漫，均未得摄影绘图；且终年寒风凛冽，时雨时雹，飞动砂石，怒涛澎湃，游人时被其伤，未有逗留如斯之久者。已而夕阳在山，游兴未已。复绠汲上行，甫至山巅，未及回首，则池中飓风惊骇，狂涛乱舞，而天池为云雾所覆，又不复见矣。乃寻途下山，至林中旧址宿焉。次日顺途而归，急行两日，又至漫江，顺江下行至花砬子；折而北行，复过紧江，经石龙岗、果松山、东岗西北行，于是月三十日晚六时平安到县。是役也、往返十二日，露宿四宵，行于森林中者五六百里，凌绝壁，冒丛莽，以崟岩为床席，以溪涧为饮沐。兽蹄鸟迹，触目皆是，而居户一无所有，仅见蹚子窝棚四处，猎夫五人。窝棚高不过六七尺，似巢居焉。路遇猎夫三人，惟俗崇山神，早晚焚香。夏历三月十六日，俗称为山神生日，过此节较夏秋两节为尤盛；崇拜之诚，亦可概见。沿途时而平原广畴，可以驰马；时而陡坎峻拔，壁立千仞；时而水塘洼陷，颠仆不前；时而松针铺地，路软如棉；时而老林参天；时而石岗如龙。或倒木成窖，或山涧无底，或苍松翠柏蔽日连云，或山清水秀柳暗花明。惟林中猎夫所设之蹬子猎具，如罟获陷阱之属，布满林中。旅行斯地者，若无人引导，不被伤于毒蛇猛兽，即被伤于猎具。古人谓“蜀道难，难于上青天”，今登白山，亦犹行蜀道也。县治至漫江百五十里，漫江至天池约百六十里。每登一大坎，陡如池水削壁，及达其巅，则平原无限。四周大坎俗称白山座，而山巅天池居其中。池水北流，由二道白河飞奔而下，为松花江之正源，至安图县城西北六十里，与二道松花江相会，波涛数千里。而天池终日外流，水不减少，俗谓通于海底，特臆说耳。由辽河东上，步步登高，至抚松县城相距已达千里，则抚松已在山上，复行三百里，始达白山之巅。谓为东北第一高山巨泊，其信然欤！

中华民国十九年岁次庚午秋十月抚松县长宽甸张元俊记

抚松县署对联

张元俊

百里偶为官，卖剑买牛，久以私心崇渤海，
一行惭作吏，栽花携鹤，愧无善政媲河阳。

地方是主人翁，愿比户桑麻共乐，鸡犬无惊，百里听弦歌，到此乃完公仆责；政治尚平民化，期合境社会改良，风俗丕变，万家兴礼让，相逢莫当长官看。

偶来抚治此邦，愿父老兄弟共促进社会文明，相期提倡民权建设县政；本是忝为公仆，与警学绅商时研究地方利弊，务要铲除腐化发扬国光。

抚松县昭烈祠对联

张元俊

生而为英，殁而为灵，壮士死沙场，城郭乡邻资保障，昭之以忠，崇之以烈，英雄捍闾里，馨香俎豆报烝尝。

卫社稷执干戈，烈士功名留汗血，
报馨香崇俎豆，英雄姓字照旗常。

喋血卫乡闾，盗贼未除心不死，
报功崇祠宇，英灵宛在气如生。

抚松县关帝庙对联

张元俊

下之比河岳，上之如日星，正气凛然塞天地，
谊则为君臣，情则似骨肉，英灵卓尔振纲常。

肝胆矢孤忠，讨贼尊王侯真健者，
春秋观大节，背义蔑德公之罪人。

大义塞两间，赤胆忠肝常翊汉，
丹心昭万古，英风浩气矢吞吴。

抚松县关岳庙对联

张元俊

炎汉褒功，魏吴拒敌，生存道义，殁显威灵，浩气满乾坤，俎豆年年隆祀典，
外夷是攘，中夏必尊，报国精忠，事亲纯孝，英名垂宇宙，庙堂处处仰仪型。

镇江楼楹联

张元俊

四面青山三面水，
一城绿柳满城花。

轶　闻

长白山巅有池，名曰天池。土人云，池水平日不见涨落，每至七日一

潮，意其与海水相呼吸，故又名海眼。又六十年前，有猎者四人，至天池钓鳌台，见芝盘峰下自池中有物出水，金黄色，首大如盎，方顶有角，长项多须，低头摇动如吸水状。众惧，登坡至半，忽闻轰隆一声，回顾不见，均以为龙，故又名龙潭。又云池中雷声时作，意同炮弹，百里外犹闻其声，俗呼为龙宫演操。又云平日水声澎湃，响如鸣金戛玉，俗呼为龙宫鼓乐。又云每年三月间，陡有黑云自西北来，大雨雹至天池不见。阅数日，忽由池中突起五色云向东南而去，惟黑白两色居后，迨十数日，见云自东南飞来，仍入池内，而黑云不在其中。相传，黑龙江龙王会同天池龙王朝宗东海云。又云，前有道人登白山，由悬雪崖下临天池，见有倒鳞鱼数尾，赤白色，跃于池中，涉波捕之，得其一，放之玉浆泉，仍向前捕，失足堕池中。石滑不得上，伏石而下，约百余丈，忽而矗立石层如梯。道人疑其入水不没，不妨下梯以觇其异。手扶梯下六丈许，左右多洞，周视洞口，方圆大小不一式，皆有石床居中。惟左一圆洞床上有一老人仰卧，鼾声如雷。不敢前，退趋石梯，跋磴奔波如登天然。百步外回顾洞口，五色射眼，巨浪滔天。心愈恐而力不能支，伏径少歇，恍惚若睡觉，身如萍梗，随水荡漾，莫知所之。醒时开目视之，见二猎夫立其侧，身已在乘槎河上。盖猎者见池内一人浮水而来，意自西坡口渡东坡口者。道人历言其事，始悟为龙所居。次晨，偕猎夫往玉浆泉观鱼，至时见鱼犹跳跃，以手捕之，竟入泉中不见。据引路人徐永顺云，光绪二十九年五月，其弟复顺随王让、俞福等六人，在汩石坡下杜坡口忽见两鹿登坡。俞放枪击之，两鹿下坡入池。六人尾追扶石下，王枪毙其一，其一入池不见。六人得茸甚喜。王欲抽取鹿筋，方提刀剖割，俄而大雾从池中陡起，六人对面不相见。候两钟余，雾不散，跪祝乞晴，而天黑如故。王拟弃鹿返，五人曰："不可。"坡石汩动，往往伤人。如此黑暗，寻亦不见，乌敢行。王曰："等静候可也。"六人坐卧池边，至夜半寒风透骨，饿不能寐，共餐糇粮而尽。未几，天微明，而雾仍如故。坐候数刻，淫雨飞落，湿透衣襟，兼之腹饥难忍，俞曰："将若何?" 王曰："食鹿肉，饮鹿血，亦可疗饥。"众皆割肉而食，复顺不能下咽，抛而弃之。霎时雷雨交加，众皆哭不成声。旋又入夜，见池中三五明星忽起忽落，倏而泼刺一声自空中落一火球，大如轮，水面万千灯火，直同白昼。复顺曰："可以行矣。"王与余曰："禁多言少焉。"炮声轰隆，宛如霹雳，波浪涌起，直冲斗牛。六人战栗不敢动，无何，风平浪息，池内亭台高耸，插入云霄。俄闻空中讴歌，余音袅袅，忽而鼓吹大作，乐殿光明，四围洞彻，状如水晶，陈设古雅非凡。男女往来上下，指不胜屈，惟身躯皆在九尺以上，不似平人。方惊疑间，适来一物，大如水牛，吼声震耳，状欲扑人。众益惧，相对失色，束手无策。俞急取枪击放，机停火灭。物目眈眈，势将噬俞。复顺腰携六轮小枪，暗取放之，中物腹，咆哮长鸣，伏入池中。半钟余，雹落如雨，大者寸许。六人各避石下，俞与复顺头颅血出，用湿衣裹之。池内重雾如前，毫无所见。又两钟余，东方晓亮，云淡风清，微露峰尖。六人匍匐寻坡，上至葡萄山前高丽窝棚，病卧十余日，俞与复顺伤始痊，枪弹、鹿茸各件遗失无存，至今不敢再入天池。徐永顺言之凿凿，故志之。白山纪咏有云：欲到天池先患雾，入时不易出尤难。

长白山主峰曰白云峰，在天池西稍北。相传，前有人迷于峰巅，见石白异常，其凉彻骨，用巾裹零星小块，携归示众；皆疑为冰片，试之果然。后再寻之，则云深不知处矣。又天池北偏东之天豁峰，峰起双尖，中辟一线。相传，山缝为大禹治水时所劈。土人云，峰顶夹缝中隐有洞口数处。登山者往往见有蟒蛇出于其间。

玉柱峰系长白山诸峰之一，土人云，峰北麓坡度稍缓。前有猎者数人，杜西坡口见花鹿四只，其项有挂金牌者，有挂银牌者。用枪击之，鹿环玉柱而走。众随之，将近峰顶，倏忽不见，而烟雾陡起，莫辨东西。众绕峰转走两日夜，始得返。盖俗称挂牌之鹿，皆受封者，寿已数百年矣。名为仙鹿，未可击也。

铁壁峰，西南与华盖峰相连，土色黑，状若铁壁，由池至巅约七里余。相传，有人采药至此，忽见峰悬灯结彩，金碧辉煌，中间悬朱字无数。多不能识。惟“福”“寿”字不篆不隶，形似鸟虫，尚可辨。归语人，皆以为诞，再往始终不见。

龙门峰，在乘槎河西，与天豁峰对峙而低。池水溢流而出，状若门形，故号曰龙门。由池至巅，约有七里。世传，大禹治水曾至峰上，旁有一石，上似蝌蚪字形，人目之为神碑，今已模糊难辨。土人云，数年前有人至峰前，见鱼数尾，红黄色，跳跃乘槎河上，以石击之，霎时狂风大作，白雨暴落，连声霹雳，而鱼亦逝。

观日峰，东接龙门三里余。峰起一尖，登而望之，海阔天空，可以观日出日入。由池至巅约八里。

土人云，每年三月三日夜半时分，一遇天晴，见日如红球，自海中出，出时三起三落，而波翻浪涌，忽上忽下，历历在目，尤足令观者移睛海上。锦屏峰，在芝盘、观日两峰之间，宛如屏风。猎者因其形若城垣，又呼为城墙砬子。由池至巅约八里有奇。

相传，女真国王夜半闻白山崩裂声，命人往视，至时，积雪满山不易登。候月余，自山右上，他峰毫无形迹，惟此峰后见一巨雹，大约六十余围，试之坚不可破，因名为雹山。闻前清国初尚有遗痕，今则见有白雪一堆而已。

宝泰洞韩人云，数年前有打貂者，甲乙同行走椽（俗呼打貂谓之走椽），误入长白山旁之大旱海，至云门下，见门内有异彩触天，红光射眼；心疑为怪，往视之。登门上，光少敛，入于沙中。甲以手掬沙尺余，露出一尖，色如桃红宝石，心艳之。恨两边乱石塞满，不少动，又无镢劚，莫可如何。乙焦急，从旁另觅一石，击之有金声，重击数十下，毫无所损。踌躇苦思，计无所出。甲曰："天将暮，吾二人暂回宿，明早带铁具来，必得此物，切勿告人。"掩其迹，并堆沙作记归。次晨，乙唤甲起，持镢锹往至沙堆，刨五尺余，始终未见。至今门中尚有遗迹。

土人云，嘉庆年间有人放山（人山采参俗名放山）至天池，见峰下一石洞，洞口多登台、二角（小参为登台、为二角）。念洞中必有佳者，伏入数十步，黑暗不得进。意欲返，忽露明光。因匍匐入约十余步，豁然开朗。遥见数里外有茅屋两三间，就之，一老者出，衣冠皆古，不类近世。揖与语，乡音不通。老者以手指西，似挥其去状。放山者识其意，西行十里余，遇一深涧，岸上菜花、狼头、公鸡（皆参花名）花色鲜妍，参苗满地，多四、五、六披叶者，皆老山，不似山子。采置背夹未满，而龙爪、跨海，牛尾、菱角、金蟾、闹虾、雀头、单跨、双胎各种俱全，独状少人格，意犹不足。扶石入沟，见沟底红朵累累，茎高如树，大可盈把。心惊喜，仍向前采之。忽一少女自沟中出，怒曰："青天白日，窃我园中物，背夹将满，犹得陇望蜀，是无餍也！"以手撮沙，泼之迷目，不能视。知非凡人，跪而乞情。女曰："我不杀汝，汝速行。倘遇吾母，生还不得也。"放山者起，目亦愈视之，而女不见。急奔数里，闻水声潺，鸟语虫鸣，身已在石涧中。攀松扶石而上，盖梯子河之仙人桥也。计程已五十余里矣。视背夹参尚在，喜而返。后偕数人往寻，洞不能入，故至今犹以为参洞云（以上，见前安图县刘公同偕所编《江岗志略》）。

土语

查抚松原系边荒，人烟稀少，设治以来，五方杂处，惟以鲁人为最，口操声音多系鲁语。谨将杂集无关风俗之土语分别列后：

哈酒（饮酒）、歹饭（吃饭）、打幺（发迹）、活该（应当之谓）、火拉（生气）、街溜（无正业）、跑腿（只身外出）、吃晌（午饭）、要熊（狡赖）、放山（采山货）、球子（吝啬）、秧子（纨绔）、打围（打猎）、打冻（闭门过冬）、串门（探望亲友）、撩啦（跑了）、唠科（说闲话）、二虎（卤莽）、瞎拦（说话不中听）、埋态（不洁净的意思）、各路（性与人殊）、抬扛（言语不合）、干活（作事）、赶礼（办事情上礼）、爽神（快快）、统通（总共）、干架（打仗）、舯艭（帆船）、胡咧咧（瞎说）、挖棒槌（挖人参）、马溜的（快快）、一大些（多的意思）、到得了（能办事）、打哈哈（快乐）、不赶蹚（赶办不及）、瞎扯蛋（说谎话）、零丁的（忽然间）、僵眼子（倔强）、埋态人（不洁人）、你掩我（责人轻己）、吃嚼咕（美食）、打平伙（均钱购食）、吃劳金（作工的）、花眼圈（无正业），赚体己（妇人赚线）、磨不开（惭愧对人）、打罢刀（离婚）、老爷子老头子（尊长之称）、老帮子老疙瘩（对幼小兄弟之称）、老把头赶利路（均入山谋生）、一骨龙总（全总）、溜达溜达（闲步）、抖起来了（形容人之得意）、扎箍扎箍（治病及修理物件之请）、实在不善（赞美人）、起早摊黑（昕夕劳动）、真踢动啦（损失之谓）、真正王道（说人凶横）、真不大利（好的意思）、舔嘴抹舌的（口馋）、鬼头蛤蟆眼（诡诈）、老实八脚的（说人忠厚）、隔二偏三拉里拉忽的（均疏忽之谓）、懈里懈怠的（懈怠不精神之谓）、红口白牙的（犹言好好一个人也）、开锅（秋天做棒槌，谓之开锅）、刷水子（刷棒槌之谓）、买卖水子（总之生棒槌谓之水子）、坡口（岭之谓）、掌柜的（家主之谓）。

长白山麓安乐乡记（世外桃源）

周凤阳

陶靖节伤世乱，生世外之想，作《桃花源记》以寄意后人读之，每以身不得入其境、目不得睹其事为憾。今长白山森森古木环山中发现一安乐乡，其情其景殆与桃花源所记相仿佛。吾人既有所闻，不可不记其梗概，以告世人。

猎者郑宝红孤身，久居白山森林中，夏日出猎，值大雾，迷行林中，数日不得出。逢一小溪，沿溪上，见溪自一最狭之山口出，似有人迹。入则两岸石壁峭立如墙，溪水澄洁，潺潺有声。遵彼曲径，回转如羊肠，极狭处宽止一二丈，仰望天空似露一线。行四五里，口尽则豁然开厂，别一世界。黍田麦塍，一望数十里；板屋茅舍，连接数百家。其人男女皆长发，衣履俨然古妆，芸田汲水，往来自若。村犬迎吠发惊怪声，其人见猎者荷枪至，咸惊讶，群集围视。有通中语者诘来意，猎者以实告，惊讶者始悦。导见一老者，老者年约七旬，貌魁硕丰腴，须发皓然。导者言其故，老者喜，延之上座，款以鸡黍，饮以家酿。留数日，家各争饷以酒食。问其人何时来此，只云此为安乐乡、余皆不答。猎者无事，稍览此中形势，四环绝壁，沃野十数里尽良田。木、铁、陶器各工皆粗具。出入除猎者初入之口，别无途径。口外复绕以数百里人迹不到之森林，故外人从无得入者。无何，猎者欲归，老者令数猎夫持枪于夜间送之。仍由来口出，钻藤穿棘，状似熟习。历三日夜，始得旧路以归。是岁秋，猎者来抚城，寄商号天成永，向学校教员牛君效元详道之。牛君羡之，每逢林居者访之，卒无知之者。后与农会副长徐肇业谈及，徐知之颇详，与郑言无大出入。据云，其地当在白山后麓，安乐乡为其人之自名。其人自何处移来？或系辽金鸭绿部遗民均未可知。抚城前遭匪祸时，有契友某曾劝避居其地不果。郑之入其地，民国十一年事也。

抚松仙洞记

仙洞在抚城东南马鹿沟，时有云气出其中，故世人以仙洞呼之，为抚松十景之一；洞在山麓东南向。民国十九年春五月四日，县立第六小校教员佟君瑞麟、牟君中平率学生四人携烛探之。洞口高宽仅及丈，行数武突狭，匍匐始得过。过口陡斜如立壁，幸可蹲立，转身先以两足下伸，攀扯溜坠达平处，顿阔如夏屋。十步之外，面逢石壁，洞穴甚多，烛之，均透光，惟多小如盂。一斜洞高在十余尺，可容一中人之身，旁设木板钉木桩，前行者踏桩攀壁，伸臂夹首，塞身猱升，蛇行以进。继者牵前者之手，前者始得稍稍以两足转下。及地益宽敞，洞穴仍多，于是以粉笔画号于来口，防回头迷失。遍烛石壁，皆现各种蔓藤、树叶、鱼、鸟爪印各状花纹，或有如龙鳞、如蚌壳，似飞似走、毕真毕肖者。复穿过数层石壁，其洞之大小参差，与前壁无大异，其阔处亦如之，惟四壁花纹之形状不一：其类如现虫鱼形者，则多虫鱼形；如现蔓藤树叶形者，则多蔓藤树叶形。中之阔处有瓦盆三，上承顶壁，滴水皆满，清冽芳甘，饮之冷心脾。再渡数壁，别无所见，惟数蝙蝠飞扑灯光而已。最后逢一壁，洞口虽多，大者绝少。烛视摩索移时，见高丈处一洞稍大，先以一人踏人肩，烛之，果可通。踏肩者攀扯而登上，可起立，以次引后者毕。登行未远，地骤下陷如岩墙，烛之深黑不见底涯，投之以石，似有水声，复旁投之，如落石板上。细审壁上各花纹，奇奇怪怪，益觉生动。盘桓多时，寻来路而出，已历半日矣。数人者不唯衣履泥污，尚有肘腋皮肤被石破裂者。然以险绝深奇之境，世人幻想之地，一旦发其幽秘，为地质学增一绝好研究材料。若佟、牟二君可谓冒险好奇之士，而四学生亦可谓能步后尘者矣。四学生为师范罗文德、李绍琳、宛锡文、小学孙宝树也。

张元俊监修、车焕文总编：《民国抚松县志》，抚松：抚松县长白山文化研究会，抚松县收藏协会，2017年，第132—166页。

《抚松县志》卷之五《人物》

乡耆

乡宦

乡绅

义勇（附昭忠祠）

科第

人　物

抚松地处边陲，虽山川清秀，水草丰荣，然因设治较晚，兼之民国三年匪乱以后，乡中父老无复存者，往事陈迹多不可考。然弹丸虽小，亦有忠信，仅将年来乡耆、义勇以及中学以上学校毕业者一一列入，以为后进之模楷焉。述人物：

乡　耆

张大元帅[1]前在东三省巡阅使兼奉天督军省长任内，于民国八年及十年，

---

① 指张作霖。

曾二次招集各县乡老到省，面询地方疾苦，以期下情上达。抚松第一次所选送者四人，第二次亦复四人，均系地方公正之乡老。兹将各乡老之姓名及性格一一详志于左。

第一次选送之乡老

王永俊　存心公正，乐善好施。

陈慕　排难解纷，不遗余力。

葛文瑞　重义轻财，对于地方公益，尤热心提倡。

安茂林　品格端方，凡乡民有纷争者，无不尽力排解。

第二次选送之乡老

王永俊　见前。

刘庆云　扶危救困，见义勇为。

孙吉庆　勤俭治家，宽厚待人。

韩魁三　人品端方，素孚乡望。

翁国宝　年八十五，原籍锦县，现住抚松县城里。为人忠诚爽直，急公好义，有侠义风。精于木工刻画，均极嘉妙，玲珑空幻，颇有匠心。清光绪初年，在省修造将军衙门，颇蒙崇将军奖许。嗣到宽甸，适值设治，所有衙署、庙宇工程宏大者均出其手。迨张公杰三长抚，有建修县府之举，适翁国宝在抚，应招而来，年已八十有四。设计画图，鸠工庀材，规模极为宏壮。阅一年而工告成，且纯系义务，不受报酬；并于仙人洞建岫云观一座，所有木工雕刻均由翁国宝手裁，惨淡经营，凡三年工始告峻。热心公务有如斯者，县长张公题赠“急公好义”匾额，以彰劳绩。

乡宦

金玉声，字振之，本县松树镇人，初入本县小学校，继入宽甸师范学校毕业，曾充本县第一小学校教员。有志大成，不甘小就，遂赴北京考入中国大学，刻苦自励，明敏有才，毕业后充营口监运使署秘书。现任辽源县知事。

乡绅

车焕文，字景堂，居城内，系前清附生，原籍山东，后移抚松。品格端方又长于文学，前充本县教育局局长。

义勇

姓名	职别	年月	备考
汤信臣	抚松县知事	民国二年	胡匪陷城殉难
王宝山	右路巡防步四营右哨十长	民国二年	胡匪陷城殉难
刘柏胜	右哨正兵	民国三年	剿匪阵亡
白玉顺	右哨正兵	民国三年	剿匪阵亡
王志	右哨正兵	民国三年	剿匪阵亡
白宝山	二营中哨正兵	民国四年	剿匪阵亡
张柱林	二营中哨正兵	民国四年	剿匪阵亡
刘继平	东三省陆军步兵第七旅第三十五团第三营第十连正兵	民国五年	剿匪阵亡
邢元山	第七连二等兵	民国五年	剿匪阵亡
冯俊庭	第五连正兵	民国六年	剿匪阵亡
范得胜	第五连正兵	民国六年	剿匪阵亡
李成仁	迫击炮连兵	民国七年	剿匪阵亡
赵玉恒	迫击炮连兵	民国七年	剿匪阵亡
杨南轩	县署科员	民国二年	胡匪陷城殉难
佟喜廷	忠勇士	民国二年	胡匪陷城殉难
田绍东	巡官	民国二年	胡匪陷城殉难
陶绍诚	教练员	民国二年	胡匪陷城殉难
于得水	巡长	民国二年	胡匪陷城殉难
都士奎	巡长	民国二年	胡匪陷城殉难
尤长海	巡长	民国二年	胡匪陷城殉难
孙宝山	巡长	民国二年	剿匪阵亡
杨芝柱	巡长	民国二年	剿匪阵亡
王洪宝	警士	民国二年	剿匪阵亡
杨玉峰	警士	民国二年	剿匪阵亡
朱万林	警士	民国二年	剿匪阵亡
李振海	警士	民国二年	剿匪阵亡

续 表

姓名	职别	年月	备考
张云升	警士	民国二年	剿匪阵亡
袁得胜	警士	民国二年	剿匪阵亡
朱培鲁	警士	民国二年	剿匪阵亡
刘守禄	警士	民国二年	剿匪阵亡
张金凯	警士	民国二年	剿匪阵亡
萧会泉	警察分队长	民国十五年	胡匪陷城殉难
李喜才	保安队甲长	民国十五年	胡匪陷城殉难
李春富	保安队甲长	民国十五年	胡匪陷城殉难
房永增	甲丁	民国十五年	胡匪陷城殉难
徐华峰	甲丁	民国十五年	剿匪阵亡
潘志成	甲丁	民国十五年	剿匪阵亡
李维周	甲丁	民国十五年	剿匪阵亡
李春有	甲丁	民国十五年	剿匪阵亡
蔡全海	甲丁	民国十五年	剿匪阵亡
郭世亮	甲丁	民国十五年	剿匪阵亡
李振海	警士	民国十六年	剿匪阵亡
潘子成	甲丁	民国十六年	剿匪阵亡
朱文禄	甲丁	民国十六年	剿匪阵亡
蔡庆发	甲丁	民国十六年	剿匪阵亡
郑永山	甲丁	民国十六年	剿匪阵亡
赵永财	警士	民国十六年	剿匪阵亡
戚文彬	保长	民国十六年	剿匪阵亡
王忠国	巡官	民国十六年	剿匪阵亡
赵春	甲丁	民国十六年	剿匪阵亡
杨芝贵	巡长	民国十六年	剿匪阵亡
李玉胜	甲丁	民国十七年	剿匪阵亡

续　表

姓名	职别	年月	备考
王陵	团丁	民国十七年	剿匪阵亡
姜玉春	甲丁	民国十八年	剿匪阵亡
苗景业	甲丁	民国十八年	剿匪阵亡
吴玉廷	警士	民国十八年	剿匪阵亡
李全胜	警士	民国十九年	剿匪阵亡

昭忠祠

夫祠者，所以重典祀，亦所以示人之景慕也；碑者，所以志奇异，亦所以表人之行术也。凡义人烈士堪为后世之模范者，其人既没，咸宜设祠以祀其英灵，勒石以志其芬芳。县长张公元俊念死事警甲忠烈堪悯，乃建祠以祀焉。祠既成，题其额曰“昭忠祠”，盖所以彰诸死事警甲之忠烈也。复建碑以志其事，更所以令后人永有观感云。附昭忠祠碑记于左。

抚松县昭忠祠碑记

民国十六年一月，余来抚承乏，适值股匪陷城之后，至则督率警甲严行缉捕，斩获颇多。及通、临刀匪蜂起，分兵应援，又复唱凯以还，而死事警甲诸烈士喋血于深山丛林之中，为状至惨，即拟建祠致祭，以慰忠魂。维时城防不固，力又未逮，遂增土城，植柳作栅，而城关炮垒、县署警所之围墙亦次第告成。内布防务，外事剿捕，匪患于以稍清焉。今秋年谷顺成，境内较安，因念死事警甲诸烈士，奋身以卫地方，蹈险峻而不辞，临弹雨而莫顾，肝胆忠烈，宜播芬芳，而旧有旌烈祠在城里西南隅，规制湫隘，不足以崇祀典，爰改建昭忠祠于南关，以妥烈士之灵。由警甲所长张景玉董其事，委员李席珍、区官于维航募款监修，各界力为赞助，庀材鸠工，阅三月而祠成，乃迎旌烈祠各忠魂与近年死事诸烈士合祀一祠。裸荐鼓钟，奠罗酒浆，先后死事之烈士忠魂得永享蒸尝；白山苍苍，松水茫茫，我警甲之余烈庶与山光水色永垂不朽云！尔工即竣，粗为记其梗概，俾来者有所考焉。

中华民国十七年十一月

简任职存记知抚松县事宽甸张元俊

科　第

毕业生
姓　名

李春润
辽宁东北大学毕业；

袁梦周
周作霖
钟成川
以上师范学校毕业；

史春泰
农林学校毕业；

安　澜
车品贵
许成伟
徐诗敏
以上中学校毕业。

跋

抚松居长白山右麓，地处偏僻，三代以上荒渺难稽，厥后或属肃慎，或隶女真，传说不误，信而有征。延至清代，属于吉林，宣统二年，拨归辽宁，设为县治，开创亦甚晚矣。建置伊始，地多荒芜，人烟稀少，狉狉榛榛，乔野无文，欲求进化，不其难乎！迨至吏治频经，文明渐启，兴学育才，俗易风移，家诗书而户礼乐，非复从前之朴陋矣。由是天不爱道，地不爱宝，人不爱情，兽蹄鸟迹之地变为麟游凤舞之乡。当时虽得目为盛事，争先快睹，然尤恐时过境迁，感慨系之矣！又当兼收博采，乞灵于楮墨也。盖不观历史无以知往古，不阅报纸无以知来今，欲使伟大人物长此晤对，最好山河了若指掌，非举境内之山川景物、政治风俗备载在简策不为功。县长张公杰三见及乎此，百废俱兴之后，又复创修县志，俾一县之始终本末、治乱兴衰得以永垂不朽，比之县署之修学校、之扩江坝、之筑门楼之设，其功尤不在少矣。文学识谫陋①，猥辱不遗，得与编辑之列，略陈所见用，伸鄙陋之忱，岂敢言跋，聊赘芜词云尔。试为之歌曰："云山苍苍，江水洋洋。我公之德，山高水长。载在篇章，永志不忘!"己巳菊月上浣，本县车焕文谨志。

张元俊监修、车焕文总编：《民国抚松县志》，抚松：抚松县长白山文化研究会，抚松县收藏协会，2017年，第167—175页。

《民国辑安县志·民族》

人事

民族

辑安僻处辽宁东隅，清光绪初始开辟，居民多系汉族，自山东移殖而来，满族居少数，回族尤少。兹将调查所得之数比较列左：

汉族　占全县民族百分之九十七

满族　占全县民族百分之二

回族　占全县民族百分之一

户口

全县八区十六村统计二万零五百六十五户，男七万二千一百八十六丁，女五万七千二百一十八口，男女共计十二万九千四百零四丁口。兹将各区户口分列于左：

第一区二千七百二十八户，男九千二百三十六，女八千零八十七。

第二区一千七百九十一户，男七千零零六，女六千一百九十二。

第三区一千五百七十三户，男六千三百二十一，女四千九百六十二。

第四区三千三百二十七户，男一万一千九百零一，女八千四百五十。

第五区三千零三户，男九千九百六十八，女七千五百九十三。

第六区二千三百六十九户，男八千二百三十六，女六千八百五十九。

第七区三千七百十六户，男一万一千六百八十九，女八千八百八十三。

第八区二千零五十八户，男七千八百二十九，女六千一百九十二。

---

①　基本含义是浅薄，通常用来形容知识、见识或才能的不足。

农业

全县居民几尽为农，地多硗瘠，耕种不易，且墨守旧法，鲜知改良。终岁劳苦垦殖经营，如无水旱之灾，尚能供给充足，一遇歉收之年，且有饥荒之虞焉。农作物最主要者为元豆、玉蜀黍等。农事可按旧历二十四节分述如左：

立春——农人于人日（即旧历正月初七日，俗有七人八谷九果十成之语）前后即备刀斧割取柴薪预备通年燃料。

雨水——农人于斯时堆运柴薪并修耒耜。

惊蛰——农人于斯时运输肥料于田间，俗曰送粪。

春分——农人于此时锄田禾陈根，俗曰打楂子，并栽种大蒜。

刘天成编：《民国辑安县志》，《中国地方志集成·吉林府县志辑 7》，南京：凤凰出版社，2006 年，第 125—126 页。

《民国辑安县志·礼俗》

民风

辑安居民多自山东省移殖而来，犹有山东之民风焉，崇俭朴，尚敦厚，刚毅果敢，此其特点；惟性固执，好守旧，懦于进取，是其缺点。

鼓乐

息慎（即肃慎），辽金时代有琵琶、箜篌、篥管、大鼓、腰鼓之类。今则琵琶盛行于南省；箜篌或见于日本，余皆失传。惟鼓间有用者，瞽者卖卜，街头每吹竹笛，其声呜呜，与关内音调迥异，岂玉关羌笛流传至此欤？俗尚不论，婚嫁丧祭均用鼓乐音调，亦大同小异，非久居是邦，骤闻其声，颇不易辨。

巫医

乡人病，多信巫不信医，俗名曰跳大神。钲鼓喧阗，香火薰灼病者，固多妨害不病者，亦碍卫生，亦陋俗之一也。

刘天成编：《民国辑安县志》，《中国地方志集成·吉林府县志辑 7》，南京：凤凰出版社，2006 年，第 137 页。

《民国东丰县志》卷三

民族

县境居民向无土著，盖皆自他地迁来者。当未设治前，地系围场，实鲜居人。偶有猎户，亦无定处。及设治放荒他地，人民争先报领，筑庐垦田，星罗散处。初时甚稀，至近年，日益稠密焉。故县境之有居民，盖自光绪二十九年设治始也。

综计全县居民，汉人最多，满人次之，回人更次之。氏族庞杂，绝鲜[①]大姓。故其统属，莫可究诘，要而谕之，汉人来自金、复、庄、河、凤城等县者，约十之六。来自辽阳、海城等县者，约十之三。来自他省及各县者，约十之一。盖县之开放设治，原为安置金州难民。故金、复两县人为特多也(参看沿革)。满人亦非土著，皆放荒时领地来居者，回人垦田者绝少，率居县城中营商为生也。

汉人皆散处各乡，以农为业。至若满人亦皆迁来垦殖者，今已与汉人同化，风俗习尚不稍差别。回人县城特多，亦有散居乡间以农为务者，以十区那丹伯为最多。城内回人不过二十余户，男女约百五十余人，率以牧畜屠宰为业。

我国自共和成立以来，五族平等，载诸约法，互通婚嫁，法律弗禁，种族界限早已消除。故今日汉人、满人业已同化无别矣。

……

风俗

民风之浇淳，国势之隆替系焉。风淳者，其民德必高，俗浇者，其民德必窳。良窳所以由分，强弱因之而判，旷观中外，若合符节。我国土地辽阔，山川隔殊，朔南习尚未免纷糅。然四千年来教敦礼乐，浸渍人心，迄今未泯，即我东丰虽草莱初辟，氏族庞杂，风尚偏于朴陋。然从政者，果能覃敷教化，整躬率物，则化洽俗美，可跂而待乌，得以荒徼野陋而鄙之哉。

李耦编：《民国东丰县志》，《中国地方志集成·吉林府县志辑 10》，南京：凤凰出版社，2006 年，第 65、74 页。

《长白汇征录》卷四《风俗》

语言

历代部族文字已失传，语言亦互异，汉魏诸书所载夫余、挹娄、百济、新岁各国语言谓有类秦语者，谓有类汉语者，谓有沿金辽旧称者，言庞语

---

① 很少。

杂，字音不免混淆，土语方言，方今向难考证。我太祖高皇帝创制国书，精核详明，而所传女真字母一书，早已散轶无存。特命儒臣巴克什等，以满蒙字音语音联译成文，颁布国人，究竟通晓者尚属寥寥。现长郡居民强半山东流寓，率皆各操土音，间有通高丽语者，以与韩侨习处故也。其习惯相沿之语，会意谐声亦有暗与古合者。摘举一二如下：

牛官猪官　东山居民凡雇工牧牛者，谓之牛官，牧猪者，谓之猪官。

按：此官非官长之官，即管理典守之谓也。考《三国志》：夫余国，皆以六畜名官，有马加、牛加、猪加、狗加等名，如今蒙古典牛者曰和尼齐，典马者曰摩哩齐，典驼者曰特默齐。此即《周礼》牛人、犬人、羊人、兽人之制。长郡两堡，皆山东人移垦至此，无所谓官，亦无所谓国语也，惟牧牛曰牛官，牧猪曰猪官，适与夫余牛加、马加等名先后相符，加即家字之误。安图、抚松一带，凡会房会首有职事者，土人辄称之日正当家、副当家，与三国所载夫余国凡邑落皆主属诸家，有敌则诸加自战，下户担粮饮食之，与会房情形大致相同。会首称正副当家，语虽俚俗，亦即诸家之遗意，但字音以讹传讹，习焉而不之察耳。东山皆夫余、百济、新罗之故墟，相去数千百年，语言之间不相沿而适相同者，此类是也，风俗移人深且远矣。

恭录御制《夫余国传订讹》：

近阅四库全书内元郝经《续后汉书》所作《夫余国列传》，其官有马加、牛加之名，讶其诞诡不经，疑有舛误，因命馆臣覆勘其说，实本之《后汉书》及三国魏志《夫余传》之文。于是叹范蔚宗陈寿之徒不识方言，好奇逞妄，贻误后人。而更惜郝经之失于裁择也。其传曰：国以六畜名官，有马加、牛加、猪加、狗加，诸加别主四出，道有敌诸加自战，下户担粮饮食之。信如其言，则所谓诸加者何所取义乎。史称夫余善养牲，则畜牧必蕃盛，当各有官以主之，犹今蒙古谓典羊之官曰和尼齐，和尼者，羊也。典马者曰摩哩齐，摩哩者，马也。典驼者曰特默齐，特默者，驼也。皆因所牧之物，以名其职。特百官中之一二志夫余者，必当时有知夫余语之人，译其司马、司牛者为马家、牛家，遂讹为马加、牛加，正如《周礼》之有羊人、犬人，汉之有狗监耳。若必以六畜名官，寓相贬意，则剡子所对少皞氏鸟名，官为鸟师，而鸟名又何以称乎。蔚宗辈既讹家为加，又求其说而不得，乃强为之辞，诚不值一噱。总由晋宋间人与外域道里辽阻，于一切音译素所不通，遂若越人视秦人之肥瘠，率凭耳食为傅会，甚至借恶词丑说以曲肆，其诋毁之私，可鄙孰甚。且蔚宗以附彭城王义康谋反伏诛，陈寿索米为人作佳传。其人皆不足取，其言又何足据。第《后汉书》《三国志》久经刊行，旧文难以更易，因命于《续后汉书》中改加为家，并为订其踳谬如上。

附录《满洲源流考》按语

谨按：马加、牛家之说，始于范蔚宗、陈寿，历代史志袭谬承讹，至郝经《续后汉书》犹沿用之。盖当时音译未通，曲为傅会，更千百年未有能知其妄者。恭读御制《夫余国传订讹》，指加为家字之误，近例之蒙古典羊、典马之官，远征诸《周礼》羊人、犬人之掌。设官分职，至理所存，古今一揆也。蔚宗辈之贻误后人，盖非浅鲜矣。臣等敬录冠简端以示万世折衷之准，其自后汉以下诸书，凡有关夫余事实者，仍以次条列云。

按：《夫余国传订讹》及诚谋英勇公阿桂等按语，均据《周礼》与蒙古官名驳范蔚宗、陈寿著书之谬，考据精确，直使范、陈两贼愧煞九原。今据东山牛官、猪官及会房正副当家之称，虽系乡间谚语，实足与古制相发明，益信圣学宏博超越汉唐矣。

……

职作

东山草昧，陵谷沟堑险阻异常。土人不重耕织，以木植为上，采参次之，打牲又次之。凡倚此为业者，均谓之山利乐。即乐其乐，而利其利之谓也。此外则酿秫酒，榨豆油，沤麻为绳，割皮为鞋，刨细辛，铲木耳，亦东民之职业也。

按：食为民天，大利归农，民岂不重五谷，无奈草木鸿荒，稼穑维艰。为东山计，振林业以锄木障，则山荒可辟矣；招商民以兴工艺，则利权在握矣。参茸皮张以及各项物品，精粗备具，一加制造，利益无穷。以东山之物产，而参考管子《牧马》《高山》诸篇，并《汉书·食货志》《史记·货殖列传》，因时因地，取精用宏，使小民之职业日进于完全，天地之菁英不弃于瓯脱。读御制盛京土产杂咏十二首（详物产一门），循环盥诵，益信白山绿水生殖繁昌，足与邰室生民、豳风流火腾光史策矣。

增录　土风两条

小儿卧具　按：卧具，削木为之，两头圆形，微窄而仰，中腰微宽，约长二尺许，如匣式，漆其表，绳其两端，系梁上。置小儿于其中，啼则以手推之，如秋千。余由奉赴长，沿途尖宿，每见妇女绣女红时，小儿呱呱，辄抱之以置卧具。初以为戏，问之土人，亦曰此戏具也，恐妨女红耳。余亦不之察，及读御制《三韩订谬篇》，乃知国初旧俗。儿生数日，即置卧具，命儿仰寝其中，久而脑骨自平，头形似扁，此为辽东之习惯，借以矫汉人侧卧头狭、蒙人束带股箕之弊，并非徒为戏具而设也。又查《后汉书·三韩传》，称辰韩人儿生欲令头扁，皆押之以石，其说本诞妄不经，宜乎御制之驳其谬也。有学问无阅历，识必不通，有阅历无学问，语必不雅，卧具其一端耳。

楛矢石砮　按：肃慎氏楛矢石砮之风，自周至魏晋时犹驰名于史册。《说文》：楛，木也。《禹贡》：惟箘簵楛，三邦底贡厥石。注：楛，中弓干，以枯为矢，取其坚也。义无可疑，独以石为砮，砮性虽坚而脆，何以砮为？反复求之，不得其解。遍查诸书，亦略而不详。惟吴汉槎兆骞《宁古塔记》有云：石砮出混同江，相传松脂入水千年所化，厥色青绀，厥理如木，厥坚过铁石，土人以之砺刃。知为肃慎砮矢之遗。携归京师，赠友人，王士祯载之《池北偶谈》。由此观之，格物之功，非亲验其物，终难深明其理也。天下间无物不有，如此类者甚多，百闻不如一见，其信然欤！

附录　韩侨风俗

序

朝鲜国自我太祖高皇帝萨尔浒一战告成，朝鲜都元帅姜功烈率所部诣降。太祖优礼赐宴，士卒悉留赡养，是为韩人侨寓东山之始。沿及康熙年间，韩国穷黎之在惠山、茂山等处者，越江结舍垦田，络绎来往。仁庙讦谋远识，眷注边陲，于是乎有穆克登查边之役。旋因朝鲜接伴使朴权、李善溥等百端尼阻，致令筑土聚石树栅之议，卒成疑案。嗣后越垦者日益加多，长白山南北区域，虽在奉旨封禁之列，奈守边之吏鞭长莫及，其潜移越垦者防不胜防。直至光绪初年，吉林将军铭安、督办边务吴大澂奏准，将韩国垦民分隶珲春、敦化管辖；韩王又奏恳刷还流民。奉旨准予限一年，以示体恤。此议果行，斩去多少葛藤。乃未几，而光绪九年，韩经略鱼允中混指豆满[①]、图们为两江，冀稍缓刷民之令。又十一年，而朝鲜安镇府使李重夏又拟指长白山东石乙水为界，而刷还韩民之说，更置为缓图。此韩侨占居华界者所以日多一日也。光绪二

① 即图们江。

十五年，中韩条约第十二款内载有，边民已经越垦者听其安业，俾保性命财产，以后如有潜越边界者，彼此均应禁止，以免滋生事端等语。自此次订约后，韩侨在鸭江右岸者，遂相生相习。与华民以耕以佃，耦居无猜，顾仍操土音，而沿旧俗，身居中土，籍隶韩邦。现又韩护于日，滋出无穷交涉之案，不得谓非朝廷字小之恩以至此极也。兹姑将韩侨风俗，附录如下：

房舍　架木结茅，就地为炕，墙壁皆木，门户不分，户外无院落，屋内无桌凳，牛马同居，臭秽逼人。华民特名之曰高丽窝铺。

饮食　嗜酒，喜肉食，无远志，不务储蓄，为牛为马为奴隶，稍有余赀，辄饱口腹。米粥皆粗粝，尤嗜冷食，牛羊野兽，不择而食，生腥所弗计也，脾胃之壮过于华人。

衣服　平民衣服皆白，小儿或红或绿。衣博而短，袭衣更小。妇人着白布裙，以两幅围腰间。无论男女皆白巾缠头。有戴纱眼帽者，以马尾制之，高耸玲珑，价颇昂，非儒即医，或风宪与代表人，其品级然也。

器用　编柳为筐，凿木为筒，农具极粗拙，利于山田，不利平地。惟镰钩与铜斧最利，以备斩伐柴薪之用。至于铜盂瓦缶，皆朴而坚，制颇古。运物则以牛以马驾爬犁，否则男负以背，女顶于首，肩挑者少。

语言　《汉书》谓辰韩人名国为邦，弓为弧，贼为寇，行酒为行觞，相别为徙，诸如此类，义旨相同。其里塾所读皆孔孟书，顾文虽同，而语言不相习，只可笔谈。

礼仪　拜谒之礼，以两手据地为敬。婚葬俱用歌舞。亲丧腰系麻带，三年内每食设主致祭。婚姻，则指腹以定。男未婚则披发满头，婚则束之如髻形。女未嫁则以衣遮乳，嫁则两乳垂，望而知为已嫁娘也。宴宾以酒敬老，以肉馈送，以鸡鸭鱼为礼，绰有古风。

职作　凡居华界者，非雇工即佃户，耕渔猎牧，别无生业。

按：朝鲜承箕子遗教，俗尚白，夫余、百济、新罗时代此俗未革，金辽以后稍趋浮华，而朝鲜人如故也。饮食起居一以质朴为主，性情鄙吝，民智不开。初以为山居野处，地势使然。旋有自钟城、稳城、会宁府来者，亦大略相同。自肃慎氏以来，朝鲜一国，率皆依附列强，而无自主之权，良有以哉！

张凤台：《长白汇征录》，李澍田：《长白丛书》，长春：吉林文史出版社，1987 年，第 117—120、122—126 页。

《吉林外记》卷八

时令

吉林太阳出入时刻，大抵春分六日后，视京师出渐早，入渐迟，此昼之所以长于京师也。秋分六日后，视京师出渐迟，入渐早，此昼之所以短于京师也。至一岁节气，视黑龙江时刻较早，视奉天时刻较迟。如道光元年新正二日立春，吉林巳正初刻十四分，黑龙江巳正一刻一分，奉天巳正初刻一分，观此可以验天时矣。吉林通省珲春独暖，地近海隅，日出早见，得阳气之先也。伯都讷半属沙漠，四时多风，春风尤甚，或竟日不息。军民不燃灶火炉爨为食。三姓最北至寒，其余各城风景相同。珲春之暖亦不似内地酷热，当风交扇犹然雨汗淋漓也，不过较暖于诸城而已。松花江，每岁十月，坚冰可行重车。然虽极寒，向阳处终有冰孔。立春后，冰孔乃全实，故刨参人于正月内，方沿冰用扒犁送米入山。至清明节前后，冰泮，但二月清明，则冰解反在节前，三月清明，则冰解反在后。历验不爽，其理殊不可解。

风俗

吉林

性直朴，习礼让，务农敦本。以国语、骑射为先，兵挽八力，枪有准头，骁勇闻天下。自嘉庆五年，添设满合考试，文风丕振。

乌拉

尚勤俭，明礼让。总管衙门管下人，采捕优长；协领管下人，精于骑射。

宁古塔

尚淳实，耕作之余，尤好射猎。近年汉字事件日增，兢谈文墨。

珲春

旧无丁民，亦无外来民户。皆熟国语，捕打海参、海菜为生，少耕作。春夏秋冬，射猎无虚日，尤娴于枪。

伯都讷

风气醇古，人朴厚，好骑射，常于马上掷木棒捕野兔、山猫，百发百中（木棒长一尺，径寸余）。

三姓

好直爽，善骑射，枪技娴习。数年前曾有协领福珠隆阿射虎项骨后第三斑点处，一箭倒卧不动（虎项骨后第三斑点，通心）。

阿勒楚喀

尚耕钓，素称鱼米之乡。习礼让，娴骑射，务本而不逐末。

拉林

淳朴相尚，务农之余，熟娴骑射。

双城堡

习尚勤俭，旗丁熟娴耕作，地利大兴。

贞节

贞女姚氏，吉林正蓝旗满洲闲散德得未婚妻，年二十九，夫死于归，矢志柏舟，誓死靡他，守节终身。乾隆三十九年，旌表。

贞女鄂扎氏，珲春正黄旗三等侍卫讷依松额未婚妻。本名门望族，父吉林协领僧保，兄福建副将博崇武，弟御前侍卫、都统珠尔杭阿。识字通文，熟读《纲目》[1]，常与弟兄论及治政，悉获至正之要，宗戚称为女中丈夫。年二十八，夫阵亡金川，剪发痛哭，徒步于归，抚养夫先妻之子多伦保，成立后升协领，长孙富尼雅杭阿升佐领，教以居官清正之道，不事贪墨。多伦保事母至孝，凡家中事无巨细，皆奉母命而行，虽日用常餐，未尝先食。氏偶病，必亲侍汤药，终夜不寝，盛暑衣不解带。贞节格天，得此孝子奉养，乡人称之。守节五十一年，嘉庆三年，旌表。

杂记

查城

东三省向例五年星使按临各城，查阅钱粮、仓库，点验军装、器械、马匹，总在各季往返跋涉，不胜其累。不但驿站疲于奔命，而各城供给竟至一二年不能弥缝其阙。嘉庆二十三年，将军富俊条奏：以各城即有亏空计，值巡阅之年，早为借备齐全，盘查成为故套，劳兵伤财，于公事无益，请停止。责成三省将军随时稽查，不拘年限，出其不意，钦派盘查，庶得实济。奉旨："向例每届五年，派京卿一员巡查奉天，由盛京五部侍郎内奏派二员巡查吉林、黑龙江。因思派员巡阅，原以慎重官守，稽查懈怠。然定例年限则期可预知，即有弊端，不难先期掩饰，于事仍无裨益。嗣后，该三省届期巡查之例，俱著停止奏派，朕酌量应查阅之处，特旨派员前往，以昭核实。钦此。"

---

① 指《通鉴纲目》。

年班

吉林省副都统年班进京例应二员，如遇将军年班，副都统亦去一员。道光六年，将军富俊条奏：长途往返，耽延时日，署缺之员未免意存，五日京兆，于公事无益。奉谕：褒嘉准自本年为始，应值将军年班，副都统即无庸进京。如值副都统年班，亦只须轮替一员进京，无庸二员年班，以重职守。

黑津

黑津名目不一，珲春东南滨临南海一带者，谓之恰喀尔；三姓城东北三千余里，松花江下游齐集以上，至乌苏哩江东西两岸者，谓之赫哲；齐集以下至东北海岛者，谓之费惟喀。又东南谓之库叶。齐集，地名也。恰喀尔隔年一次至乌苏哩、莽牛河、三姓，派员收纳贡皮九十张，颁给赏物；齐集以上者，俱赴三姓城交纳贡皮，领取赏物；齐集以下者，俱在三姓城东北三千里德勒恩地方，三姓派员收纳贡皮，颁给赏物。此三项黑津每年共纳貂皮二千六百余张，所有赏赉蟒袍、妆缎、绸缎布匹诸物，例由三姓每年派员赴盛京领来分赏。又乌苏哩江口、松花江下游黑津私下贸易，常于冰冻后，以数狗驾车而来，捷如奔马，性嗜酒，贪小利。奸商能懂黑津话者，交易换货，其利倍蓰。每以辣椒水搀烧酒换去盛瓶，携于狗车，或瓶破而酒冻不洒，喜出望外，犹感奸商之情，其蚩蚩之性如此，其余更可知也。

查山

黑津捕打为食，夏衣鱼皮，冬衣犬鹿皮，未尝食粟，山内产参不知刨采。有偷挖人参者，称为黑人，十百成群，驮负粮布窜入其中。呼朋引类，有千余人。搭盖窝棚，招集黑津丁勇，与之衣食，令其认采参枝，安享渔利，据其家室，奸盗邪淫，无恶不作。嘉庆十六年，将军赛冲阿奏：派副都统松箖色尔滚带领官兵，一由宁古塔磨刀石、长岭子，一由三姓、乌苏哩江、呢满口，分路入山搜查，焚毁窝棚，拔弃窖粮，将偷挖人参之黑人，穷搜尽逐，赶至距宁古塔二千五百八十五里苏城一带。出山时，适逢大雪，竟至八九尺，黑人无处躲避，雪埋过半，冻毙多人。奸邪之报，其应如响。

领票交参

领票曰揽头，挖参曰刨夫，市称为乌金行，所住曰票房子，领票进山谓把儿头。每票一张，发给腰牌四个，卡伦验明放行，带领十余人为一棚。从前放票千有余张，渐因出参较少，采取愈难，历任将军以次奏减至数百张。

放票有定额，放不足数，官有处分。票有出山票、规烧锅票、卧票之分。每领出山票一张，例给接济银二百两，秋后交参二两，并原领接济银一并交官，不准塌欠。烧锅票每张亦交参二两，出于烧锅商人，每票一张，交京钱五百吊，包给揽头、刨夫，代为交参。又有未经放出之票谓之卧票，用余参银两分派揽头，买补卧票，额参交官。每年十月间，将军、副都统督率局员挑拣，四等参五等参装箱，派参局协佐领进贡，谓之头帮参。挑剩余参，准揽头、刨夫挂号变卖。有苏州、山西参商来买者，亦有揽头、刨夫自赴苏州去卖者。将军当堂过秤给票，派员送至山海关，验票进关，谓之二帮参。无票曰黑参，拿获照例治罪。吉林向无收取参余名目。因乾隆五十九年，刨夫拓欠亏空库项数十万两，经钦差大学士福康安等审明奏定，余参一两抽收号银，不得过二十两，弥补亏空，谓之参余。相沿至今，遂为定例。除买补卧票、额票之外，盈余银两抵充兵饷。

放票论分数

例载参票如十分之中，承放官员短放不及一分者，罚俸六个月；一分以上者，罚俸一年；二分以上者，降一级留任；三分以上者，降二级留任；四分以上者，降三级留任；五分以上者，实降一级调用。若该管大臣不行查催，各城有短放参票三分以上者，将军、副都统等罚俸六个月；四分以上者，罚俸一年；五分以上者，降一级留任。例载，私养参秧，照私刨人参例办理。又例载，一时乌合各出资本及受雇偷采，或只身潜往得参者，俱按其得参数目，一两以下杖六十，徒一年；一两以上至五两，杖七十，徒一年半；一十两，杖八十，徒二年。为从及未得参者各减一等。

活剥牛皮

吉林西至威远堡边门，有外来回民，每勾结本处窝窃者，坐地分赃。乌拉城西北一带深密林中，向有窝窃地穴，偷窃牛马，事主找认，须以钱赎。或因缉捕紧急，盗牛不远，将牛束缚，用利刀在牛膝以上挑开，画线以通腹下，即放起，以铁钩钩其背，系于树下。牛负痛猛奔，皮豁剥落，贼语谓活脱衣。鲜血淋漓，牛仍奔回，越日始毙，最为可惨。将军富俊二任吉林，购线缉获，毁其贼巢，尽法惩办盗贼，惨窃之风遂息。

查阅高丽

例由京礼部派通官二员，行文吉林、宁古塔，每年轮派佐领、防御、笔帖式各一员；吉林、宁古塔每旗派领催各一名，甲兵各二名；官庄派领催一名，壮丁十五名，每年腊月初旬，带同通官赴额穆赫索啰会齐，前往到高丽地方会宁城。其城在东山坡，主镇官郊迎至鳌山公馆，设宴款待，极为恭敬。例应进牛一百三十四头，分给吉林、宁古塔协领十员各一头，吉林官庄二十三头，宁古塔官庄二十头，吉林八旗每旗各三头，奉差之佐领四头，防御三头，笔帖式二头，通官二头。每牛一头应赏布七匹，均于得牛名下出给。又三年一次，赴清元地方，会同珲春官员查阅贸易，例应开市五日，通商贸易。以其所有，易其所无。向来驾儿马一匹易牛二头，走马一匹易牛二三至四五头不等，其利倍焉。偶遇天灾倒毙，亦多折本。又高丽清心丸极为灵验，近亦有通官自京带来充售者也。

整饬驲站①

邮驲之设，所以通星轺，而行文报也。向来吉林驲站滥支滥应，丁疲马瘦，以致将站丁原有地亩典卖殆尽，丁逃逋欠，不一而足，由来已久。历任将军查阅，总以积重难返，无从调剂。嘉庆二十三年，将军富俊清查四路驲站，典卖地亩共一万五千余晌。示谕：典卖官产例禁綦严，分别年限，查典卖十年以后即行收回。

如未满十年者，自种减租二成，倘有拖欠，逐佃另招。该典卖民人赴京控告，星使定谳，奏闻部议，将此项地亩入官纳粮。复经将军富俊条奏，作为八百五十站丁随缺之地，每丁得随缺地十五晌零九亩，以次津贴当差。又伯都讷围场，沿边隙地荒芜可惜，自登依勒库站至五家子站，沿边余荒计有二万晌，给北路站丁，招佃试垦。所得租价，分给三十八站充公。丁力饶裕，驲务日增起色矣。

粥厂

吉林土著民人甚少，而外来者谓之跑腿儿，大抵永平府属暨山东人居多。非挖参为业，即砍木营生。近年人民稠密，五方杂处。内中游手好闲以及老幼废疾者，遇冬不免饥寒，常有冻毙倒卧街衢者。将军富俊查知此情，于城隍庙施设粥厂，劝谕五街各铺商捐资，共襄善举。每年自十一月初一日起，至开年二月十五日止，赈施粥厂，活人无数。

---

① 驿站。

功德院

吉林城内，雍正年间，有寿妇石熊氏，年九十余，家道殷实，好善乐施。无子嗣，将住宅改为功德院。遇冬，贫民老幼废疾无衣食者往功德院依归。晚间热炕，日饲粥饭，至四月初一日为止。石熊氏寿至百龄。生前，将家有良田尽施于功德院，招德行僧经管，永远奉行。迨石熊氏身后，僧与贫民咸感其德，即于功德院殿之西隅，另建一间塑像，奉事香火，相沿至今。遇冬贫民赴同知衙挂号，送功德院收养。又相传乾隆五十六年四月二十日，城内火灾甚炽，逼近功德院，人力不能扑救，该僧与邻人彷徨失措，忽院内有一老妪，白发萧萧，曳杖迎火而前，顾谓救火人曰："功德济人，天所佑也。"言讫，遂不见。顷刻间，反风火灭，功德院无恙。噫！一妇人之善念，周济贫民，感动人天，虽无子嗣，香火不绝，石熊氏宜乎有灵，死且不朽矣！

木有软硬

每年官处给票，砍运修造船只及八旗官兵盖房、烧柴。承领票头谓之木头老鸦，砍存过冬谓之打冻，乘冰雪拉运及开河至江口谓之赶洋总。由拉发河、蛟河赶至拉发口，登厂穿排，入松花江到城江边。如艳木、柞木、红纽劲子、女儿木、青冈柳等谓之硬木，炼火成炭。至沙松、黄果木松、紫椴木、榆木、秋木、杨木皆谓之软木，可作器具、盖房之用，烧无火劲。各随木性，利用咸宜。

采煤

吉林为产木之区，家家柴薪堆积成垛。不但盖房所用梁柱、椽檩、炕沿、窗棂，一切大小木植，即街道围墙，无不悉资板片。近来生齿日繁，庶民云集，产木山场愈伐愈远。将军富俊念及旗民日用柴价昂贵，生计拮据，前后奏请，于营盘沟、荒山子、道沟、二台及西南山坡等处，开采煤窑，以济旗民炊爨，价廉于柴。

围兽

打牲猎户称为炮手，虎称为老妈子，熊名曰黑瞎子，此村民语也。熊、虎，吉林诸山中皆有之，虎啸风从，熊出争斗，山鸣谷应，凶不可当。炮手潜放冷箭攫取，先毙其虎，熊不知遁，盖虎灵而熊傻也。熊亦入蛰，或钻土穴，或藏空树，称为坐硐。气炎薰蒸，霜雪中一望而知。炮手知其在硐，掷柴块于硐口，熊掌接入，填塞硐门，旁钻小孔刺毙之，颇不费力。至野猪大者有六七百斤，齿如象齿，外出而又湾卷，利逾锋刃，护领群豕出山觅食，虎狼不能犯。且周身日衬松油，厚有寸许，名曰挂甲，枪箭不能入。炮手能以枪箭取中其七窍者，始毙。

耙犁

耙犁，用两辕木作底，立插四柱，高三寸许，上穿二横木，或铺板，或搪木。坐人、拉运货物皆可。前辕上弯，穿以绳套二马服驾，轻捷于车。若驰驲，更换马匹，冰雪之地可以日行三四百里。并有作车上棚于耙犁底上，设旁门，套鹿皮围，谓之暖耙犁。

操练

道光二年，将军富俊奏：吉林与京城暨各省驻防绿营兵弁，情形皆不相同。吉林兵丁散处各屯，率以务农、打牲为业。惟春秋二季调省垣，先令本管协领督率各佐领演练步射、骑射、枪阵各技艺，又复专派协领轮看后，乃择日分旗于教场大操，分别奖赏责革。其春季有差使外出者，驻册，秋季补操。毋许两季不到。骑射为旗兵长技，弓不劲，不能及远，故挑缺时，则以制准六力官弓为合式，操练时则以八力为上等。又鸟枪尤军中利器。吉林汉军参领所辖八旗为鸟枪营，尤加意训练。至官为兵之表率，操练时比较十旗、五十六佐领兵丁技艺优长，分别奖责之外，该管协领、佐领等一并分别记功、记过，以示劝惩。每年小雪节后，拣选各城官兵一千名，行围采捕贡鲜，即以比较技勇，分别记注功过。每遇升转缺出，先较技艺；技艺等，再较军功；军功等，再较清汉文字。三者俱优，然后入选。此历年操练之旧规也。惟于常练之外，酌拟操练之处，连日再三熟商，务农习劳于田间，打牲训练于马上，二者均不可废。惟每年春秋，以仲月望调操，至季月杪罢操。嗣后以仲月朔调操，每季加展半月，俾资肄习。将军、副都统跟班兵丁，向系轮班当差，暇时即令在门前演射，以期造就等因具奏。

奉旨：“吉林乃我朝根本重地，本处兵丁素称骁健，朕所深知。然必当安不忘危，培养人材为要。我满洲旧俗总在弓箭、鸟枪、马上，此三项允宜，并式样架势，终无实用也。汝可遵照定章，留心训练，日久不可稍形废弛。勉之，钦此。”

萨英额撰：《吉林外记》，姜维公、刘立强主编：《中国边疆研究文库初编·东北边疆卷十》，哈尔滨：黑龙江教育出版社，2014年，第112—121页。

《吉林外记》卷九《古迹》

吉林

显德府

在吉林城东南。《新唐书·渤海传》："上京……南为中京，曰显德府，领卢、显、铁、汤、荣、兴六州。"《地理志》："自鸭绿江口，舟行百余里，乃小舫。溯流二百里至神州，又陆行四百里至显州，天宝中王所都。"按：显州即显德府，唐先天二年，赐名呼尔罕州是也。《辽史》谓即平壤城，又以辽所置东京之显州为本显德府地。皆误。

长岭府

在吉林城西南。《新唐书》："长岭营州道，又渤海长岭府，领瑕、河二州。"《辽史·地理志》："东京长岭府。"《辽史·本纪》："太祖天显元年，遣康默记、韩延徽攻长岭府，八月下长岭府。"按：长岭府，辽志不详沿革，或仍渤海之旧。长岭亦作长领，古字相通。今吉林西南五百里有长岭子，国语谓之果勒敏珠敦。南纳噜窝集，北接库勒讷窝集。自长白山南一岭环绕至此，为众水分流之地。东北流为雅吉善、辉发等河，入混同江；西北流为英莪、哈达、叶赫、黑尔苏等河。长岭府之名当取诸此。锦州、复州虽亦有长岭，皆不如此之最著，则渤海长岭府地为吉林长岭子无疑。

鸡林州

《旧唐书》："龙朔三年，诏以其国为鸡林州都督府，授其王金法敏为都督。"《新唐书》："王居京城环八里。龙朔元年，以其国为鸡林州大都督府。咸亨五年，王金法敏略百济地守之。上元二年，刘仁轨破其众于七重城，以靺鞨兵浮海略南境。"吉林乌拉四字，国语今以古鸡林作证，从汉字音也。

宁江州

在吉林城北，混同江东岸。《辽史·地理志》："宁江州，混同军，清宁中置。统县一：混同县。"金废。《金史·本纪》："太祖进军宁江州，十月朔，克其城，次来流城。"来流，即今拉林河。《大金国志》："太祖十三年起兵，攻混同之东宁江州，辽高仙寿败，失宁江州。辽再遣萧嗣先屯珠赫店，临白江与宁江州女真兵对垒。女真潜渡混同江，掩击之，嗣先兵溃。"《松漠纪闻》："宁江州去冷山百七十里，地苦寒，每春冰泮，辽主必至其地为乐。金祖起兵首破此州。"按：辽金二史，金太祖起兵先攻宁江州，辽守将萧乌纳战败弃城，渡混同江而西，是州在江以东矣！高士奇《扈从录》[①]云："大乌拉去船厂八十余里，即辽之宁江州也。"

河州

在吉林境。《辽史·地理志》："河州，德化军，置军器坊。"按明人地志云，废河州在黄龙府北，辽置河州，有军器坊。又引《一统志》："开元东北五百里，有温登河，源出坊州北山，北流入松花江。"所谓坊州疑即河州矣。考辽金无坊州，第因河州有军器坊，而遂以坊州属之，亦恐未足为凭也。又按：黄龙为开原境，则河州在吉林境内无疑。特旧址今无考。

萨英额撰：《吉林外记》，姜维公、刘立强主编：《中国边疆研究文库初编·东北边疆卷十》，哈尔滨：黑龙江教育出版社，2014年，第125—126页。

《吉林外记》卷九《古迹》

白都讷

肇州

在白都讷城南。《金史·地理志》："肇州防御使，旧名珠赫店。天会八年，以太祖兵胜辽，肇基王迹于此，遂建为州。"《金史·本纪》："辽都统萧嘉哩、副都统托卜嘉将步骑十万，会于鸭子河北。太祖自将击之，黎明及河，辽兵方坏陵道，选壮士十辈击之，大军继进，遂登岸，与敌遇于珠赫店。会大风起，尘埃蔽日，乘风击之，辽兵溃，逐至沃棱泺，杀获不可胜计。辽人尝言女真兵若满万，则不可敌，至是始满万云。"今白都讷城东南，阿勒楚喀河西岸，古城二十里内，子城周四里，南距吉林城三百四十里，东去会宁城六百里，与《金史》道里相合，疑即肇州遗址。又按《北盟会编》："辽天庆四年，金太祖会集诸部，全装军二千余骑，首破混同江之宁江州，大败渤海之众，获甲马三千。又败萧嗣先于珠赫店及拉林河、黄龙府、咸州、好草峪，四路都统诛斩不可胜计。"据此，则肇州在拉林河之东，吉林之北，益明矣。

长春州

其旧址应在今白都讷地及杜尔伯特、扎赖特阶州之北境。《辽史·地理

① 指《扈从东巡日录》。

志》："长春州，韶阳军，本鸭子河春猎之地。兴宗重熙八年置。统县一：长春县。本混同江地，户二千。"《金史・地理志》："泰州，昌德军。本契丹二十部族牧地。大定二十五年罢，承安二年，复置于长春县。北至边四百里，南至懿州八百里，东至肇州三百五十里。户三千五百四。县一，曰长春，即辽长春州。天德二年降为县，隶肇州，承安三年来属。"《大金国志》："太祖十四年，辽天祚帝率蕃汉兵十余万，出长春路，分五部北出骆驼口，太祖乘其未阵，三面击之，天祚大败，退保长春，太祖乘胜遂平渤海、辽阳等五十四州。"

萨英额撰：《吉林外记》，姜维公、刘立强主编：《中国边疆研究文库初编・东北边疆卷十》，哈尔滨：黑龙江教育出版社，2014年，第130—131页。

《吉林志书・名宦》

查吉林所属各处，所有出师奋勇打仗，赏给巴图鲁名号，并授世职人员，查明列后。

额勒登保，系打牲乌拉正黄旗满洲人，从前曾出师缅甸、金川、石峰堡、台湾、廓尔喀等处，久经行阵，累立战功。嗣又平定苗疆，爵封三等侯。旋因出师川、陕、楚省，授为经略重任，于大功告蒇时，爵封一等侯，世袭罔替。授为御前大臣、领侍卫内大臣、太子太保、巴图鲁都统。锡封三等公，晋加官保，并赐双眼翎、紫缰。

绰普通阿，系满洲人，吉林正白旗协领。出四川兵，在军营因屡次打仗奋勇，奉旨赏给巴图鲁名号。

英赉，系满洲人，吉林镶白旗协领。出巴尔坤兵亚哈托霍鼐地方，因攻夺贼西伯出众，奋勇杀贼，先上梯，奉旨赏给巴图鲁名号。

武德，系满洲人，吉林镶白旗协领，副都统衔。出台湾兵，在军营大中林、斗升门等处地方，因打仗首先超众奋勉，奉旨赏给巴图鲁名号。

全德，系满洲人，吉林镶白旗协领。副都统衔。出四川兵，在军营大中林、斗升门等处地方，因打仗首先超众奋勉，奉旨赏给巴图鲁名号。

德明泰，系蒙古人，吉林蒙古协领。出四川兵，在四川属古城等处地方，因追剿贼匪打仗奋勉，奉旨赏给巴图鲁名号。

德林保，系蒙古人，吉林蒙古正白旗佐领。出四川兵，在军营因屡次打仗奋勉，奉旨赏给巴图鲁名号。

舒尔哈善，系满洲人，打牲乌拉协领。出四川兵，在四川属乾沟子等处地方，因追剿贼匪打仗奋勉，奉旨赏给巴图鲁名号。

达椿，系满洲人，打牲乌拉镶白旗佐领。出四川兵，在军营因生擒贼首公文玉等之次，打仗奋勉，奉旨赏给巴图鲁名号。

明德，系满洲人，由宁古塔协领升授墨尔根城副都统。出四川兵，在甘肃属二琅坝等处地方，追剿贼匪之次，因打仗奋勉，奉旨赏给巴图鲁名号。

明保，系满洲人，宁古塔协领。出四川兵，因追剿齐氏、姚知富等贼首，打仗奋勉，奉旨赏给巴图鲁名号。

扎瑚岱，系满洲人，珲春协领。出四川兵，在军营因次打仗奋勉，奉旨赏给巴图鲁名号，

富尔松阿，系满洲人，伯都讷协领。出四川兵，在军营因屡次打仗奋勉，奉旨赏给巴图鲁名号。

穆滕额，系满洲人，由三姓协领升授艾胡城副都统。出四川兵，因生擒贼首罗起青之次，打仗奋勉，奉旨赏给巴图鲁名号。

常在，系满洲人，三姓镶白旗佐领。出四川兵，在陕西省因追剿贼匪打仗奋勉，奉旨赏给巴图鲁名号。

扎克丹保，系满洲人，三姓正红旗佐领。出四川兵，在四川属正平等处地方，因追剿贼匪打仗奋勉，奉旨赏给巴图鲁名号。

金保，系满洲人，由三姓镶红旗乌尔滚保佐领下领催。在军营升授二等侍卫，因屡次打仗奋勉，奉旨赏给巴图鲁名号。

巴尔精阿，系满洲人，三姓镶红旗佐领。出四川兵在陕西省关堵河等处地方，因屡次追剿贼匪，打仗奋勉，奉旨赏给巴图鲁名号。

福柱，系满洲人，阿勒楚喀镶红旗佐领。出四川兵，因在陕西属盘龙山等处地方，追剿贼匪打仗奋勉，奉旨赏给巴图鲁名号。

骁骑校委署防御兆塔，系吉林镶黄旗满洲人。因往准噶尔出征，贼众侵犯，在北路剿贼打仗阵亡，加恩赏给云骑尉世职。

骁骑校委署防御桑吉那，系吉林镶黄旗满洲人。因往四川出征，进攻荣噶尔博等处打仗阵亡，加恩赏给云骑尉世职。

披甲委署骁骑校墨勒，系吉林镶黄旗满洲人。因往金川出征，攻克碉

占、阿尔古达、萨谷、独古木、乃当、甲杂等处，打仗阵亡，加恩赏给云骑尉世职。

骁骑校委署防御富达礼，系吉林镶黄旗满洲人。因往金川出征，进攻甲索丹、噶喀尔西等处，打仗阵亡，加恩赏给云骑尉世职。

佐领委署参领乌尔庆额，系吉林镶黄旗汉军人。因往金川，进攻空萨尔、桑噶斯、玛特等处，打仗受伤身故，加恩照阵亡例，赏给云骑尉世职。

骁骑校奖赏花翎巴彦保，系吉林镶黄旗满洲人。因往四川出征，在川属大鹏寨地方，打仗阵亡，加恩赏给云骑尉世职（入昭忠祠）。

骁骑校委署防御阿克栋阿，系吉林镶黄旗汉军。因往四川出征，在陕西凤县属金口关地方打仗阵亡，加恩赏给云骑尉世职（入昭忠祠）。

骁骑校委署防御阿起，系吉林正黄旗满洲人。因往准噶尔出征，贼众侵犯，在北路剿贼打仗阵亡，加恩赏给云骑尉世职。

佐领委署参领苏尔图，系吉林正黄旗满洲人。因往准噶尔出征，贼众侵犯，在北路剿贼打仗阵亡，加恩赏给云骑尉世职。

领催噶勒珠原，系居住拉法地方，吉林正白旗满洲人。因随往阿库哩省行走勤慎，因追杀由盛京脱逃之奔博，回往辉法，在汉兵队头前打仗奋勉，又因追杀由盛京脱逃他克都，又因在呼叶省同蒙阿图进兵打仗奋勉，又出阿库里泥麻省师，因打仗奋勉，加恩赏给云骑尉世职。

防御委署参领三保，系吉林正白旗满洲人。因往巴尔坤追剿沙拉斯、玛呼斯贼寇，打仗阵亡，加恩赏给云骑尉世职。

世袭罔替云骑尉兼三等侍卫沙尔胡达，系吉林正白旗满洲人。因往金川出征，打仗阵亡，加恩赏给云骑尉，归并骑都尉世职。

前锋委署骁骑校富常，系吉林正白旗满洲人。因往金川出征，攻取罗布、瓦喇、穆喇等处，打仗阵亡，加恩赏给云骑尉世职。

委署防御和伸保，系吉林正白旗满洲人。因往金川出征，进攻空萨尔、桑噶斯、玛特等处，打仗阵亡，加恩赏给云骑尉世职。

奖赏蓝翎侍卫常安，系吉林正白旗满洲人。因往四川出征，在陕西属宁山厅油房沟地方，打仗阵亡，加恩赏给云骑尉世职（入昭忠祠）。

骁骑校奇努，系吉林正红旗满洲人。因往准噶尔出征，贼众侵犯，在北路剿贼，打仗阵亡，加恩赏给云骑尉世职。

领催委署防御那尔泰，系吉林正红旗满洲人。因往巴尔坤出征，跟随将军兆惠至叶尔羌城，打仗阵亡，加恩赏给云骑尉世职。

领催委署骁骑校武尔戬，系吉林正红旗满洲人。因往巴尔坤出征，跟随将军富德等至呼尔蒲地方，打仗阵亡，加恩赏给云骑尉世职。

防御委署参领建保，系吉林正红旗满洲人。因往巴尔坤出征，跟随将军兆惠至叶尔羌城，打仗阵亡，加恩赏给云骑尉世职。

防御委署参领乌林泰，系吉林正红旗满洲人。因往金川出征，进攻达尔图山梁等处，打仗阵亡，加恩赏给云骑尉世职。

防御委署参领观森保，系吉林正红旗满洲人。因往金川出征，攻克该布达西努等处，打仗阵亡，加恩赏给云骑尉世职。

骁骑校委署防御哲昆保，系吉林正红旗满洲人。因往金川出征，攻打巴占一带山梁等处，打仗阵亡，加恩赏给云骑尉世职。

领催委署防御阿林保，系吉林正红旗满洲人。因往金川出征，围攻勒乌图、转经楼等处，打仗阵亡，加恩赏给云骑尉世职。

披甲奖赏蓝翎额尔登保，系吉林正红旗满洲人。因往金川出征，围攻勒乌图、转经楼等处，打仗阵亡，加恩赏给云骑尉世职。

佐领扎苏，系吉林正红旗满洲人。因平定准噶尔及回部在事有功，加恩赏给骑都尉兼云骑尉世职。

披甲赏给骁骑校衔永保，系吉林镶白旗满洲人。因往巴尔坤出征，随布政使德舒搜拿麻哈沁，打仗阵亡，加恩赏给云骑尉世职。

防御委署参领、奖赏花翎额尔登保，系吉林镶白旗满洲人。因往四川出征，进攻绒布寨等处，打仗阵亡，加恩赏给云骑尉世职。

委署七品官西拉那，系吉林镶白旗满洲人。因往金川出征，攻克碾占、阿尔古达、萨谷独、古玛等处，打仗阵亡，加恩给云骑尉世职。（下缺）

攻勒乌图、转经楼等处，打仗阵亡，加恩觉给云骑尉世职。

三等侍卫和善，系吉林镶红旗满洲人。因往四川出征，攻取墨龙沟等处，打仗阵亡，加恩赏给云骑尉世职。

佐领奖赏花翎赓音保，系吉林镶红旗满洲人。因往四川出征，在陕西西乡县属马安山地方，打仗阵亡，加恩赏给云骑尉世职（入昭忠祠）。

协领奖赏花翎富珠禄，系吉林镶红旗满洲人。因往四川出征，在川属乌龙寨新甸子地方，打仗阵亡，加恩觉给云骑尉世职（入昭忠祠）。

领催奖赏蓝翎明安，系吉林镶红旗满洲人。因往四川出征，在陕西省陇州属草白峪地方，打仗阵亡，加恩赏给云骑尉世职（入昭忠祠）。

披甲额外骁骑校奖赏蓝翎乌金保，系吉林镶红旗满洲人。因往四川出征，在川属通江县长弯地方，打仗阵亡，加恩赏给云骑尉世职（入昭忠祠）。

委署参领那柳，系吉林正蓝旗满洲人。因往准噶尔出征，贼众侵犯，在北路剿贼，打仗阵亡，加恩赏给云骑尉世职。

委署防御扎库起，系吉林正蓝旗满洲人。因往巴尔坤出征，在呼尔满地方，打仗阵亡，加恩赏给云骑尉世职。

领催委署骁骑校刚额，系吉林正蓝旗满洲人。因往巴尔坤出征，在沙拉斯、玛呼斯等处，打仗阵亡，加恩赏给云骑尉世职。

骁骑校委署防御舒尔洪额，系吉林正蓝旗满洲人。因往金川出征，攻克西里科、布曲等处，打仗阵亡，加恩赏给云骑尉世职。

前锋委署骁骑校噶禄，系吉林正蓝旗满洲人。因往金川出征，攻克西里科、布曲等处，打仗阵亡，加恩赏给云骑尉世职。

领催委署骁骑校巴兰保，系吉林正蓝旗满洲人。因往金川出征，进攻空萨尔、勒克尔、博松、克尔宗等处，打仗阵亡，加恩赏给云骑尉世职。

协领委署营总奖赏花翎格鲁得依，系吉林正蓝旗满洲人。因平定准噶尔及回部在事有功，加恩赏给骑都尉兼云骑尉世职。

前锋委署防御奖赏蓝翎乌尔恭额，系吉林正蓝旗满洲人。因往四川出征，在川属乌龙寨新甸子地方，打仗阵亡，加恩赏给云骑尉世职（入昭忠祠）。

前锋委官奖赏蓝翎额勒精额，系吉林正蓝旗满洲人。因往四川出征，在川属大鹏寨地方，打仗阵亡，加恩赏给云骑尉世职（入昭忠祠）。

佐领委署参领都鼐，系吉林镶蓝旗满洲人。因往准噶尔出征，在乌逊珠尔地方，力战阵亡，加恩赏给云骑尉世职。

骁骑校委署参领察穆布，系吉林镶蓝旗满洲人。因往准噶尔出征，贼众侵犯，在北路剿贼打仗阵亡，加恩赏给云骑尉世职。

佐领委署参领西林保，系吉林镶蓝旗满洲人。因往巴尔坤出征，跟随将军兆惠至叶尔羌城，打仗阵亡加恩赏给云骑尉世职。

委署参领固尔特依，系吉林镶蓝旗满洲人。因往巴尔坤出征，跟随将军那穆扎尔，打仗阵亡，加恩赏给云骑尉世职。

领催委署骁骑校那恩图，系吉林镶蓝旗满洲人。因往金川出征进攻勒克尔、博松克尔宗等处，打仗阵亡，加恩赏给云骑尉世职。

领催委署骁骑校僧保，系吉林镶蓝旗满洲人。因往金川出征，攻克扎乌古山梁，打仗阵亡，加恩赏给云骑尉世职。

领催委署防御僧西保，系吉林镶蓝旗满洲人。因往金川出征，攻克格隆古、科布曲等处一带山梁碉卡，打仗阵亡，加恩赏给云骑尉世职。

乾清门头等侍卫哲森保，系吉林镶蓝旗满洲人。因往西藏出征，奋勇打仗，受伤身故，加恩照阵亡例赏给骑都尉世职。

二等侍卫达兰泰，系吉林镶蓝旗满洲人。因往金川出征，进攻噶勒丹寺、噶郎噶等处，打仗受伤身故，加恩照阵亡例赏给云骑尉世职。

委署前锋校多尔济，系吉林镶黄旗蒙古人。因往巴尔坤出征，追剿沙拉斯、玛呼斯贼寇，打仗阵亡，加愿赏给云骑尉世职。

领催委署骁骑校达尔胡勒岱，系吉林镶黄旗蒙古人。因往金川出征，进攻达佳布唵、吉松、克尔宗等处，打仗阵亡，加恩赏给云骑尉世职。

披甲委署骁骑校蒙库，系吉林正黄旗蒙古人。因往四川出征，进攻噶西、喇嘛寺等处，打仗阵亡，加恩赏给云骑尉世职。

佐领玛色，系吉林镶白旗蒙古人，因平定准噶尔及回部在事有功，加恩赏给骑都尉世职。

领催委署骁骑校拜索呼隆，系吉林镶红旗蒙古人。因往金川出征，在荣噶尔博等处，打仗受伤身故，加恩照阵亡例赏给云骑尉世职。

骁骑校委署参领英格，系吉林正蓝旗蒙古人。因往金川出征，在巴占山梁等处，打仗阵亡，加恩赏给云骑尉世职。

骁骑校委署参领忠泰，系乌拉正黄旗满洲人。因往巴尔坤出征，在沙拉斯、玛呼斯等处，打仗阵亡，加恩赏给云骑尉世职。

骁骑校奖赏蓝翎依克唐阿，系乌拉正黄旗满洲人。因往四川出征，在陕西省陇州属草白峪地方，打仗阵亡，加恩赏给云骑尉世职（入昭忠祠）。

防御雅呼，系乌拉正白旗满洲人，因往金川出征，进攻噶拉依，打仗受伤身故，加恩照阵亡例赏给云骑尉世职。

披甲委署骁骑校德明阿，系乌拉镶红旗满洲人。因往金川出征，进攻空萨尔、桑噶斯、玛特等处，打仗阵亡，加恩赏给云骑尉世职。

骁骑校绰普泰，系乌拉正蓝旗满洲人。因平定准噶尔及回部在事有功，加恩赏给云骑尉世职。

委署七品官莫尔格德，系乌拉镶蓝旗满洲人。因往金川出征，攻克达尔图等处，打仗阵亡，加恩赏给云骑尉世职。

披甲委官常保，系伊通镶黄旗满洲人。因往金川出征，进攻木克什等处，打仗阵亡，加恩赏给云骑尉世职。

披甲委署笔帖式巴音泰，系俄穆和索罗正白旗满洲人，因往金川出征，进攻绒布寨、思底、博情等处，打仗陈亡，加恩赏给云骑尉世职。

领催委署防御伊保，系宁古塔[①]镶黄旗满洲人。因往金川出征，在克木斯工噶克亚口等处，打仗阵亡，加恩赏给云骑尉世职。

披甲奖赏蓝翎法泰，系宁古塔镶黄旗满洲人。因往金川出征，在寨棚堡、前木城、石棚等处，打仗受伤身故，加恩照阵亡例赏给云骑尉世职。

副前锋参领平保，系宁古塔镶黄旗满洲人。因往金川出征，进攻荣噶尔博等处，打仗阵亡，加恩赏给云骑尉世职。

骁骑校委署防御奖赏蓝翎玛音普，系宁古塔正黄旗满洲人。因平定准噶尔及回部在事有功，加恩赏给骑都尉兼云骑尉世职。

骁骑校委署参领忠保，系宁古塔正黄旗满洲人。因往四川出征，在四川属乌龙寨新甸子地方，打仗阵亡，加恩赏给云骑尉世职（入昭忠祠）。

披甲奖赏蓝翎富音保，系宁古塔正白旗满洲人。因往金川出征，攻取布翁嘎山梁等处，打仗阵亡，加恩赏给云骑尉世职。

领催委署骁骑校德保，系宁古塔正红旗满洲人。因往金川出征，攻克下巴、木通等处，打仗阵亡，加恩赏给云骑尉世职。

披甲委署七品官额尔金保，系宁古塔正红旗满洲人。因往金川出征，进攻寨木斯丹、当噶等处，打仗阵亡，加恩赏给云骑尉世职。

骁骑校苏伦保，系宁古塔正红旗满洲人。因往金川出征，克复小金川各路，打仗阵亡，加恩赏给云骑尉世职。

领催委署防御玛斯泰，系宁古塔正红旗满洲人。因往准噶尔出征，贼众

---

① 今黑龙江省牡丹江市海林市海长公路古城村。

侵犯，在北路剿贼，打仗阵亡，加恩赏给云骑尉世职；

披甲奖赏蓝翎西尔布善，系宁古塔正红旗满洲人。因往平定准噶尔及回部在事有功，加恩赏给云骑尉世职。

前锋委署骁骑校奖赏蓝翎和泰，系宁古塔正红旗满洲人。因往四川出征，在大鹏寨打仗阵亡，加恩赏给云骑尉世职（入昭忠祠）。

骁骑校委署防御常寿，系宁古塔镶白旗满洲人。因往金川山征，攻克噶尔丹寺，又在噶朗喝等处，打仗阵亡，加恩赏给云骑尉世职。

协领布尔哈，系宁古塔镶红旗满洲人。因平定准尔及回部在事有功，加恩赏给骑都尉兼云骑尉世职。

防御玛金泰，系宁古塔镶红旗满洲人。因往平定准尔及回部在事有功，加恩赏给云骑尉世职。

由披甲升授三等侍卫德楞额，系宁古塔镶红旗满洲人。因往四川出征，在湖北方县属芳甸坪地方同马步兵剿贼打仗，偶然受暑彼特亡故，加恩照阵亡例赏给云骑尉世职（入昭忠祠）。

骁骑校委署防御关泰，系宁古塔正蓝旗满洲人。因往金川出征，进攻空萨尔、桑噶斯、玛特等处，打仗阵亡，加恩赏给云骑尉世职。

领催委官骁骑校吉勒彰阿，系宁古塔正蓝旗满洲人。因往四川出征，在陕西省陇州属草白峪地方，打仗阵亡，加恩赏给云骑尉世职（入昭忠祠）。

领催委署防御奔博礼，系宁古塔镶蓝旗满洲人。因往准噶尔出征，追贼奋勇攻击，打仗阵亡，加思赏给云骑尉世职。

领催委署骁骑校善泰，系宁古塔镶蓝旗满洲人。因往金川出征，进攻松克尔宗等处，打仗阵亡，加恩赏给云骑尉世职。

前锋委署骁骑校德隆，系宁古塔镶蓝旗满洲人。因往金川出征，进攻空萨尔、桑噶斯、玛特等处，打仗阵亡，加恩赏给云骑尉世职。

前锋委署骁骑校巴彦布，系宁古塔镶蓝旗满洲人。因往金川出征，进攻松克尔宗等处，打仗受伤身故，加恩照阵亡例赏给云骑尉世职。

骁骑校委署防御芬德臣，系宁古塔镶蓝旗满洲人。因往准噶尔出征，贼众侵犯。在北路剿贼，打仗阵亡，加恩赏给云骑尉世职。

云骑尉依兰保，系宁古塔镶蓝旗满洲人。因往准噶尔出征，贼众侵犯，在北路剿贼，打仗阵亡，加恩赏给骑都尉兼云骑尉归并三等轻车都尉世职。

蓝翎侍卫法依松阿，系珲春镶黄旗满洲人。因往巴尔坤出征，在叶尔羌城等处，打仗阵亡，加恩赏给云骑尉世职。

虚衔蓝翎雅秉阿，系珲春镶黄旗满洲人。因往四川出征，在木尔孤木地方，打仗阵亡，加恩赏给云骑尉世职。

三等侍卫哈尔赴，系珲春镶黄旗满洲人。因往金川出征，攻取贼卡地方，打仗阵亡，加恩赏给云骑尉世职。

防御委署奖赏花翎倭新保，系珲春镶黄旗满洲人，因往金川出征，在吉山追贼，打仗阵亡，加恩赏给云骑尉世职（入昭忠祠）。

三等侍卫内松额，系珲春正黄旗满洲人。因往金川出征，攻围噶拉依，打仗阵亡，加恩赏给云骑尉世职打仗阵亡。

拜唐阿塔克达那，系珲春正黄旗满洲人，因往甘肃出征，在华林寺等处，打仗阵亡，加恩赏给云骑尉世职。

披甲奖赏蓝翎哈普青阿，系珲春正黄旗满洲人。因往四川出征，在松克尔宗打仗，受伤身故，加恩照阵亡例赏给云骑尉世职。

防御伯禄，系伯都讷正黄旗满洲人。因往巴尔坤出征，在呼尔满等处，打仗阵亡，加恩觉给云骑尉。由部议恤，又赏给兼一云骑尉，归并骑都尉世职。

领催委署防御根椿，系伯都讷正白旗满洲人。因往金川出征，攻克当噶克衣等处，打仗阵亡，加恩赏给云骑尉世职。

参领委署营总奖赏花翎达礼库，系伯都讷正白旗满洲人，因平定准噶尔及回部在事有功，加恩赏给骑都尉世职。

领催委署防御巴彦达，系伯都讷正红旗满洲人。因往巴尔坤出征，在呼尔满等处，打仗阵亡，加恩赏给云骑尉世职。

领催委署骁骑校雅哈哩，系伯都讷正红旗满洲人。因往金川出征，在空萨尔山梁等处，打仗阵亡，加恩赏给云骑尉世职。

前锋奖赏蓝翎乌善保，系伯都讷镶红旗满洲人。因往金川出征，攻克碾占、阿克达等处，打仗阵亡，加恩赏给云骑尉世职。

云骑尉乌勒兴额，系伯都讷镶红旗满洲人。因往四川出征，在吉山追贼，打仗阵亡，加恩赏给云骑尉，将本身兼云骑尉归并骑都尉世职（入昭忠祠）。

披甲委署笔帖式六十六，系伯都讷镶红旗满洲人。因往四川出征，在陕西省陇州属草白峪地方，打仗阵亡，加恩赏给云骑尉世职（入昭忠祠）。

委署防御伊兰泰，系伯都讷镶蓝旗满洲人。因往金川出征，攻绒布察、思底、博?? 等处，打仗阵亡，加恩赏给云骑尉世职。

前锋委署护军校奖赏蓝翎乌凌阿，系伯都讷镶蓝旗满洲人，因平定准噶尔及回部在事有功，加恩赏给云骑尉世职。

领催奖赏蓝翎俄勒精额，系伯都讷镶蓝旗满洲人。因往四川出征，在川属乌龙寨新甸子地方，打仗阵亡，加恩赏给云骑尉世职（入昭忠祠）。

领催委署骁骑校乌林保，系三姓镶黄旗满洲人。因往巴尔坤出征，在额布退达巴罕等处，打仗中伤，伤登亡故，加恩照阵亡例赏给云骑尉世职。

骁骑校委署参领德森特依，系三姓镶黄旗满洲人。因往金川出征，攻打巴占山梁等处，打仗阵亡，加恩赏给云骑尉世职。

佐领委署参领叶布冲额，系三姓镶黄旗满洲人。因往平定准噶尔及回部在事有功，加恩赏给骑都尉兼云骑尉世职。

领催委署防御奖赏蓝翎乌冲额，系三姓镶黄旗满洲人。因往四川出征，在川展乌龙察新甸子地方，打仗阵亡，加恩赏给云骑尉世职（入昭忠祠）。

蓝翎沙克西那，系三姓正黄旗满洲人。因往巴尔坤出征，跟随侍卫绰尔图等处，打仗阵亡，加恩赏给云骑尉世职。

领催委署防御扎尔苏，系三姓正黄旗满洲人。因往金川出征，进攻空萨尔山梁等处，打仗阵亡，加恩赏给云骑尉世职。

护军校委署护军参领花桑阿，系三姓正白旗满洲人。因往四川出征，在木尔孤木等处，打仗阵亡，加恩赏给云骑尉世职。

前锋委署骁骑校二达色，系三姓正红旗满洲人。因往金川出征，在该布达西努等处，打仗阵亡，加恩赏给云骑尉世职。

前锋委署骁骑校富绍，系三姓镶白旗满洲人。因往四川出征，在察鹏堡等处，打仗受伤身故，加恩照阵亡例赏给云骑尉世职。

防御瓜哩，系三姓镶白族满洲人。因往平定准噶尔及回部在事有功，加恩赏给骑都尉世职。

佐领委署参领奖赏花翎尼新泰，系三姓镶蓝旗满洲人。因平定准噶尔及回部在事有功，加恩赏给骑都尉兼云骑尉世职。

骁骑校奖赏花翎富禄滇，系阿勒楚喀正黄旗满洲人。因往四川出征，在川属乌龙察新甸子地方，打仗阵亡，加恩赏给云骑尉世职（入昭忠祠）。

骁骑校委署防御阿金泰，系阿勒楚喀正白旗满洲人。因往金川出征，进攻木当噶尔等处，打仗阵亡，加恩赏给云骑尉世职。

防御委署参领克兴额，系阿勒楚喀正白旗满洲人。因往金川出征，进攻寨棚堡，打仗受伤身故，加恩照阵亡例赏给云骑尉世职。

领催委署防御扎木拉，系阿勒楚喀正红旗满洲人。因平定准噶尔及回部在事有功，加恩赏给云骑尉世职。

领催委署骁骑校巴尔虎，系拉林镶黄旗汉军人。因往金川出征，在松克尔宗等处，打仗受伤身故，加恩照阵亡例赏给云骑尉世职。

领催委署骁骑校明住，系拉林正黄旗满洲人，因往金川出征，进攻寨棚堡等处，打仗阵亡，加恩赏给云骑尉世职。

骁骑校委署防御法林保，系拉林正白旗满洲人。因往金川出征，在思底、博情等处打仗阵亡，加恩赏给云骑尉世职。

闲散德禄，系拉林镶蓝旗满洲人。因二次过北京出征山东时，用云梯攻平阴县，首先登进，遂克其城，故赐名巴图鲁，授为骑都尉世职。

穆铁森：《吉林志书》，李澍田主编：《长白丛书（二集）》，长春：吉林文史出版社，1986 年，第 40—53 页。

《吉林志书·孝友》

查吉林所属各处并无曾经旌表孝友，唯查吉林所属逊扎保站站丁王瑁一户，六世同居，六十五口共食。王瑁之曾祖王弘信年至七十七岁，于嘉庆元年得受恩赏顶戴之处，理合声明。

穆铁森：《吉林志书》，李澍田主编：《长白丛书（二集）》，长春：吉林文史出版社，1986 年，第 56 页。

《吉林志书·烈女》

查吉林所属各处节（列）〔烈〕，系三十岁以内霜居守节，年至五十岁孝义兼全，穷厄堪悯，照例旌表。自乾隆三十年至嘉庆十六年，所有旌表节妇、烈妇、贞女、烈女姓氏，查明例后。

吉林所属节妇　乾隆三十年旌表　镶黄旗满洲音兰保佐领下披甲三德哩之妻和依氏，正黄旗满洲托伦保佐领下闲散八十之妻尼玛察氏，正白旗满洲布伦德佐领下领催绍色之妻博凌果特氏，镶白旗满洲雅尔泰佐领下披甲阿尔泰之妻瓜勒佳氏，镶红旗满洲辉色佐领下披甲达兰泰之妻傅察氏，同佐领下披甲哈拉之妻瓜勒佳氏，同旗满洲永德佐领下披甲阿尔那之妻瓜勒佳氏，正蓝旗满洲富勒和佐领下闲散保格之妻佟佳氏，镶蓝旗满洲富唐阿佐领下披甲依苏德之妻瓜勒佳氏，鸟枪营正红旗汉军姜国程佐领下披甲聂桃之妻赵氏，水手营闲散张舒之妻魏氏，搜登站壮丁王良俊之妻金氏，伊勒门[①]站壮丁张宗表之妻李氏，叶赫站壮丁蔡慎之妻周氏，官庄壮丁徐世达之妻曹氏，官庄壮丁白应魁之妻杨氏，打牲乌拉镶白旗满洲扎兰泰佐领下闲散额普特之妻西特哩氏，镶红旗满洲富勒呼纳佐领下闲散迈格之妻钮瑚哩氏，伊通正黄旗满洲乌德佐领下披甲阿吉那之妻叶赫氏。

乾隆三十一年旌表　镶黄旗满洲阿思泰佐领下披甲多吉之妻洛绰纶氏，镶白旗满洲伟色佐领下披甲乌云卜之妻西特哈哩氏，镶蓝旗满洲白三泰佐领下披甲班第之妻扎斯胡哩氏，镶黄旗满洲奇兰保佐领下披甲瓦尔图之妻伊尔根觉罗氏，正黄旗满洲八十佐领下披甲察依博之妻舒穆噜氏，镶蓝旗满洲米唐阿佐领下披甲衣布那之妻莫尔哩德氏，同佐领下披甲黑达色之妻舒穆氏，同旗满洲阿斯泰佐领下披甲沙尔呼达之妻尼玛察氏，水手营水手黄从礼之妻梁氏，打牲乌拉镶红旗满洲付勒呼讷佐领下披甲苗生之妻常佳氏，赫尔苏边门台丁李义之妻郭氏，官庄壮丁徐德化之妻夏氏，官庄壮丁陈义之妻王氏，正蓝旗满洲富成佐领下领催穆克登额之妻傅氏，镶蓝旗满洲和绷额佐领下护军和楞额之妻和哲勒氏。

乾隆三十二年旌表　镶黄旗满洲倭和德佐领下披甲艾达之妻钮瑚哩氏，同旗满洲奇兰保佐领下披甲巴尔虎之妻萨克达氏，同旗满洲阿尔普佐领下云骑尉孙塔之妻傅察氏，同旗满洲五十六佐领下披甲七十之妻伊尔根觉罗氏，正白旗满洲富升佐领下披甲伕尔精额之妻瓜勒佳氏，同旗汉军玛尔赛佐领下闲散张格杰之妻卞氏，正红旗满洲阿里善佐领下闲散爱舒之妻李氏，同旗满洲音布佐领下笔帖式博里之妻瓜勒佳氏，镶蓝旗满洲乌凌阿佐领下披甲丁纠之妻傅察氏，同佐领下闲散鼐子之妻傅察氏，同旗满洲博里善佐领下披甲常泰之妻佟佳氏，伊巴丹站壮了刘书绅之妻王氏，同站壮丁徐文焕之续妻苏

---

① 位于今吉林省吉林市永吉县。

氏，览登站壮工王国卿之妻靳氏，依勒门站壮丁徐士焕之妻王氏，同站壮丁李士亮之妻何氏，苏瓦延站壮丁黄国仓之妻李氏，打牲乌拉镶蓝旗满洲那三保佐领下披甲雅克隆之续妻傅察氏，正红旗满洲阿林保佐领下闲散丰升阿之妻傅察氏。

乾隆三十三年旌表　镶黄旗满洲阿尔善佐领下闲散金光之妻乌苏氏，同旗满洲奇兰保佐领下披甲马尔泰之妻扎拉哩氏，镶白旗满洲喀金泰佐领下披甲瑚什巴之妻李佳氏，正红旗满洲阿里善佐领下幼丁乌尔布什之妻伊尔根觉罗氏，同旗汉军姜国程佐领下披甲邢自福之妻王氏，打牲乌拉镶红旗满洲富勒呼纳佐领下披甲杨福之妻韩佳氏，镶蓝旗满洲那三保佐领下幼丁阿里之妻奚氏。

乾隆三十四年旌表　正白旗汉军马尔赛佐领下披甲阿斯泰之妻杨氏，正蓝旗满洲胡保佐领下披甲索达色之妻伊尔根觉罗氏，伊通边门台丁陈刚之妻马氏，台丁赵有魁之妻杨氏，伊通正黄旗满洲武德佐领下闲散何德之妻那拉氏，打牲乌拉镶黄旗满洲阿林保佐领下披甲那署之续妻韩氏，正白旗满洲法保佐领下披甲八达色之妻傅察氏，同佐领下披甲郎图之妻奚氏，镶蓝旗满洲那三保佐领下闲散那署之妻关氏。

乾隆三十五年旌表　正黄旗满洲费雅三保佐领下闲散额楞忒之妻傅察氏，正白旗汉军玛尔赛佐领下闲散苏塔之妻扎库塔氏，额穆和索罗正白旗满洲赉里克佐领下披甲乌伦泰之妻阔奇哩氏，正白旗蒙古布伦德佐领下披甲卓多保之妻博凌果特氏，正白旗汉军费雅哈佐领下披甲林枝贵之妻范氏，镶红旗满洲隆海佐领下披甲达尔萨拉之妻瓜勒佳氏，同佐领下闲散五格之妻绰勒霍罗氏，正蓝旗满洲雅尔达佐领下披甲察米之妻尼玛齐氏，同佐领下闲散阿林保之妻雷氏，镶蓝旗满洲色楞泰佐领下领催多尔吉那之续妻托阔罗氏，同旗满洲乌凌阿佐领下云骑尉乌占泰之妻都于氏，同旗满洲阿斯泰佐领下披甲三喜保之妻库雅拉氏，同旗满洲米唐阿佐领下闲散巴彦泰之妻托阔罗氏，同旗汉军李世彦佐领下披甲徐文秀之妻刘氏，官庄壮丁金义之妻杨氏。

乾隆三十六年旌表　正白旗满洲费雅三保佐领下闲散都森泰之妻和里德氏，同旗汉军玛尔赛佐领下闲散卢自明之妻孙氏，镶蓝旗满洲阿三泰佐领下闲散五保之妻瓜勒佳氏，同旗满洲乌灵阿佐领下闲散果住之妻口氏，水手营正丁张明富之妻王氏，赫尔苏站壮丁李朝宾之妻李氏，同站壮丁李朝臣之妻李氏，鄂摩和站壮丁万世禄之妻徐氏，巴彦鄂佛罗边门壮丁邢来风之妻马氏，同边门壮丁塔文照之妻刘氏，布尔图库边门壮丁田琮之妻乐氏，同边门壮丁李世禄之妻王氏。

乾隆三十七年旌表　镶黄旗满洲奇兰保佐领下闲散雅斯哈之妻格吉勒氏，同旗汉军刘彦弼佐领下弓匠四十之妻张氏，镶白旗满洲萨木塔佐领下披甲加瑚什之妻西察氏，同旗满洲章保佐领下闲散巴尔虎之妻瓜勒佳氏，正蓝旗满洲灵泰佐领下披甲嘎斯达之妻萨克达氏，正红旗满洲扎兰泰佐领下披甲乌略之妻乌扎拉氏，官庄壮丁周廷魁之妻林氏，舒兰站壮丁江继尧之妻杨氏，伊勒门站壮丁王明策之妻王氏，打牲乌拉镶黄旗满洲达三泰佐领下披甲八十一之妻伊尔根觉罗氏，正白旗满洲富格佐领下披甲双唐之妻傅察氏，镶蓝旗满洲那三保佐领下披甲兴保之妻王佳氏。

乾隆三十八年旌表　正黄满洲七十佐领下技甲呼什塔之妻莫勒吉哩氏，同旗满洲八十佐领下骁骑校康色之妻延扎氏，镶白旗满洲汪什保佐领下披甲那斯泰之妻宋佳氏，正白旗满洲满德佐领下披甲瓮格哩之妻托阔罗氏，正红旗满洲努尔泰佐领下闲散乌保之妻瓜勒佳氏，同旗满洲那尔泰佐领下闲散文寿之妻郭尔洛氏，镶白旗满洲托金泰佐领下披甲巴彦泰之妻格和勒氏，正蓝旗满洲那尔胡善佐领下骁骑校道善之妻车氏，同佐领下披甲六吉之妻施玛察氏，同旗满洲雅尔达佐领下闲散尼伦哲之妻李氏，同旗满洲魏谈保佐领下闲散七十之妻伊尔根觉罗氏，镶蓝旗满洲法林佐领下闲散九达色之妻瓜勒佳氏，打牲乌拉镶白旗满洲汪件保佐领下闲散富兰泰之妻伊尔根觉罗氏，退通站壮丁孔印之妻黄氏，伊勒门站壮丁钮天云之妻高氏。

乾隆三十九年旌表　镶黄旗满洲阿尔善佐领下披甲付海之妻瓜勒佳氏，镶白旗汉军乌尔青额佐领下闲散杨岳之妻陈氏，正蓝旗满洲英赉佐领下披甲伊齐显之妻尼玛齐氏，镶蓝旗满洲法林佐领下闲散千柱之妻瓜勒佳氏，同旗满洲博里善佐领下闲散卓尔托之妻布察氏，同旗汉军霍奇惕佐领下闲散段绪之妻郑氏，水手营水手李惠之妻杨氏，原任巡检沈泽宽之妻李氏，水手营水手沈天祥之妻胡氏。

乾隆四十年旌表　镶黄旗满洲阿尔善佐领下披甲色森泰之妻乌色氏，正黄旗满洲七十佐领下领催双礼之妻赫西勒氏，同佐领下闲散阿青阿之妻瓜勒佳氏，正红旗满洲阿里善佐领下披甲福森保之妻尼玛齐氏，镶红旗满洲乌勒瑚讷佐领下闲散坡廉之妻瓜勒佳氏，同佐领下闲散椤保之妻于布噜氏，同旗满洲隆海佐领下闲散塔克善之妻延扎氏，镶白旗蒙古五达色佐领下披甲额亲保之妻克特瑚特氏，打牲乌拉正黄旗满洲社林保佐领下披甲扎尔赛之妻尼玛齐氏，正红旗满洲阿林保佐领下披甲呼木保之妻尼玛齐氏，镶红旗满洲阿勒都里佐领下披甲珠保之妻常佳氏，伊通镶黄旗满洲哲楞泰佐领下闲散黑钧之妻扎克塔氏，伊勒门站壮丁尤天玉之妻雷氏，同站壮丁沙福善之妻张氏，伊巴丹站壮丁雷起春之妻黄氏，阿勒谈额墨勒站壮丁张尚忠之妻邹氏，蒙古站壮丁李思敬之妻李氏，布尔图库边门壮丁田永增之妻杨氏。贞女姚氏系民人之女，许字正蓝旗满洲英赉佐领下闲散德德为室，未婚伊夫病故，姚氏年甫二十九岁，即奔丧守节，孝事霜姑，至乾隆四十年姚氏年逾五旬，茹蘖饮冰，坚持苦节。

乾隆四十一年旌表　镶黄旗满洲奇兰保佐领下闲散巴拉善之妻托阔罗氏，正黄旗满洲英保佐领下披甲乌里布之妻莫勒德哩氏，同旗满洲费雅三保佐领下披甲达敏之妻孙氏，同佐领下闲散西森泰之妻瓜勒佳氏，同旗满洲七十佐领下闲散木克腾保之妻于呼噜氏，正白旗满洲永保佐领下披甲阿森保之妻瓜勒佳氏，镶蓝旗满洲乌灵阿佐领下防御玛尔尼之妻瓜勒佳氏，镶红旗满洲章保佐领下监生甘春之妻尼玛察氏，打牲乌拉正白旗满洲富格佐领下披甲木雅那之妻伊尔根觉罗氏，镶蓝旗满洲鄂岱佐领下幼丁来保之妻伊尔根觉罗氏，水手营水手柴云凤之妻袁氏，官庄壮丁李登明之妻卞氏，官庄壮丁李登魁之妻张氏，打牲乌拉镶红旗满洲阿勒都里佐领下领催八十之妻伊尔根觉罗氏。

乾隆四十二年旌表　镶黄旗满洲诺莫三佐领下前锋色克图之妻扎尔都氏，同旗汉军邹宽佐领下闲散噶尔都之妻李氏，同佐领下闲散阿尔苏拉之妻噶吉塔氏，同佐领下闲散进常保之妻曹氏，同佐领下闲散五十之妻王氏，正白旗满洲德尔泰佐领下闲散西保柱之妻库雅拉氏，正红旗满洲扎兰泰佐领下披甲那尔赛之妻伊尔根觉罗氏，镶蓝旗满洲盛保佐领下披甲玛拉之妻傅察氏，鸟枪营镶红旗汉军刘加庆佐领下闲散刘宽元之妻张氏，鸟枪营正蓝旗汉军王顺殿佐领下披甲徐瓒之妻刘氏，正红旗满洲阿林保佐领下披甲保福之妻胡佳氏，镶自旗满洲汪世保佐领下披甲常在之妻瓜勒佳氏，巴彦鄂佛罗边门壮丁王瑚之妻王氏。

乾隆四十三年旌表　镶黄旗满洲常明保佐领下闲散巴彦保之妻萨克塔氏，正白旗满洲永保佐领下闲散术齐那之妻伊尔根觉罗氏，正红旗满洲珠尔萨佐领下披甲扎兰泰之妻瓜勒佳氏，同佐领下披甲乌斯泰之妻尼玛齐氏，正蓝旗满洲灵泰佐领下闲散德保之妻傅察氏，同旗满洲那尔胡善佐领下披甲德克时之妻岳尔库勒氏，镶蓝旗满洲富尔德依佐领下闲散彻楞之妻杭阿塔氏，同旗满洲乌灵阿佐领下闲散温什泰之妻西木哩氏，同旗满洲苏保佐领下披甲班达尔善之妻杨氏，正黄旗蒙古常保佐领下额尔特依之委格吉勒氏，鸟枪营镶红旗汉军刘加庆佐领下闲散孙芳之妻贾氏，额和木站壮丁张斌之妻郭氏，鸟枪营镶红旗汉军刘加庆佐领下闲散王国柱之妻范氏，水手营壮丁张士奇之妻侯氏。

乾隆四十四年旌表　镶黄旗满洲常明保佐领下佐领南泰之续妻莫勒哲勒氏，正黄旗满洲费雅三保佐领下披甲倭兴额之妻瓜勒佳氏，同旗满洲八十佐领下前锋精保之妻托兰罗氏，正白旗满洲伊尔占佐领下闲散莫伦泰之妻乌苏氏，同佐领下披甲乌精额之妻莫勒德哩氏，正红旗满洲莫尔庚额佐领下披甲德音布之妻瓜勒佳氏，同旗满洲阿里善佐领下领催乌尔呼玛之妻木氏，镶白旗满洲奇克滕保佐领下二等侍卫巴斯哈之妻尼玛察氏，正蓝旗满洲英赉佐领下闲散爱新保之妻扎库塔氏，镶蓝旗满洲乌凌阿佐领下披甲乌林保之妻乌苏氏，同旗满洲博里善佐领下披甲福禄之妻吉拉拉氏，同旗满洲盛保佐领下披甲忠安保之妻莫勒德哩氏，打性乌拉正黄旗满洲杜林保佐领下披甲古克泰之妻孙佳氏，正红旗满洲阿林保佐领下披甲杭玉之妻刘佳氏，正黄旗满洲钱保佐领下闲散萨森泰之妻傅察氏，水手营闲散丁五十三之妻李氏，官庄壮丁李儒志之妻关氏，赫尔苏边门台丁李才之妻陈氏，同边门台丁李文金之妻杨氏，伊巴丹站壮丁张忠孔之妻曹氏。

乾隆四十五年旌表　正黄旗满洲费雅三保佐领下披甲江保之妻傅察氏，同佐领下闲散五十之妻扎尔呼达氏，同旗满洲七十佐领下三等侍卫额勒登额之妻伊尔根觉罗氏，正白旗满洲丰德佐领下披甲觊亲保之妻尼玛察氏，同旗满洲伊尔站佐领闲散喀噜之妻绰勒郭氏，正红旗满洲阿里善佐领下披甲穆禄讷之妻傅察氏，镶白旗满洲迈喀那佐领下前锋色楞泰之妻伊尔根觉罗氏，同旗满洲齐克腾保佐领下披甲永保之妻瓜勒佳氏，正蓝旗满洲盛谈保佐领下披甲达敏之妻贺奇勒氏，鸟枪营正红旗汉军张锐佐领下披甲陈通之妻田氏，同佐领下闲散田永凯之妻赵氏，正红旗汉军六十五佐领下闲散王杰之妻徐氏，赫尔苏站壮丁赵喜会之妻马氏。

乾隆四十六年旌表　镶黄旗满洲玛尔吉佐领下闲散阿尔泰之妻库雅拉氏，同旗汉军蔺廷魁佐领下披甲雅尔泰之妻徐氏，正黄旗满洲费雅三保佐领下披甲和斯泰之妻吉普察氏，同旗满洲英保佐领下前锋德齐布之妻瓜勒佳氏，同旗满洲章库佐领下闲散依常阿之妻瓜勒佳氏，正白旗汉军白达色佐领下披甲巴善之妻温氏，正红旗满洲莫尔庚额佐领下披甲拜哈塔之妻尼玛齐氏，镶白旗满洲奇克腾佐领下披甲乌灵阿之妻瓜勒佳氏，同旗满洲迈喀那佐领下披甲楚色之妻尼玛齐氏，镶蓝旗满洲富德佐领下骁骑校德尔图之妻莫勒哲勒氏，同佐领下披甲色克孙之妻都勒氏，同佐领下闲散巴三泰之妻瓜勒佳氏，鸟枪营镶蓝旗汉军刘英贤佐领下闲散萧永之妻刘氏，打牲乌拉正黄旗满洲八十九佐领下披甲那珠拉之妻穆（衜）氏，镶白旗满洲汪什保佐领下幼丁扎尔泰之妻鄂齐达氏，正蓝旗满洲绰普泰佐领下披甲塔克保之妻伊尔根觉罗氏，官庄壮丁吴宗秀之妻刘氏，赫尔苏边门台丁王国良之妻范氏。

乾隆四十七年旌表　正黄旗满洲英保佐领下领催那尔泰之妻瓜勒佳氏，正白旗满洲永保佐领下披甲乌林布之妻崇阿拉氏，同佐领下披甲乌林泰之妻莫勒哲勒氏，同旗满洲满德佐领下披甲万达之妻托阔罗氏，镶白旗满洲托金泰佐领下披甲乌达奇之妻伊尔根觉罗氏，同旗满洲额勒锦佐领下骁骑校阿拉泰之妻札库塔氏，镶蓝旗满洲依精阿佐领下骁骑校阔尔泰之妻瓜勒佳氏，镶黄旗蒙古常保佐领下披甲金福之妻布尔格和特穷氏，正红旗蒙古德保佐领下披甲卓多博之妻俄木和努特氏，鸟枪营正红旗汉军张金佐领下披甲田永才之妻范氏，打牲乌拉镶白旗满洲汪什保佐领下披甲德丰之妻梅和哩氏，镶蓝旗满洲海青佐领下披甲付斯库之妻伊尔根觉罗氏，伊通正黄旗满洲玛金泰佐领下闲散孙德布之妻李氏，阿勒谈额墨勒站壮丁吴凤之妻李氏，伕斯亨站壮丁王芳之妻王氏，伊通边门台丁邢绪之妻李氏。

乾隆四十八年旌表　镶黄旗满洲常明保佐领下披甲蒙果泰之妻伊尔根觉罗氏，正红旗满洲付常阿佐领下闲散噶斯哈之妻宁古台氏，正黄旗满洲七十佐领下披甲巴当阿之妻和叶氏，同旗满洲章库佐领下披甲苏钦保之妻扎库塔氏，同佐领下闲散何哈那之妻奇他拉氏，正白旗汉军白达色佐领下领催来柱之妻李氏，同佐领下披甲哲林之妻王氏，同佐领下闲散小色之妻康氏，镶白旗满洲依兰泰佐领下披甲齐隆之妻伊拉哩氏，同旗满洲额勒锦佐领下披甲尼西塔之妻瓜勒佳氏，镶蓝旗满洲依精阿佐领下闲散尼木拉库之妻伊尔根觉罗氏，鸟枪营镶黄旗汉军赛桑阿佐领下披甲苏成美之妻王氏，同佐领下披甲王有彬之妻谢氏，同佐领下闲散温国栋之妻王氏，鸟枪营镶红旗汉军杨文汉佐领下披甲马聪儒之妻雷氏，水手营水手徐国章之妻董氏，打牲乌拉正红旗满洲德善佐领下披甲阿扬阿之妻舒佳氏，镶白旗满洲汪什保佐领下披甲乌林保之妻成佳氏，镶红旗满洲色普苏肯佐领下闲散苏霍那之妻沈氏，官庄壮丁祝吉秀之妻仲氏，赫尔苏边门台丁伊栋之妻金氏，伊通边门台丁张外之妻范氏，同边门台丁孙自美之妻王氏，巴彦额布罗边门台丁蓝美春之妻臧氏，打牲乌拉正黄旗满洲八十九佐领下防御关成之续妻瓜勒佳氏，同佐领下披甲关泰之妻伊尔根觉罗氏。

乾隆四十九年旌表　镶黄旗满洲奇兰保佐领下披甲富鼐之妻关氏，正白旗满洲依尔占佐领下闲散七十之妻和奢勒氏，正白旗汉军白达色佐领下闲散玛尔赛之妻瓜勒佳氏，正红旗满洲扎兰泰佐领下闲散珠音之妻王氏，同旗满洲阿里善佐领下闲散阿兰泰之妻贝库哩氏，同佐领下闲散瑚新保之妻楚尔古尔氏，正蓝旗满洲富勒和佐领下闲散巴尔虎之妻口氏，镶蓝旗满洲木通阿佐领下闲散玛尔吉之妻伊尔根觉罗氏，打牲乌拉镶黄旗满洲苏屯保佐领下闲散玉伦泰之妻瓜勒佳氏，正白旗满洲富格佐领下闲散西格之妻瓜勒佳氏，搜登站壮丁刘琨之妻窦氏，金珠鄂佛罗站壮丁张文之妻张氏。

乾隆五十年旌表　镶黄旗满洲诺莫三佐领下前锋保柱之妻萨克塔氏，同旗满洲奇兰保佐领下闲散喀勒福之妻傅察氏，正白旗满洲凤德佐领下披甲尼楚克之妻察哈拉氏，同旗汉军白达色佐领下闲散霍尚之妻张氏，镶红旗满洲永德佐领下骁骑校额克图之妻杨佳氏，正蓝旗满洲那尔呼善佐领下披甲齐林保之妻尼玛齐氏，正红旗蒙古德保佐领下披甲哈林之妻奇尔伦氏，鸟枪营正红旗汉军张金佐领下闲散李金芳之妻李氏，同佐领下披甲赵官之妻陈氏，水手营水手刘起凤之妻李氏，官庄壮丁金珩之妻张氏，伊通边门台丁范得公之妻郭氏，赫尔苏边门台丁王国宽之妻张氏，同边门台丁李国清之妻李氏，同边门台丁詹文英之妻李氏，布尔图库边门台丁田好之妻郑氏。

乾隆五十一年旌表　镶白旗满洲依兰泰佐领下闲散黄保之妻瓜勒佳氏，镶红旗满洲和善佐领下披甲德升阿之妻傅察氏，镶蓝旗满洲付明德佐领下披甲色森泰之妻瓜勒佳氏，同旗满洲巴虎佐领下闲散色尔珲德之妻乌苏氏，同旗富德佐领下披甲威根泰之续妻倭霍托特氏，打牲乌拉正白旗满洲托蒙阿佐领下披甲伍达之妻乌扎拉氏，额木赫索罗正白旗满洲扎拉芬佐领下披甲官喜之妻和奢里氏，官庄壮丁刘全福之妻刘氏，官庄壮丁张国起之妻王氏，伊巴丹站壮丁于茂之妻孙氏，同站壮丁包起彦之妻徐氏，逊扎保站壮丁高永升之妻王氏，造色站壮丁吴洪烈之妻贾氏，布尔图库边门台丁强焕美之妻梁氏，正白旗满洲依尔占佐领下披甲奇格之妻钮呼鲁氏，鸟枪营正白旗汉军王天喜佐领下披甲焦聪之妻张氏。

乾隆五十二年旌表　镶黄旗满洲富德哩佐领下披甲阿布之妻梅和勒氏，正白旗满洲伊尔占佐领下披甲达色之妻陈氏，同佐领下闲散六森泰之妻格吉勒氏，正红旗满洲珠尔萨佐领下披甲爱色之妻库雅拉氏，镶白旗满洲依兰泰佐领下闲散阿尼雅哈之妻扎库塔氏，同旗满洲扎禄佐领下披甲那朗阿之妻傅察氏，正蓝旗满洲付勒贺佐领下闲散奇达之妻傅察氏，鸟枪营正白旗汉军王天喜佐领下闲散赵强之妻杨氏，同营镶白旗汉军苏成琨佐领下闲散杨海山之妻姜氏，同营银红旗汉军富宁佐领下闲散四达色之妻尚氏，同佐领下闲散高聘之妻（木卞）氏，打牲乌拉正黄旗满洲八十九佐领下披甲付隆阿之妻齐塔拉氏，水手营水手董率之妻刘氏，搜登站壮丁满喜梦之妻李氏，阿勒谈额墨勒站壮丁王喜信之妻马氏，布尔图库边门台丁田景顺之妻宋氏，正蓝旗满洲和成保佐领下闲散噶都善之妻西木噜氏，同旗满洲付勒贺佐领下闲散阿泰之妻伊尔根觉罗氏，打牲乌拉镶黄旗满洲苏屯保佐领下披甲德富之妻瓜勒佳氏，伊通镶黄旗满洲阿里木佐领下披甲德色之妻瓜勒佳氏。

乾隆五十三年旌表　镶黄旗满洲武德佐领下闲散德音保之妻巴兰多氏，同旗满洲常明保佐领下披甲三泰之妻乌扎拉氏，正黄旗满洲英保佐领下披甲依亲保之妻延吉氏，同旗满洲七十佐领下披甲阿明阿之妻伊尔根觉罗氏，同佐领下闲散托罗之妻王氏，同旗满洲章库佐领下闲散沙兰泰之妻都噜氏，正白旗满洲依尔占佐领下闲散和森泰之妻萨图噜氏，正红旗满洲额勒登保佐领下闲散赉莫色之妻瓜勒佳氏，正蓝旗满洲和成保佐领下披甲乌尔哈鼐之妻唐氏，镶蓝旗满洲色普苏讷佐领下披甲依亲保之妻伊尔根觉罗氏，正白旗满洲伍朗凯佐领下披甲阿尔达之妻徐氏，鸟枪营镶黄旗汉军杨珩佐领下闲散石宣之妻聂氏，同营镶红旗汉军富宁佐领下披甲于金礼之妻张氏，同营镶蓝旗汉军雅钦泰佐领下披甲周作祥之妻黄氏，打牲乌拉镶黄旗满洲苏屯保佐领下闲散额勒登保之妻伊尔根觉罗氏，同佐领下披甲依勒达木之妻刘氏，镶白旗满洲塔勒玛善佐领下披甲八十六之妻孙氏，额木和索罗正白旗满洲扎拉芬佐领下披甲乌三泰之妻阿苏氏，水手营水手王世英之妻白氏，叶赫站壮丁王瑞之妻孙氏。伊通镶黄旗满洲伯勒和讷佐领下披甲西青阿之妻林氏，因被闲散绰霍泰强奸不从，拒伤身死，洵属节烈。

乾隆五十四年旌表　正白旗满洲布禄佐领下披甲常保之妻塔塔拉氏，正红旗满洲辉色佐领下闲散桑格之妻乌扎拉氏，同佐领下披甲阿兰泰之妻莽都氏，镶红旗满洲舒通阿佐领下闲散满批善之妻札库塔氏，镶蓝旗满洲盛保佐领下闲散乌林保之妻巴雅拉氏，打牲乌拉正黄旗满洲八十九佐领下闲散德寿之妻李佳氏，正红旗满洲德善佐领下闲散佛林泰之妻伊尔根觉罗氏，镶白旗满洲塔勒玛善佐领下披甲佟泰之妻瓜勒佳氏，伊通镶黄旗满洲伯勒和讷佐领下披甲花山保之妻巴雅拉氏，正黄旗满洲玛金泰佐领下披甲吉林保之妻吉普察氏，同佐领下闲散赛毕图之妻伊尔根觉罗氏，正黄旗满洲付常阿佐领下披甲八十五之妻傅察氏，正白旗满洲莫尔庚额佐领下闲散德克登保之妻杨氏，镶白旗满洲扎禄佐领下领催双阿之妻伊尔根觉罗氏，镶红旗满洲杨金保佐领下披甲阿格墨之妻乌色氏，伊通镶黄旗满洲伯勒和讷佐领下披甲阿金泰之妻巴雅拉氏，同旗佐领下披甲德林保之妻格吉勒氏，正黄旗满洲玛金泰佐领下披甲西林保之妻傅察氏，同佐领下闲散歪库之妻塔塔拉氏。

乾隆五十五年旌表　镶黄旗满洲武德佐领下骁骑校西三泰之妻傅察氏，同旗汉军阿吉那佐领下披甲佛保之妻陈氏，正黄旗满洲伍保佐领下披甲鄂亲保之妻瓜勒佳氏，同旗满洲色普青额佐领下领催延东阿之妻萨克达氏，正白旗汉军瓦里普佐领下披甲保莫尔根之妻孙氏，同佐领下闲散老格之妻瓜勒佳氏，同佐领闲散三小儿之妻王氏，正红旗满洲德克精额佐领下闲散倭新保之妻萨克达氏，镶白旗满洲迈喀那佐领下披甲和布讷之妻延扎氏，同旗满洲扎禄佐领下披甲色楞泰之妻尼玛齐氏，正蓝旗满洲六德佐领下闲散金保之妻沙哲哩氏，镶蓝旗满洲音登额佐领下闲散章色之妻瓜勒佳氏，鸟枪营正白旗汉军王天喜佐领下闲散魏大有之妻李氏，打牲乌拉镶白旗满洲塔勒玛善佐领下披甲富宁保之妻佟佳氏，同佐领下闲散桃柱之妻瓜勒佳氏，正蓝旗满洲莫库哩佐领下披甲祥保之妻伊尔根觉罗氏，水手营水手王增之妻李氏，盟温站壮丁龚建训之妻李氏，伊通边门台丁裴赐明之妻陈氏，同边门台丁邢自俊之妻范氏，镶白旗满洲额勒锦佐领下披甲明保之妻西克特哩氏，同佐领下披甲富忠阿之妻瓜勒佳氏，伊通镶黄旗满洲伯勒和讷佐领下领催三格之妻尤布噜氏，同佐领下闲散古三太之妻舒穆噜氏，水手营水手高怀志之妻于氏。

乾隆五十六年旌表　镶黄旗满洲诺莫三佐领下披甲台格之妻伊尔根觉罗氏，同佐领下披甲阿尔松阿之妻瓜勒佳氏，同佐领下披甲德智之妻瓜勒佳氏，正白旗满洲章保佐领下岳伦泰之妻乌扎霍氏，正红旗满洲武章阿佐领下领催拜西哈拉之妻傅察氏，同旗满洲阿里善佐领下披甲德奇那之妻傅察氏，镶白旗满洲迈喀那佐领下披甲格绷额之妻傅察氏，镶红旗满洲略尔吉善佐领下披甲和楞额之妻瓜勒佳氏，正蓝旗满洲和成保佐领下闲散怀凌阿之妻萨克达氏，镶白旗蒙古乌勒讷佐领下披甲绰普托之妻察普奇努特氏，打牲乌拉镶黄旗满洲苏瓦保佐领下幼丁伍格之妻伊尔根觉罗氏，伊通镶黄旗满洲伯勒和讷佐领下披甲僧保之妻尼玛齐氏，水手营水手刘国荣之妻张氏，同营水手张英起之妻王氏，同营水手张三儿之妻李氏，逊扎保站壮丁吴旺之妻杨氏，镶黄旗满洲付官保佐领下披甲温奇和讷之妻札库塔氏，正蓝旗满洲色普苏讷佐领下披甲伍禄善之妻傅察氏，打牲乌拉正蓝旗满洲莫库哩佐领下幼丁青山之妻瓜勒佳氏。

乾隆五十七年旌表　镶黄旗满洲常明保佐领下披甲塔勒玛善之妻瓜勒佳氏，正黄旗满洲付勒呼讷佐领下披甲阿尔苏兰之妻伊尔根觉罗氏，正白旗汉军瓦里普佐领下闲散赛萨那之妻王氏，正红旗满洲德克精额佐领下披甲阿林之妻乌扎拉氏，镶白旗满洲乌云泰佐领下披甲那尔呼善之妻延扎氏，同佐领下领催拉敦保之妻瓜勒佳氏，镶红旗满洲苏林保佐领下闲散灵官保之妻乌苏氏，正蓝旗满洲六德佐领下披甲付全保之妻塔塔拉氏，镶蓝旗满洲色普苏讷佐领下领催六十之妻塔塔拉氏，同佐领下闲散多尔吉之妻萨克达氏，同旗满洲音登额佐领下披甲午泰之妻瓜勒佳氏，同佐领下领催和勒泰之妻蒙阔索氏，镶红旗蒙古南海佐领下领催八达色之妻乌扎拉氏，鸟枪营镶黄旗汉军杨珩佐领下披甲苏成章之妻孙氏，同营正白旗汉军李华佐领下闲散邢义林之妻黄氏，同营镶白旗汉军苏成琨佐领下闲散鲁刚之妻雷氏，打牲乌拉镶红旗满洲阿扬阿佐领下披甲巴凌阿之妻瓜勒佳氏，正蓝旗满洲莫库哩佐领下幼丁保儿之妻郭佳氏，镶蓝旗满洲喀尔沁佐领下披甲乌彦保之妻张佳氏，伊通镶黄旗满洲伯勒和讷佐领下闲散索佳之妻傅察氏，伊通正黄旗满洲德礼佐领下披甲海保之妻尼玛齐氏，同佐领下闲散和尔泰之妻舒木鲁氏，同佐领下领催七星保之妻林氏，登伊勒哲库站壮丁刘刚之妻于氏。

乾隆五十八年旌表　镶黄旗满洲武成额佐领下披甲傅勒呼讷之妻巴尔塔氏，同旗满洲傅官保佐领下领催伍屯保之妻托阔罗氏，正白旗汉军瓦里善佐领下披甲额隆额之妻程氏，正红旗满洲德克精额佐领下披甲玛三保之妻瓜勒佳氏，镶白旗满洲他金保佐领下幼丁巴勒都之妻巴林氏，镶红旗满洲和德佐领下披甲德斯呼里之妻李氏，正蓝旗满洲凌泰佐领下闲散倭西布之妻瓜勒佳氏，镶蓝旗满洲色普苏讷佐领下闲散禄升之妻札库塔氏，镶红旗蒙古南海佐领下披甲托克托霍之妻喀尔沁氏，鸟枪营镶黄旗汉军杨珩佐领下闲散李俊之妻刘氏，同营镶蓝旗汉军雅钦泰佐领下闲散谢三义之妻王氏，同佐领下披甲郑宗贤之妻张氏，官庄壮丁于宗元之妻陈氏，伊通镶黄旗满洲伯勒和讷佐领下披甲塔林保之妻乔氏，正黄旗满洲德来佐领下闲散萨拉那之妻张氏，额木和索罗正白旗满洲伍绷额佐领下披甲伯奇西之妻格吉勒氏，伊通边门台丁朱朝斌之妻王氏，同边门台丁赵有柱之妻林氏，同边门台丁谢林之妻塔氏，正黄旗满洲八十佐领下披甲傅善之妻伊尔根觉罗氏，正红旗满洲景山佐领下披甲傅伦之妻尼玛察氏，镶红旗满洲巴善佐领下披甲诺尔布之妻傅塔氏，同旗满洲苏林保佐领下闲散索海之妻尼玛察氏。

乾隆五十九年旌表　正黄旗满洲傅勒呼讷佐领下闲散尼伦保之妻瓜勒佳氏，正白旗满洲平德佐领下闲散乌勒呼讷之妻瓜勒佳氏，镶白旗满洲塔金保佐领下幼丁苏鲁那之妻倭海氏，镶白旗满洲迈咯那佐领下闲散河林保之妻瓜勒佳氏，同佐领下闲散傅德之妻札库塔氏，镶红旗满洲苏林保佐领下闲散武德之妻莫勒德哩氏，同旗满洲和德佐领下披甲阿尔善之妻瓜勒佳氏，正蓝旗满洲六德佐领下披甲都保之妻傅察氏，同佐领下闲散阿克占之妻瓜勒佳氏，镶蓝旗满洲音登额佐领下闲散那尔姜之妻宋氏，同旗满洲盛保佐领下领催章保之妻瓜勒佳氏，同佐领下披甲托音保之妻莽驽图氏，正红旗蒙古官德佐领下披甲阿图之妻额鲁伦氏，鸟枪营镶红旗汉军傅宁佐领下披甲王永肇之妻王氏，打牲乌拉正红旗满洲布兰泰佐领下披甲德青之妻刚佳氏，正蓝旗满洲莫库哩佐领下披甲莫色那之妻伊尔根觉罗氏，伊通正黄旗满洲傅成佐领下披甲佟泰之妻赵氏，同佐领下披甲额勒登保之妻尼玛察氏，苏瓦延站壮丁王英明之妻李氏。

穆铁森：《吉林志书》，李澍田主编：《长白丛书（二集）》，长春：吉林文史出版社，1986年，第56—69页。

下　编
吉林旧志中社会生活与社会流动史料研究

第七章　吉林旧志中社会生活与社会流动史料概论

社会生活是反映一个地区社会发展水平的重要体现，而社会流动作为人口重要的分布变化是反映社会发展的重要指标。二者在方志中多有体现，对这些内容进行考察，结合民族交往交流交融的政策，可为研究地区社会经济发展水平提供重要参考。

一、中国地方志在“三交史”研究中位置

中国地方志是中国传统文化的优秀遗产，具有重大的文化学术价值，是后人了解与研究中国古代社会的重要文献材料。① 章学诚认为方志为“一方之全书”，“举凡舆图、疆域、山川、名胜、建置、职官、赋税、物产、乡里、风俗、人物、方技、金石、艺文、灾异无不汇于一编”②。根据《现代汉语词典》，“方志”的概念是：“记载某个地方的地理、历史、风俗、教育、物产、人物等情况的书，如县志、府志等，也叫地方志。”③ 表明中国地方志是记载县、府等基层行政单位的志书，其纂修更多侧重于一地之史的记录。“在中央者谓之史，在地方者谓之志。故志即史，如某省志即某省史。而某

① 王爱荣：《媒介交融业态下大型文献丛书影印出版的品牌生产线建设——以凤凰出版社〈中国地方志集成〉出版为中心》，《经济管理文摘》2019 年第 16 期。

② 张国淦：《中国古方志考》，北京：中华书局，1963 年，第 2 页。

③ 商务辞书国际编辑部：《现代汉语词典》，北京：商务印书馆国际有限公司，2018 年，第 219 页。

县志亦即某县史也。”① 而方志中，以州县的方志为要。章学诚在《州县请立志科议》中说“史事责成，当始于州县之志”②。地方志更关注一地治理的内容，既体现了人类对自然的敬畏，又突出了人类对自然的改造，尤其是社会组织的文化秩序。③ 中国地方志文献资料的客观丰富性和独特的人文历史性，使其成为各学科研究者能各取所需的知识宝库，其也是普通读者了解一地的历史地理人文的一手材料。整理这些公共图书馆或民间收藏中的方志资料，不仅会极大推动学术研究，更具有促进社会文明进步等不可估量的社会效益。

在 2014 年 5 月召开的中央第二次新疆工作座谈会上，习近平总书记提出“要加强民族交往交流交融”，“推动建立各民族相互嵌入式的社会结构和社区环境”④ 的指导意见。在同年 9 月 28 日至 29 日召开的中央民族工作会议暨国务院第六次全国民族团结进步表彰大会上，习近平总书记强调“要尊重差异、包容多样，通过扩大交往交流交融，创造各族群众共居、共学、共事、共乐的社会条件，让各民族在中华民族大家庭中手足相亲、守望相助”⑤。这为研究方志中的民族和社会经济史料提供了理论指导。在民族交往交流交融的概念中，社会生活与社会流动是重要的组成部分。参考《〈中华民族交往交流交融史料汇编〉编纂体例》中对“社会生活”“社会流动”概念的阐述，社会流动是指包括因政治、军事、商业、社会、宗教等因素引发的各族群内部及相互之间的人口流动、迁徙、交往交融，主体是各民族社会群体流动、迁徙，以区别政治关系和经济关系。社会生活是指侧重于物质生活层面，包括服饰、饮食、居住、医药、交通、婚姻、家庭、娱乐、习俗、节日、交际等。据此，笔者将吉林旧志中服饰、饮食、居住、出行、婚姻、

---

① 李泰棻：《方志学》，上海：商务印书馆，1935 年，第 1 页。

② 章学诚：《州县请立志科议》，《档案工作》1961 年第 5 期。

③ 李秋洪：《地方志工作的哲学思辨》，《广西地方志》2021 年第 1 期。

④ 《习近平在第二次中央新疆工作座谈会上强调坚持依法治疆团结稳疆长期建疆团结各族人民建设社会主义新疆》，《人民日报》2014 年 5 月 30 日。

⑤ 《中央民族工作会议暨国务院第六次全国民族团结进步表彰大会在北京举行》，《人民日报》2014 年 9 月 30 日。

丧葬、礼教、教育、族群、民事等内容归入“社会生活”部分，将道路、津梁、铁路等内容归入“社会流动”部分进行整理。社会生活与社会流动情况是一个地区社会文化发展水平的重要体现，对方志相关内容进行有效利用对研究社会历史和文化具有价值。据此，将吉林旧志中风俗、道路、教育、宗教、人口和民事等内容归入“社会生活”部分进行整理，将交通、路站、移民、津梁、邮政和电话等内容归入“社会流动”部分进行整理。同时，根据《〈中华民族交往交流交融史料汇编〉编纂体例》“分类辑录”的要求，将史料类型分为经史子集为代表的传统文献、出土文献（文物资料、考古报告）、地方史志、档案公文、报刊资料、社会调查资料、民间文献、民族文献和域外文献等9种，其中地方志为第三类史料类型，属于传统文献的内涵。因而整理和研究地方志也是贯彻总书记“民族交往交流交融”指导的重要体现，这也是本文形成的重要宗旨所在。

二、吉林旧志的版本、体例和特点

“吉林旧志”指1949年以前吉林省的地方志书，其中学界出版的《中国地方志集成》最具代表性。本文以《中国地方志集成·吉林府县志辑》所收录的方志为中心，兼有《长白丛书》《中国边疆研究文库·初编·东北边疆卷》等文献收录的少数旧志进行史料概述。《中国地方志集成》是一套选收国内外方志最完整、覆盖面广、实用性强的大型方志丛书。20世纪80年代后期，随着全国新修方志的全面展开，江苏古籍出版社（今凤凰出版社的前身）、上海书店和巴蜀书社三家出版单位在全国各大图书馆的协助和支持下，启动了影印出版1949年以前各类旧志的项目，做成了一部《中国地方志集成》丛书。从1991年起，《中国地方志集成》以省为单位分辑，方志以《府县志辑》的形式逐年推出，共出版了25个省的《府县志辑》和一个《乡镇志专辑》。《中国地方志集成》的编印具有较高的水准，编印质量高于其他地方志“选印”“丛书”。对方志底本的选择和编印全部经过仔细甄别，选择涵盖时间长、记述方面广、包容材料多的志书影印。“如有残缺，力争从他本复制补齐；模糊不清处，尽量加以修描；未刊稿本的修改批注字迹、各种图表等一概存真；印制质量力争达到较高水平，务求所收志书能完整清晰地展现于读者面前。”①《中国地方志集成》项目因此得到了中国地方志指导小组的支持和指导，入选了国家重点出版项目。

《中国地方志集成·吉林府县志辑》共有10册，收录吉林地方志文献51部。兹将本书选择《中国地方志集成·吉林府县志辑》收录的方志列表如下：

表1　选择《中国地方志集成·吉林府县志辑》旧志表

《中国地方志集成·吉林府县志辑》	
第一册	《民国长春县志》（张书翰，马仲援修；赵述云，金毓黻纂）
	《民国德惠县乡土志》（石绍廉编）
	《民国双阳县乡土志》（吉人修；吴荣桂，陈永奉纂）
	《光绪打牲乌拉乡土志》（打牲乌拉总管衙门纂修）
第二册	《民国延吉县志》（吴录贞修；周维桢纂）
第三册	《民国磐石县乡土志》（姚祖训修；毛祝民纂）
第四册	《民国辉南风土调查录》（王瑞之编）
第五册	《民国抚松县志》（张元俊修；车焕文纂）
第七册	《民国辑安县志》（刘天成，苏显扬修；张拱垣，于云峰纂）
第十册	《民国东丰县志》（邢麟章，王瀛杰修；李耦纂）

由表中内容可见，本书共对《中国地方志集成·吉林府县志辑》中的10部方志中涉及社会生活和社会流动方面的史料进行摘录。同时，本书还从《长白丛书》补充了伪吉林省公署民生厅《吉林乡土志》、林传甲《大中华吉林省地理志》、张凤台《宣统长白汇征录》、魏声和《鸡林旧闻录》、穆铁森《吉林志书》、杨同桂《吉林舆地说略》等6部旧志，从《中国边疆研究文库·初编·东北边疆卷》补充了《吉林外记》1部旧志，共17部吉林旧方志。

根据统计，这些吉林旧方志出版情况如下：

① 凤凰出版社编选：《中国地方志集成·吉林府县志辑》，南京：凤凰出版社，2006年，第6页。

表 2　吉林旧志出版情况表

序号	旧志名称	原有版本	公开出版	再版
1	《民国长春县志》	民国三十年（1941）铅印本、抄本和1960年吉林省图书馆油印本	长春出版社 2002年版	长春出版社2018年版
2	《光绪打牲乌拉乡土志》	光绪十七年（1891）抄本，民国十八年（1929）钢笔抄本，1960年吉林省图书馆油印本	吉林文史出版社1988年版	吉林文史出版社 2022年版
3	《民国德惠县乡土志》	民国二十六年（1937）打字油印本，1960年吉林省图书馆油印本	《中国地方志集成·吉林府县志辑》	
4	《民国双阳县乡土志》		《中国地方志集成·吉林府县志辑》	
5	《民国延吉县志》	民国三年（1914）抄本，1960年吉林省图书馆油印本	《中国地方志集成·吉林府县志辑》	
6	《民国磐石县乡土志》	民国二十六年（1937）铅印本和1960年吉林省图书馆油印本	吉林省影印本	2014年吉林省内部出版
7	《民国辉南风土调查录》		《中国地方志集成·吉林府县志辑》	
8	《民国抚松县志》	民国十九年（1930）铅印本	抚松县长白山文化研究会2017年版	吉林文史出版社 2021年
9	《民国辑安县志》		《中国地方志集成·吉林府县志辑》	
10	《民国东丰县志》		《中国地方志集成·吉林府县志辑》	

由表中内容可见，10 部旧方志中有 6 部多次再版，占比 60%，体现出旧志具有一定的社会影响力。在《中国地方志集成·吉林府县志辑》之外补充的吉林旧志中，张凤台的《宣统长白汇征录》多次再版，最早版本是宣统二年（1910）铅印本，此后有吉林文史出版社 1987 年版，长白朝鲜族自治县档案馆 2008 年版，中州古籍出版社 2016 年线装版，吉林文史出版社 2021 年精装本。《中国地方志集成·吉林府县志辑》收录的吉林旧志多为清末、民国时期所撰，并在 1960 年由吉林省图书馆进行油印并收藏。此外，吉林旧志中还有《吉林外记》等吉林地区的通志性质的方志，这些方志主要有康熙刻本、木犀轩藏清抄本、道光间刊昭代丛书本、光绪间刊仰视千七百二十九鹤斋丛书本、小方壶斋舆地丛钞本、民国间商务印书馆铅印丛书集成初编本，以及辽海丛书本、1985 年黑龙江人民出版社龙江三纪本、长白丛书本和中国边疆研究文库东北边疆卷等 10 余种版本。吉林地方志的编纂与其他省区相比，普遍时间较晚。在我国文化发达的省份地方志的编纂一般都比较早，有的可以追溯到汉唐时期，甚至更早。如山东、陕西等省份，据 1958 年朱士嘉所编《中国地方志综录》记载，此二省历代官修地方志多达数百种，其中包括省志、府志、州志、县志和乡土志。① 至清代，吉林省才开始编纂地方志的工作，道光四年（1824）吉林堂主事萨英额有感于：“天下府、州、县莫不有志，盛京有通志，黑龙江有志又有记，吉林为我朝发祥根本之地，并无记载，岂非阙典?”② 由此开始着手编纂《吉林外记》。民国后，由于各方面条件的成熟和吉林文化人士自我意识的不断觉醒，终于迎来了地方志编纂的高潮。这个时期吉林省各个县基本都编纂了地方志，开始了县县有志的局面，同时，这个时期编纂的志书在内容和体例上也更加完备，选取的资料也比较翔实和丰富，涌现出了《农安县志》《永吉县志》等比较有代表性的作品。

吉林旧志体例以纲目体为主，少数采用三宝体、章节体。纲目体是指全书先以事类或者政区为标准设置大纲，每纲再分诸多纲目并以纲统目的结构

① 韩爱平：《吉林地方志文献研究》，东北师范大学硕士学位论文，2009 年，第 24 页。

② 萨英额：《吉林外记》，姜维公、刘立强主编：《中国边疆研究文库初编·东北边疆卷》卷十，哈尔滨：黑龙江教育出版社，2014 年，第 13 页。

方式。纲目体多以事类为纲，以政区为纲者多为全国性的总志或一省通志，然后分类叙述或以类立目。三宝体是指志书总体上按土地、人民、政事三门设置纲目，以此为基础形成全书结构。“三宝”一词出自《孟子·尽心章》：“诸侯之宝三：土地、人民、政事。”① 以此为标准编纂的方志体例被称为三宝体。章节体，是指借鉴西方以章节为篇目结构的著作体裁形成的方志。根据白寿彝主编的《史学概论》，章节体的方志形成于二十世纪初，“这种体裁比起旧的纪事本末体，有更大的容纳量和更系统的组织形式，但还未能取代纪传和编年等体裁的优点”②。章节体是以大类为章、小类为节的结构，具体事物为目，以章统节、目，形成严密的逻辑关系，突出了科学性和整体性。这种体例结构是近代的舶来品，民国年间开始采用，但未来得及普及。在今天的修志过程中，愈益显示其强大的生命力，逐渐得到了推广运用。③ 地方志无论是对地域认同，抑或对民族认同的记载，延续的都是中华民族的历史记忆。现存的吉林地方志文献，计有一百一十多种，六百余卷。虽然从时间上，吉林地方志的编纂开始较晚，但由于旧志多为一县之地的方志，史料比较可信，反映了清代和民国时期吉林省的一些基本情况，对吉林省的历史、沿革、风俗、文化、文教卫生、金融财政、物产资源、工商业发展等方面都有比较详细的记载。同时由于吉林地区为满、汉、蒙、回、朝等多民族杂居之地，因而多以民族和民俗等为记载内容，这为我们更好地研究吉林和东北地区的社会经济和民族交往交流交融提供了参考。

三、吉林旧志中体现社会生活和社会流动的史料门类

根据《中国地方志集成·吉林府县志辑》所收录的吉林旧志，可见多种门类史料涉及社会生活和社会流动的内容，将其统计并列表如下：

---

① 万丽华、蓝旭译著：《孟子》，北京：中华书局，2016 年，第 334 页。

② 白寿彝：《史学概论》，北京：中国友谊出版公司，2012 年，第 88 页。

③ 王晓岩：《方志体例古今谈》，成都：巴蜀书社，1989 年，第 82—83 页。

表3 吉林旧志社会生活和社会流动门类表

旧志 \ 门类	风俗	教育	交通	民事	户口	宗教
《民国长春县志》	风俗、礼俗	教育	交通	民族、人物、岁事	户口	祀典、宗教
《民国德惠乡土志》	风俗、习惯	教育	道路			坛庙
《民国辉南风土调查录》	礼俗	教育	交通			宗教
《民国延吉县志》	礼俗	教育	交通	民事		
《民国磐石县乡土志》	风俗、习惯	教育			种族、户口	坛庙
《双阳县乡土志》	礼俗		交通、邮政		种族	
《民国东丰县志》	风俗			民族		宗教
《光绪打牲乌拉地方乡土志》	风俗	学校	津梁	人物、烈女、节妇	户口	坛庙、祠祀
《民国辑安县志》	礼俗	教育	道路、电话	民族		宗教
《吉林舆地说略》			驿站			
《长白汇征录》	风俗、语言		道路			
《吉林乡土志》	风俗			民族		
《民国抚松县志》	礼俗、文艺、轶闻、土语	教育、教养工厂	交通、电报、电话、邮政	民族	户口	宗教
《吉林外记》	时令	学校	交通			
《大中华吉林省地理志》		教育	交通	自治	人民	宗教
《鸡林旧闻录》			交通	民族	人口	
《吉林志书》			路站、移民	名宦、孝友、列女		

根据表中内容，可见吉林旧志中有关社会生活和社会流动的门类主要有风俗、教育、交通、民事、户口、宗教等多种，其中风俗有礼俗、语言、时令等，教育有学校、教养工厂等，民事具有民族、人物、名宦、孝友、列女等，交通包含道路、邮政、津梁、驿站、电话、移民等，户口包括种族、人口、人民等，宗教包括祀典、坛庙和祠祀等多种子门类。这些吉林旧志中，有关社会生活和社会流动门类的内容并不全面，只有《民国长春县志》《光绪打牲乌拉地方乡土志》和《民国抚松县志》门类相对全面，在 17 部旧志中占比为 17.6%。其他只有部分门类，这表明吉林旧志在门类设置上尚未形成统一的标准。但同其他门类相比，社会生活和社会流动包含的子门类明显更多，“风俗”“交通”“教育”和“民事”的内容相对全面。有 13 部方志具有风俗门类，占比 76.5%。有 14 部方志具有交通门类，占比 82.4%。有 10 部方志具有民事和教育门类，占比 58.8%。同时这些内容在字数上没有严格要求，除了《吉林外记》等通志性质的方志之外，吉林某县的方志某个门类多在 500 至 2000 字之间，并且在某个门类之下，还对内容进行细分，具有多个不同的子目。在清代和民国时期，由于历史原因，吉林地区成为满、汉、蒙、回、朝等多民族杂居之地，由于政治、军事、商业、社会、宗教等因素引发了人口流动、群体迁徙。各民族之间通过物质生活层面的交通、婚姻、家庭、娱乐、习俗、节日、交际等形成社会共同性的交往和交流，同时受到包括出仕、调任、贬谪、调军、行商、坐贾、流民、流寓等各群体的多种流动形式的推动，不断促进社会不同民族和群体之间的交往、交流和交融。① 从历史的发展看，社会各阶层之间的流动性整体呈现出不断增加的态势，不断冲击着传统社会设定的或固化的各阶层间的壁垒。中国古代社会群体的社会流动性，往往是以中原王朝为中心展开的。但在清末和民国时期，如吉林这样的边疆特殊地区，族群之间的社会流动性表现得较为突出。随着交往和交流的增多，各民族互相学习、帮助，形成互助合作的社会风气。根据吉林旧志中风俗、民族、民事和宗教等内容，不同民族之间具有文化层面的交往性质，不同民族之间都具有类似的儒家经典、诸子思想、宗教信仰、

① 段成荣、盛丹阳、巫锡炜、毕忠鹏：《人口迁移流动与全方位民族互嵌格局的发展演化逻辑》，《中华民族共同体研究》2024 年第 1 期。

民风民俗、文化教育、语言文字、文学艺术等等内容，体现出不同民族之间具有文化方面的交融。吉林地区的各族人民通过社会生活和社会流动实现了民族交往交流交融，以此形成了“休戚与共、荣辱与共、生死与共、命运与共”的民族共同体，有力地推动了吉林地区的社会文化发展和繁荣。

四、吉林旧志社会生活和社会流动内容的价值

吉林旧志中所包含的社会生活和社会流动史料，内容丰富，范围广泛，如实反映了区域社会文化发展情况，具有较高的文化信息价值。方志记载的风俗、教育、交通、民事等方面的资料，具有很强的社会性和延续性，是发展教育、民俗、宗教等事业的基本依据。吉林旧志是从当地某县为一个整体去记载客观事物（或现象）的发展变化及其规律的，目的是便于人们更好地了解地情，把握规律，为社会文化发展服务。① 其中，了解和考察区域社会的发展和不足等问题时，主要会涉及一些重要的事业指标，根据旧志的记载，学者可以从方志中的风俗、教育、交通、民事等门类中抽出相关资料加以排列对比、说明，以形成对当地社会文化门类和事业的优势和不足等方面的认识，以利于政府部门在协调发展决策中作参考。可见，通过对旧志的解读和整理，有利于对当地进行系统调查研究，以此了解本地整体社会文化发展状况及其失衡问题，从而找出阻碍当地文化发展的症结。此外，还有助于制订宏观调控规划，颁布和施行制衡的政策、法规、措施等，并促进协调服务，促进全面开发。

---

① 施均显：《广西地方志与区域经济发展关系研究》，《第三届广西青年学术年会论文集（社会科学篇）》，2004 年 10 月。

第八章　枕戈待旦孰同仇，击楫中流空洒涕

——宋小濂《巡阅东省铁路纪略》记

1919 年中国政府开始收回东北地区被沙俄侵犯的权益，东清铁路长春以北段由中苏合办，于是派宋小濂担任东省铁路督办。《巡阅东省铁路纪略》记述了宋小濂履职期间亲自按站巡阅全线的巡视情况和铁路规划，全书均为作者所见所闻，具有很高的史料价值，对研究东北史和近代东北铁路问题具有重要作用。本文以《巡阅东省铁路纪略》为研究对象，从作者、成书背景、巡视路线，铁路沿线的各站基础设施、经济情况、安全问题和员工生活以及价值等方面进行探究。

一、选题背景和缘起

1840 至 1860 年，沙俄出兵占领了中国黑龙江口和黑龙江以北的广大地区，后又强逼清政府订立《中俄瑷珲条约》《中俄天津条约》《中俄北京条约》，霸占了黑龙江左岸和乌苏里江东岸属于中国的一百多万平方公里的土地，后来又订立了《中俄勘分东界约记》《重堪珲春东界约记》。1901 年清政府被逼订立《辛丑条约》后，沙俄为了实现控制中国东北的“黄俄罗斯”计划，趁中国内忧外患之际在东北大肆扩张。时任铁路交涉局总办周冕为了一己之私，出卖东北权益，导致东省铁路沿线附近占黑龙江地 240 多万亩和 2 万多森林煤矿资源被俄所用。沙俄又以护路为借口，在铁路沿线常驻数万军队和大量警察，并设立“自治会”，收贷票之捐。至此，西起满洲里，东到

绥芬河之东清铁路沿线地带均被沙俄占据，东北面临巨大危机。[①] 因此，清末官员开始重视编修方志，为边疆稳定出谋划策，宋小濂就是其中最具代表性之人。

当今社会，国家尤为重视边疆地区的建设问题。2014 年 2 月 25 日，习近平总书记在北京市考察工作，到达首都博物馆观看历史文化展览时说："要在展览的同时高度重视修史修志，让文物说话，把历史智慧告诉人们，激发我们的民族自豪感和自信心，坚定全体人民振兴中华、实现中国梦的信心和决心。"此后，国务院办公厅于 2015 年 8 月印发了《全国地方志事业发展规划纲要（2015—2020 年）》，为地方志事业发展做出顶层设计；国家"十三五"规划也提出"加强修史修志"，明确了地方志工作在"四个全面"战略布局中的重要地位和作用。所以重视方志文献的研究，是学术界一个重要方向，而边疆治理问题，也是当今热点之一，故而应引起高度重视。

二、学界研究现状综述

宋小濂《巡阅东省铁路纪略》国内研究不多，栗建中的《宋小濂纪略》[②]是最早对宋小濂《巡阅东省铁路纪略》有所研究的论文，内容主要是对宋小濂在边疆的事迹和对俄交涉的考察。栗建中在叙述宋小濂的著作时提及了《巡阅东省铁路纪略》，但并未做深入论述。张辅麟《清代吉林文化撮要》[③]在考察清末吉林文化名人宋小濂时，认为《巡阅东省铁路纪略》是其重要的史地著作，但也未深入考察。张玉雪的硕士学位论文《清末民初宋小濂边政思想研究》[④] 从边政思想角度考察宋小濂的治边问题，其中涉及宋的巡阅东省铁路事宜，对《巡阅东省铁路纪略》做了考察。他通过研究《巡阅东省铁路纪略》来说明宋小濂边政思想的转型。对于宋在巡阅东省铁路时做出了组

① 李朋：《吉黑两省铁路交涉局的"嬗变"——1898—1917 年中东铁路附属地行政管理权研究》，《中国边疆史地研究》2010 年第 1 期。

② 栗建中：《宋小濂纪略》，《北方文物》1987 年第 4 期。

③ 张辅麟：《清代吉林文化撮要》，《东北史地》2008 年第 4 期。

④ 张玉雪：《清末民初宋小濂边政思想研究》，哈尔滨师范大学硕士学位论文，2011 年。

织新董事、更换管理局局长等措施竭力维护国家主权的措施，张玉雪认为此时巡视东省铁路使宋小濂边政思想重大的转变，这更符合历史发展趋势，即国家主权意识更加强烈，更加注重边疆地区的建设、发展和稳定。姜永军的《宋小濂与呼伦贝尔》① 是最为系统研究的文章，他首先在解民情、惠民生一节中对宋小濂在巡视东省铁路时了解工人工作生活、关心工人警士工作进行了叙述，提及宋小濂亲自下矿了解情况，表明这样身体力行的官员实属少见。其次他对宋小濂捍卫祖国主权与沙俄斗争、威武不屈的爱国情怀进行了研究。最后他对宋小濂事事亲力亲为、勤奋廉明的工作作风进行了描述。《巡阅东省铁路纪略》在学术界研究较少，这与其内容单薄有一定关系，但也体现出学界对方志研究的忽视。

三、宋小濂生平及《巡阅东省铁路纪略》的编纂背景

（一）宋小濂生平

宋小濂（1840—1926）字铁梅，又作友梅，晚号止园，祖籍河北，后来又迁到吉林，是中国近代优秀的爱国者，工诗善书。他与同僚成多禄、徐鼐霖被誉为“吉林三杰”，是近代东北史上一位杰出的人物。

1883 年，宋小濂参加童子考试时得到李金镛欣赏，被破格录取为生员。1887 年为谋生活奔赴奉天投军，1888 年在漠河督办金矿的前代理长春厅通判李金镛调他至漠河金矿局做文员并负责交涉外事。李金镛与俄国谈判中不畏强权、为民请命、筹矿措务不怕辛苦、关心属下超过关心自己的精神令宋小濂十分敬仰，所以他在漠河期间尽心尽力做事。李金镛死后，1890 年宋小濂被任命为金厂提调，在他任职期间多次与俄国交涉，维护了国家尊严和民族利益，并写成了《北徼纪游》。1904 年，齐齐哈尔副都统程德全欣赏宋小濂，请他在自己幕府中担当文案处总理，后又推荐他试署海伦厅同知，不久又保奏他升为道员。1906 年，宋小濂被提升为黑龙江省铁路交涉局总办，负责铁路交涉事情。1907 年使俄国答应订立购地、木植两改订合同，收回被沙俄霸占的中东铁路附近的林区，增加地租和木煤税，保护了国家利益。1911

① 姜永军：《宋小濂与呼伦贝尔》，《呼伦贝尔学院学报》2019 年第 3 期。

年他因为筹边有功提升到江省民政司使司，1912年改任都督兼民政长。1913年齐齐哈尔查获一个俄国间谍，沙俄因罪行败露而向中国撒泼，明确提出抗议要求罢免宋小濂的职位，并调兵3000赴齐齐哈尔以武力相威胁。北洋政府因害怕沙俄，故答应了其条件，罢免了宋小濂职位。所以北洋政府将宋小濂调到外务部担任顾问，后调为参政院参政。在京闲了6年，1919年他又被聘用为东省铁路督办。宋小濂到就任后建立新董事会，改换管理局长，亲自逐站梭巡道路全线，勉励铁路员工，慰问商旅，制订章程，力求改良。两年之间，中东铁路概貌革新，著《巡阅东省铁路纪略》记述此事。1922年宋小濂因空怀报国之心而壮志难酬，又不满北洋军阀政府纷争，所以提出辞职，此后定居在北京，居住地名"止园"。1926年因病在北京去世，享年67岁。

宋小濂既是一位爱国主义诗人，也是书法家。他的诗以古风为主，激昂慷慨。他的书法以颜真卿为宗，笔法雄浑有力，气势磅礴，"如大将军长剑倚天，峨冠切云"①，造诣很高。他的作品有《北徼纪游》《边声》《北道集》《晚学斋诗草》《呼伦贝尔边务报告书》《巡阅东省铁路纪略》等，对研究漠河金矿史、中俄边界交涉及黑龙江近代史均有重要价值。宋小濂又编录许多文稿，编为《抚东政略》《赐福楼启事》，保存了一批宝贵文献资料。

（二）《巡阅东省铁路纪略》编纂背景

近代以来，俄罗斯不断向我国东北地区渗透。1850至1860年，沙俄发兵霸占了黑龙江江口和黑龙江以北地区；1858年，俄国迫使清政府订立《瑷珲条约》，侵占了黑龙江以北、外兴安岭以南60多万平方公里的土地，又把乌苏里江以东的40万中国领土划为中俄共同管理；同一年签订了《中俄天津条约》，取得了沿海通商权利；1860年俄国又与清政府签订《北京条约》，霸占了乌苏里江以东40万平方公里的中国领土；此后，又逼迫清政府签订了《中俄勘分东界约记》《重堪珲春东界约记》来牟取中国领土。1896年沙俄利诱逼迫清政府签订了《中俄密约》，俄国不费一兵一卒将东北划为俄国势力范围。

在签订条约之外，俄国还想抢夺东北铁路权。1898年，沙俄强迫清政府

① 潘惠民主编：《吉林市文史资料》第17辑《中国历史文化名城：吉林市》，1999年，第272页。

订立《东省铁路公司续修南满支路合同》，篡夺了哈尔滨至旅顺的铁路筑路权及铁路沿线两侧“铁路用地”的管理权。1900 年，中国发生义和团运动，沙俄以替清政府维持秩序和保护中东铁路为理由，发兵霸占了东北。1901 年清政府被逼订立了《辛丑条约》，但是俄国却并未按条约撤出中国，而是为了实现他控制中国东北的“黄俄罗斯”计划，准备趁中国内忧外患之际，在东北大肆扩张。1904 年，时任铁路交涉局总办周冕为了自己的利益，出卖东北权益，私自与沙俄东省铁路公司总办霍尔瓦特签订了《黑龙江省铁路公司伐木合同》，该合同规定“铁路公司有权在呼伦贝尔地区从成吉思汗站到牙克石站铁路两旁各宽三十五里，长六百里的地段内，可以任意砍伐木材”①。在霸占铁路沿线的同时，俄国还将手伸向水路：“呼兰河及其支流与诺敏河汇合处各至其水源为止，长一百七十里、宽七十里的地区内，亦统归铁路公司砍伐，华人不得过问”②，而在合同规定的这些区域内，“华人入山伐木，尚须向俄人领票，反客为主，抑制百端”③，没有铁路公司的允许，中国人不能自主砍伐。后来铁路公司又获取了“将应用敷余之木植外卖”的权利，此权利使中东铁路获得了几乎黑龙江地区全境所有运输条件较好的林区的采伐权，甚至连很多无林可采的地区也包括在内。之后俄国又与东省铁路公司代办达聂尔擅自签了《黑龙江省铁路公司购地合同》，规定“齐齐哈尔安达站占地都在 7000 垧以上，一般站区达 1000 垧，小站与待避所都在 700 垧以上，仅黑龙江省（满洲里至哈尔滨松花江北岸）就被占地 199408.65 垧之多，折合占地近 200 万亩”④。这使得俄国侵占黑龙江省地区东省铁路沿线 240 多万亩，侵占森林资源 2 万多平方公里。煤矿资源也被俄国所侵占使用。沙俄又以保护铁路为借口，在铁路沿线常驻数万军队和警察，并且设立“自

---

① 沈斌华：《内蒙古经济发展史札记》，呼和浩特：内蒙古人民出版社，1983 年，第 150 页。

② 沈斌华：《内蒙古经济发展史札记》，呼和浩特：内蒙古人民出版社，1983 年，第 150 页。

③ 沈斌华：《内蒙古经济发展史札记》，呼和浩特：内蒙古人民出版社，1983 年，第 150 页。

④ 齐齐哈尔铁路分局志编纂委员会：《齐齐哈尔铁路分局志 1896—1985》，北京：中国铁道出版社，1992 年，第 421 页。

治会”，收贷票之捐。至此，西起满洲里，东到绥芬河之东清铁路沿线地带，都被沙俄占领，这引起了程德全等清政府爱国官员们的高度警惕。1905年，日俄战争结束，日俄订立了《朴茨茅斯和约》，这使得俄国在东北的军事力量大大减弱。1906年，铁路交涉局总办周冕被革职，外务部派遣宋小濂任职黑龙江省道员，去哈尔滨与东省铁路公司总办霍尔瓦特交涉。1907年，宋小濂升职为黑龙江铁路局交涉总办，继续与俄国交涉铁路事情，补救了大量权利。1917年俄国发生十月革命，苏维埃政府宣布放弃沙俄在中国东北霸占的土地和相关利益。1919年苏维埃政府发表《致北京政府外交部备忘录》，并提出了“八点建议”，第一点就是要废除俄国政府与中国之前签订的不平等条约，归还一切非法所得的权益。在这种情况下，中国政府开始收回东北地区被俄国侵占的部分利益。例如沙俄东省铁路公司在吉林、黑龙江强行修筑的东清铁路长春以北段由中苏合办，我方派督办。当时的大总统徐世昌非常重视这件事，经过反复思考，1919年派遣宋小濂任职东省铁路督办，负责铁路合办相关事务。宋小濂到任后，重新组织创建新董事会，改换管理局长，督励实行，亲自按站巡阅全线，修建基础设施，劝勉铁路职工，询问沿线各站商旅，整顿全线治安，视察铁路驻军，对与铁路相关的各项应革事务，都仔细考察和规划，并将情况写成书面文字呈报给大总统徐世昌，命名为《巡阅东省铁路纪略》。经过宋小濂对铁路建设的精心经营，铁路沿线焕然一新。

四、《巡阅东省铁路纪略》的内容

《巡阅东省铁路纪略》作为宋小濂巡视铁路之作，其内容多为巡视和处理铁路事务。总体来看，主要为所巡铁路路线及基础设施、铁路沿线的经济、安全和生活情况两个方面内容。

（一）宋小濂所巡铁路路线及基础设施

1919年，宋小濂奉命担任东省铁路督办。他到任时“正值事变迭乘，群情惶急百端纷扰，待理綦殷”①，遇到关系重大的事件时，就要去中央与当事

① 宋小濂：《巡阅东省铁路纪略》，姜维公、刘立强主编：《中国边疆研究文库·东北边疆卷二（下册）》，哈尔滨：黑龙江教育出版社，2015年，第373页。

官以及和三省官员商量。后来又因为召开两次集体股东会议，他在北京停留了几个月，所以没有时间巡视东省铁路全线。经过宋小濂组织新董事会，改换管理局长，督励实行，补偏救弊，铁路沿线情况有了好转。宋小濂觉得"遥度何似亲临，百闻不如一见，自非实地视察，何以措施咸宜"①，所以就有了本次巡视。此次巡视宋小濂按站巡视，巡视了轨道、车辆、站台、票房、工厂、货厂、村市、街道、车务、机务工务、警察，询问商旅情况。

1921 年 10 月 29 日，时任东省铁路督办的宋小濂由哈尔滨总站出发，开始巡阅东省铁路沿线各站及哈尔滨总站之警察局和总工厂，其随行人员有管理局局长、路警处处长、公司监察局长及其下属人员，还有公司董事局与公所的相关人员以及技术部法、美两国代表。至 12 月 12 日，巡阅完毕，历时 45 天。宋小濂巡阅的东省铁路事实上是整条线路的长春以北段，该段分为主线和支线两部分。主线是从西边的满洲里到东边的绥芬河交界站，支线是从哈尔滨到长春站。这条线路西到俄国的贝加尔路，东到俄国的乌苏里路，南与南满铁路相接，横跨吉林黑龙江两省，全长 3236 华里，是当时东北规模最大的铁路。巡视出发地点是哈尔滨总站，由此出发巡阅东省铁路沿线各站以及哈尔滨总站的警察局和总工厂。主线西自满洲里起，向东延展至绥芬河交界站为止，前后共需行驶 36 日。支线自哈尔滨起，南至长春站为止，共往返行驶 1 日，此后还要巡视哈尔滨医院、学校、路警处及总工厂，用时 6 日。宋小濂一行计划从 10 月 29 日出发，12 月 12 日结束，总共 45 天。一同前往巡阅的还有管理局局长、路警处处长、公司监察局局长及其下属人员，还有公司董事局、公所职员以及技术部的法、美两国代表。

俄国修建东省铁路的时候，正值"欧战俄乱"、俄国参加一战，国力不断下降的时候。1917 年俄国爆发十月革命，此时卢布贬值，商业经济萧条，"卢布暴落，营业颓败"，铁路运营"秩序荡然"。苏联成立后，中苏合办铁路后，宋小濂积极"与中央及三省当事商榷"，又"两次召集股东会议"，"群才思奋，补偏救弊"②，经过努力，铁路面貌焕然一新。

---

① 宋小濂：《巡阅东省铁路纪略》，姜维公、刘立强主编：《中国边疆研究文库·东北边疆卷二（下册）》，哈尔滨：黑龙江教育出版社，2015 年，第 373 页。

② 宋小濂：《巡阅东省铁路纪略》，姜维公、刘立强主编：《中国边疆研究文库·东北边疆卷二（下册）》，哈尔滨：黑龙江教育出版社，2015 年，第 375 页。

尽管如此，宋小濂依旧仔细检查沿线各站情况，完善基础设施。他对车站的基础设施提出整改意见，如在碾子山站时，检查该站地图，并提出各站都要配备地图，并且要附上中文，方便阅读。行至成吉思汗站时，他发现用的站名是“陈其思汗”，要求“沿用历史上之名辞”，不然“易滋疑误，应立即改正”①。昂昂溪站候车室太小，他提出要扩建候车室。哈尔滨总站是大站，食堂、候车室、贵宾室都要扩建。他要求各站都要悬挂站牌，而且“应将各站名称又由路局译一定之音，规定站牌格式，书以大字华文，附译俄文，颁发各站树立”②。他对车辆也十分重视，提出客车要注意清洁，车上应注明中国文字相关信息。他还注重完善员工生活的基础设施。他发现碾子山站的中国士兵的住宿条件远不及俄国士兵的宿舍条件，要求相应官员“嗣后亟应改善”③。沿线警察冬天站岗，饥冻难受，要为其添建岗楼。中国街道污秽凹凸，要对街市进行整改。昂昂溪站以沙地为主，要对街道多加修理。在视察哈尔滨总站时，他发现警察宿舍小而住的人极多，且宿舍与出勤地点太远，往返太辛苦，他要求尽快扩建。除此之外，他还注意检查铁轨情况，叮嘱及时换掉损坏的轨道。他仔细巡阅了松花江、嫩江两铁桥及两端防御工程和兴安岭隧道及两口防御工程，并“其中如有不甚完备之处，尚宜随时补修”④。在总材料厂视察路警第一队驻在所时，该处没有电话，不利于传递消息，宋小濂立即嘱咐为其配备电话，足见他对铁路工程的重视。

（二）铁路沿线的经济、安全和生活情况

1. 铁路沿线的经济情况

东省铁路沿线的经济情况是宋小濂巡阅关注的重点问题之一。受第一次世界大战和俄国十月革命的影响，东省铁路沿线经济衰落，短期内是不可恢

---

① 宋小濂：《巡阅东省铁路纪略》，姜维公、刘立强主编：《中国边疆研究文库·东北边疆卷二（下册）》，哈尔滨：黑龙江教育出版社，2015年，第375页。

② 宋小濂：《巡阅东省铁路纪略》，姜维公、刘立强主编：《中国边疆研究文库·东北边疆卷二（下册）》，哈尔滨：黑龙江教育出版社，2015年，第383页。

③ 宋小濂：《巡阅东省铁路纪略》，姜维公、刘立强主编：《中国边疆研究文库·东北边疆卷二（下册）》，哈尔滨：黑龙江教育出版社，2015年，第383页。

④ 宋小濂：《巡阅东省铁路纪略》，姜维公、刘立强主编：《中国边疆研究文库·东北边疆卷二（下册）》，哈尔滨：黑龙江教育出版社，2015年，第383页。

复到原来的样子，经济困顿的时候，还得需要巨款才能救济它。但是铁路沿线规模宏大，资产之丰富，“实为他路所罕有”①，且矿产森林资源丰富。如果能妥善经营，开辟沿线丰富的资源，那么地方上的商业、农业也会得到积极发展，从而产生巨大的经济效益，所以宋小濂每巡阅一处铁路企业，都仔细询问，力求沿线经济得以恢复发展。

宋小濂巡至扎兰诺尔时，下煤井检查了工人开掘情况、验矿质及出火矿区，出井后巡视了电灯厂、消防室和平地采煤区域，询问了煤矿承办时间、合同年限、消防安全、产煤数量、煤炭质量，以及员工生活条件、报酬情况、卫生条件等问题。如果产煤数量在满足铁路供应外，有多余的煤，宋小濂表示可以售出，这样既可以让铁路获利，也方便了沿线的商民。在石头河子视察林场时，他查看了林场地图，以及 1917 年至 1921 年历年采木情况，询问了林场的树木种类、砍伐年限、使用途径、安全状况、贸易情况等。他提出铁路附近私有林场较多，故要对私有林场进行收取合理的保护费。在视察哈尔滨总工厂的时候，得知“生铁由本厂炼出，比之外间购来者，每布特可省一元，每年本厂可炼出十万布特生铁，即省十万元矣”②，从而产生了巨大效益，宋小濂对技术和工人给予了表扬和鼓励。

宋小濂对沿线经济制定了一套盈利策略。在铁路运营方面，各站经理可根据站点实际情况，添加乘车旅客，调整运费票价，但是各站间一定要互相协商明了。“如考察各处商情，加意乘车旅客，运费票价，务协其平，招待保存，皆得其法。”③ 在巡视安达站时，宋小濂视察了安达街市，特地向特别区警察巡长了解商家数量、粮食上市及粮价问题，并警示该站是江省粮食汇集之地，事务繁多，内勤外勤都应十分注意。宋小濂看见满沟站路旁露天堆积许多粮食，要求在路旁修建货仓来储存粮食，这样既避免粮食露天造成损失，同时货仓收取租金，还可产生经济效益。

---

① 宋小濂：《巡阅东省铁路纪略》，姜维公、刘立强主编：《中国边疆研究文库・东北边疆卷二（下册）》，哈尔滨：黑龙江教育出版社，2015 年，第 373 页。

② 宋小濂：《巡阅东省铁路纪略》，姜维公、刘立强主编：《中国边疆研究文库・东北边疆卷二（下册）》，哈尔滨：黑龙江教育出版社，2015 年，第 407 页。

③ 宋小濂：《巡阅东省铁路纪略》，姜维公、刘立强主编：《中国边疆研究文库・东北边疆卷二（下册）》，哈尔滨：黑龙江教育出版社，2015 年，第 407 页。

2. 铁路沿线安全问题

东省铁路沿线的安全情况也是宋小濂比较关心的问题。一是火灾安全。他在扎兰诺尔视察煤矿时，看见矿内火势很大，要求官员“嗣后应亟求消灭的方法”①。他在绥芬河巡视时，发现路警宿舍不够住，有的路警住在不能生火做饭的车上，而在车外生火做饭既困难又危险，稍不慎还会引发火灾。宋小濂表示此事不可延缓，要求官员马上解决这个问题。在视察哈尔滨总车站时，他亦强调注意防患火灾，减少和避免商人货物被烧毁的事件发生。

二是车辆安全。他在巡视哈尔滨站时表示车辆虽然已经修理完整，可以使用，但机车行驶、客车待遇、货车装载问题十分重要。机车应谨慎行驶，以防出现险情，客车要注意清洁便利，货车要重视货物安全，防止货物损坏和发生火灾。最后，车辆行驶要防止发生相撞事故。

三是治安问题。他在巡视碾子山、一面坡、石头河子林场、牡丹江、宽城子、陶赖昭等站的时候，都到各站驻军一一巡视，询问士兵生活条件、训练情况和剿匪情况。他强调一是警察平时一定要注意操练和教育，遇到紧急情况才能人心一致，立即出发。二是要明确警察权限所在。内勤负责看守工厂、货厂，具备该有的常识，外勤负责站台、车内，特别区警察总管理处负责维持商市和站外秩序，护路军负责剿匪。而且要将关于警察方面的各项章程都翻译成俄文，让俄国警察也知道自己的职责所在，避免互相推卸责任。三是强调警察责任重大。东省铁路绵延数千里，维护整条线路的秩序和保护财产安全，主要责任在于警察，“所有全路秩序之安全，财产之保护，胥惟路警是赖”②，这表明宋小濂特别注意对警察的整顿。宋小镰对铁路警察的权限做出了明确划分，并提出要增建岗楼、增加路警的衣服、多换岗、不可延迟发放警饷等，这些都表现了他对铁路警察的体恤之情，用这些来稳固警员对国家的服务之心。宋小濂还要求各区各段的警员都要服从上级的命令，努力维护辖区治安，做到未雨绸缪，防患于未然。他还告诫各级警务人员，铁路是中俄两国共同合办的，由中俄两国人员共同负责维护，虽然国籍不一

① 宋小濂：《巡阅东省铁路纪略》，姜维公、刘立强主编：《中国边疆研究文库·东北边疆卷二（下册）》，哈尔滨：黑龙江教育出版社，2015年，第377页。

② 宋小濂：《巡阅东省铁路纪略》，姜维公、刘立强主编：《中国边疆研究文库·东北边疆卷二（下册）》，哈尔滨：黑龙江教育出版社，2015年，第378页。

样，但是办的事情是一样的。所以不论哪个区的中俄人员都不应存在个人想法，必须团结一致，万众一心，共同维护铁路安全。此外，对于个别地区警察存在枪械落后的问题，宋小濂积极上报，尽快为其解决。

3. 铁路员工生活

（1）关心员工生活，提高员工待遇

宋小濂除了巡阅东省铁路外，还十分关心员工的生活。巡阅到扎兰诺尔煤矿时，他询问了中国工人数量、工人工资、上班时间、宿舍条件、饮食卫生等情况，要求“中俄皆一律，宿舍尤应特别注意”①。他叮嘱针对在煤井内工作的工人更要注意一切待遇。他还提出要整顿沿线商铺，保障工人利益，不得剥削工人。他看到免渡河的警士冬天仍穿着夏季服装时，表示“经费困难，何尝不知，但须斟酌缓急。警士在路线服务，轮轨往来为中外观瞻所系，且衣服不能御寒，当此冰雪交加，何以责令尽职”②，于是下令拨款购买冬季警服。冬季天气寒冷，他提出警士站岗可根据情况调整站岗时间。宋小濂了解到路局财政艰难，以至于警饷不能按时发放，高级职员还勉强支撑，但是下级职员和警士则不能维持生活，所以他要求不论何种困难，工人和警士的工资一定要按时发放。对成绩优秀的工作者，宋小濂给予了表彰。在视察博克图时，在了解到经过局长的管理，俱乐部由无人管理、会员只有13人的情况增至90名会员，修理机车由原来的费时费料改变为现在的省时省料，工人积极性也增加了的情况后，宋小濂当即对他进行了奖勉。

（2）注重铁路医疗、教育

在这次巡阅东省铁路的过程中，宋小濂还十分重视医疗和教育问题。例如像扎兰屯、博克图、满洲里、穆林、横道河子、绥芬河、海林、宽城子这样有医院和学校的站，宋小濂都一一仔细巡阅。在视察中央医院时，宋小濂对候诊室、医生研究室、男外科室、女外科室、内科室、耳目科室、小儿科室和产科室，对医院卫生情况和病人就医情况都表示十分满意，但是医院位

① 宋小濂：《巡阅东省铁路纪略》，姜维公、刘立强主编：《中国边疆研究文库·东北边疆卷二（下册）》，哈尔滨：黑龙江教育出版社，2015年，第378页。

② 宋小濂：《巡阅东省铁路纪略》，姜维公、刘立强主编：《中国边疆研究文库·东北边疆卷二（下册）》，哈尔滨：黑龙江教育出版社，2015年，第380页。

置“距车站太近，过于喧嚣，于病人不宜，应另僻静地方迁徙”①。在巡阅至横河子站的医院时，他还亲自询问病人医院对其救治情况。

他也非常重视教育问题。在视察哈尔滨中等学校时，宋小濂仔细询问了教职人员、学生数量、讲室数量、经费、入学年龄等问题，并同意学校再建一个穿堂和大厅房来方便男女两校集合和开跳舞会。后他又询问铁路子女学费情况，在得知“纳费甚少，高等生每年一百八十元，初等生，每年一百二十元至一百八十元，不在铁路服务之子弟，则每年纳费为二百元之二百五十元”② 后十分满意。他还询问了北京派来肄业学生经费、起居情况。他还重视铁路人才的培养，在巡阅至中俄工业大学校时，询问了中国学生情况，问上课是否能听懂，且表示当今时代工业用处最为显著，我国急需工业人才，“唯工业一门，我国需才孔急，而铁路人才尤为缺乏，该生等既有志于此，务要学成致用，切勿半途而废，是为至要”③，尤其是铁路人才缺乏，来此校学习的学生一定要学以致用，不可半途而废。宋小濂不仅仅关注的是学校学生的教育情况，还重视育婴堂孩子的教育情况。在巡视中俄育婴堂时，他首先对育婴堂的设立表示十分赞同，其次他提出育婴堂最重要的除了养育外，更应该教育他们，让他们明白事理，懂谋生之术。宋小濂对俄国学生的教育也十分重视，他表示虽然各站学校学生很多，但俄国学生都没有学习中文，既然在中国境内，俄国学生实在有学习中国语文的必要。他提出可以让中国铁路职工子弟教俄国学生中文，这样他们既能交换知识，中国学生还可以赚取一定的学费。

自宋小濂任东省铁路督办以来，通过召开股东大会等一系列行政和外交等办法，改变了受“一战”和俄国十月革命对东省铁路的影响而残破的局面，“所幸年余以来，组织新董事，更换管理局长，督励实行，群才思奋，补偏救弊，日起有功”④。1921 年，宋小镰通过对东省铁路的实地观察与整

---

① 宋小濂：《巡阅东省铁路纪略》，姜维公、刘立强主编：《中国边疆研究文库·东北边疆卷二（下册）》，哈尔滨：黑龙江教育出版社，2015 年，第 401 页。

② 宋小濂：《巡阅东省铁路纪略》，姜维公、刘立强主编：《中国边疆研究文库·东北边疆卷二（下册）》，哈尔滨：黑龙江教育出版社，2015 年，第 401 页。

③ 李澍田主编：《宋小濂集》，长春：吉林文史出版社，1986 年，第 139 页。

④ 李澍田主编：《宋小濂集》，长春：吉林文史出版社，1986 年，第 141 页。

理复兴，使得东省铁路“振衰起废，顿改旧观”[①]，铁路运输恢复正常运行，沿线的车轨道、车辆、站台、票房、工场、货厂、村市、街道等都修理完备，焕然如新，整整齐齐。这是建造东省铁路以来从未有过的景象。东省铁路在宋小濂的努力经营下，恢复运行，并步入正常轨道。

五、《巡阅东省铁路纪略》体例、版本和史料价值

（一）体例

《巡阅东省铁路纪略》一卷，六篇文章，共两万字。位于卷首的是《呈大总统为巡阅东路完竣报告全路状况由》，该部分陈述了东省铁路沿线的大概状况和此次巡视的必要性；第二部分《巡阅东省铁路自哈尔滨至满洲里沿线各站纪略》记叙了哈尔滨至满洲里这段铁路沿线各站应兴应废事宜，记述了扎兰诺尔煤矿和石头河子林场情况、员工生活和待遇。第三部分《巡阅哈尔滨总站铁路警察纪略》记录了哈尔滨总站的警察制度以及当时铁路警察情况。第四部分《巡阅东省铁路哈尔滨至绥芬河暨至长春沿线各站纪略》记录了该段铁路街道情况以及匪患情况。第五部分《哈尔滨总站纪略》记录了哈尔滨总站的医疗卫生以及学校教育情况。最后一部分《哈尔滨总工厂纪略》记录了哈尔滨总工厂情况。该书篇幅不大，但都是宋小濂亲自巡阅的记录，为研究民国初年东北铁路相关问题的第一手资料，具有很高的科研价值。

（二）出版版本

《巡阅东省铁路纪略》在1922年印成册。现存两个版本，一是1989年李澍田主编的“长白丛书”第二集《宋小濂集》将其收入，[②] 列为开卷第三篇，这是现存最完善的版本。另外一个版本是姜维公、刘立强主编的《中国边疆文库·东北边疆卷二（下册）》[③]。

---

① 李澍田主编：《宋小濂集》，长春：吉林文史出版社，1986年，第141页。

② 李澍田主编：《宋小濂集》，长春：吉林文史出版社，1986年。

③ 宋小濂：《巡阅东省铁路纪略》，姜维公、刘立强主编：《中国边疆研究文库·东北边疆卷二（下册）》，哈尔滨：黑龙江教育出版社，2015年。

（三）史料价值

《巡阅东省铁路纪略》是宋小濂亲眼所看亲耳所闻的记录，具有很高的史料价值。扎兰诺尔煤矿的工人采煤情况，煤矿承办时间、合同年限、消防安全、产煤数量、煤炭质量，以及员工生活条件、报酬情况、卫生条件等情况和石头河子林场的树木种类、砍伐年限、使用途径、安全状况、贸易情况等一一记录在《巡阅东省铁路自哈尔滨至满洲里沿线各站纪略》和《巡阅东省铁路哈尔滨至绥芬河暨至长春沿线各站纪略》中，内容完整准确，在东北近代史材料中具有独特性。书中《巡阅哈尔滨总站铁路警察纪略》中关于铁路警察的记录和《巡阅哈尔滨总工厂纪略》中关于哈尔滨总工厂的记录，是我们现在了解东北铁路警察制度和铁路实业的重要资料。全书关于中苏合办铁路基本情况的记录，也是我们现在研究近代东北铁路问题的珍贵资料。

宋小濂此次巡阅东省铁路具有很重要的现实意义。一是此次巡阅他完善各站基础设施，提高员工待遇，恢复发展沿线经济，对沿途医院和学校一一检查，对安排不合理的地方都进行整改，促进了东省铁路的良好发展。二是在铁路各项工作中要求做到中俄员工待遇平等一致，中国士兵的营房要和俄国士兵的营房一致，下令把警察各项章程翻译成俄文，让俄国警察明确自己的职责所在。这样不仅维护了中国的利益而且促进中苏关系友好发展。三是由于宋小濂对学校教育的重视，促使了哈尔滨工业大学的诞生。1920 年，宋小濂担任哈尔滨中俄工业学校的校筹建协会名誉主席，该学校于当年秋季开学。后来学校不断扩大，1922 年改名为哈尔滨华俄工业大学，这就是如今哈尔滨工业大学前身。

综上，《巡阅东省铁路纪略》是宋小濂对 1921 年巡阅东省铁路状况的记录，全书虽然篇幅不长，但具有准确性和真实性，是研究近代东北史的珍贵史料。对《巡阅东省铁路纪略》进行研究，具有很高的价值，第一，有利于我们了解东北史中关于东北铁路实业和东北警察制度；第二，有助于研究近代东北铁路问题；第三，有利于我们从中了解清末民初东北经济的状况，以及宋小濂当时为恢复发展经济采取的一些措施。第四，宋小濂负责巡阅的中俄合办铁路，是在苏维埃政府发表《致北京政府外交部备忘录》后，中国开始收回东北被侵占的权益的国际背景下进行的，通过研究这本书可以帮助我们了解当时中国的政治环境和社会情况。

第九章　曹廷杰方志著作中东北边防措施初探

清末，沙俄不断渗透东北地区，侵略危机日益加深，引起了爱国知识分子的密切关注。清政府为稳固对东北的统治，采取鼓励知识分子参与东北建设的政策。大量有志报国的青年投身于东北地区，从事史地和边防研究，曹廷杰就是他们中的杰出代表。他在吉林任职期间，先后实地踏查了边疆地理风貌，并著有《东北边防辑要》等方志著作，为清廷开发东北、建设边防提供了有价值的参考。对他及其方志著作进行研究，可对其边防思想和措施进行总结，并为现今开发边疆提供借鉴。

一、曹廷杰生平及其东北方志著作

曹廷杰（1850—1926），字彝卿，号楚训，出生于湖北枝江。同治十三年（1874）入国史馆任汉誊录。光绪九年（1883），以候选州判任职于吉林，在靖边军后路营中办理边务文案。光绪十一年（1885），奉命去西伯利亚东部察探边情，后历任山西和顺、宁武县知县等职。甲午战争后，鉴于东北的严峻形势，曹廷杰奉命调回东北，历任吉林边务文案总理、呼兰木税总局总理、吉林知府、吉林劝业道、代理蒙务处协理等职。1920 年，他离开吉林到沈阳暂居，后返回湖北故乡赋闲。1926 年夏，身患疾病的曹廷杰拟再返回东北，途经上海时因病去世。①

曹廷杰对东北史地研究的业绩和贡献，素以其著《东北边防辑要》《西

① 兴夫德标：《爱国学者曹廷杰》，《黑龙江史志》2001 年第 2 期。

伯利东偏纪要》《东北三省舆地图说》等书为后世所器重。[①] 清朝末年，东北边疆地区的边疆问题愈演愈烈，俄国在东北地区广大边境布置重兵，意图伺机入侵。面对日趋紧张的局势，朝野有识之士纷纷呼吁加强东北边防，以备俄军进占。在这种特殊的历史背景下，曹廷杰毅然决定放弃京城的安逸生活，投效东北边防。光绪九年（1883），朝廷命其以候选州判供职吉林，又由吉林将军根据其特长，派往防俄水路重镇三姓的靖边军后路营中办理边务文案。任职期间，曹廷杰利用业余时间广览群书，“凡东三省地理险要与夫古人用兵成迹有关于今日防务者”[②]，均认真研读。他从《开国方略》《大清一统志》《皇朝通典》《柳边纪略》《圣武记》《盛京通志》《黑龙江外记》《方舆纪要》《朔方备乘》等典籍中大量辑录了东北地区相关资料，并结合正史、实录、笔记、舆图等方面的文献资料进行整理。[③] 在搜求文献资料的同时，曹廷杰还利用办理边务之便，对重点地区进行实地调查，先后走访了伊通、伊兰、阿城、农安、宁古塔、开原、八面城、扶余等地，努力搜集其有关东北地理、考古、民族等方面的第一手资料，并与文献记载互相印证，在此基础上撰写了《东北边防辑要》。曹廷杰于光绪十年（1884）奉命考查吉林、黑龙江两省与帝俄交界地方，历经艰辛，进行实地勘察，悉心查访，行程二万里，并参考俄国地图，参以游历访闻，归来作《简明图说》，随文进呈，即《东三省舆地图说》。曹廷杰“身履其地，多方考定”，搜集53条，汇集了东北边疆地区的地理、考古、民族等方面的大量资料，金毓黻在《静晤室日记》认为“此书精于考证，为讲辽东舆地必读之作”，“其所考证，多发前人未发，宜全看”[④]。金毓黻所论十分中肯，对此书评价较高。《西伯利东偏纪要》（又名《俄界情形》《伯利探路记》）一书，乃是有关东北边界中俄关系的一部重要著述。1885年5月曹廷杰奉诏察访被沙俄占领的黑龙江中下游及乌苏里江以东地区实地勘察。1885年10月完成《西伯利东偏纪要》并附

---

① 马熙森：《曹廷杰与东北史地研究》，《学理论》2012年第29期。

② 丛佩远，赵鸣岐：《曹廷杰集》前言，北京：中华书局，1985年，第2页。

③ 丛佩远：《曹廷杰与〈东北边防辑要〉》，《黑龙江文物丛刊》1982年第1期，第81页。

④ 金毓黻：《静晤室日记》戊集三，丛佩远，赵鸣岐：《曹廷杰集》前言，北京：中华书局，1985年，第6页。

有《庙尔图》《伯利图》《徐尔固图》《海兰泡图》《双城图》《海参崴图》《吉江二省与俄交界图》等地图和资料。曹廷杰根据这些实地调查的结果，多方面掌握了沙俄的侵略动向，在这个基础上进行认真分析、研究，为揭露和抗御沙俄侵略提供了重要材料和对策。

曹廷杰的三部方志中，可发现共约有55个与东北边防相关的论述，① 数量之多足见曹廷杰对东北建设边防的重视。本文中所指东北，是一个地理概念，具体内容为“东北所包括之地域，则东三省与东蒙”②。金毓黻指出东北之名，可追溯至上古之时，“东北之名本由方位而起，其后复划分一定之区域”③。曹廷杰所著方志中，大量记述了东北边防相关的内容，包括他本人对东北边防建设的思想及具体措施，这是其文章中最有价值的内容，反映出当时复杂的历史背景及曹廷杰本人观点，因而须予以着重考察。

二、曹廷杰对东北边疆的踏查

曹廷杰在三部方志著作中，着重对边防建设提出了自己的意见，对东北地方的边疆稳定和历史的发展作出了巨大的贡献。这首先体现在其东北边防思想的内容上，主要包括维持边疆治安、解决驻军问题和联络朝鲜共同防俄三个方面。

（一）维持边疆治安

清政府入主中原后，对东北实施严格的“封禁”政策，使得东北作为清朝皇帝的私人财产，长期处于原始落后的封闭落后状态，黑龙江和吉林二省，“地大于奉省数倍，竟令长林丰草荒秽”④。直至晚清时期，这种情况也没有根本改变。而与中国隔江相望的沙俄，通过不平等条约相继割占黑龙

① 指曹廷杰在方志著作中提出与东北边防有关的“说”、信函、条陈、考察等内容中，对东北边防的论述。

② 卞宗孟：《东北文化发展论》，《东北丛镌》第5期，《边疆民族地区旧刊辑录·东北及北方》第2册，第718页。

③ 金毓黻：《东北释名》，《东北丛刊》第1期，《边疆民族地区旧刊辑录·东北及北方》第1册，第22、25页。

④ 丛佩远，赵鸣岐：《曹廷杰集》，北京：中华书局，1985年，第379页。

江、乌苏里江流域一百多万平方公里中国领土后，于19世纪60、70年代积极实施“防患未然之术”①，加强了对占领地区的控制，力图稳固占领区统治后，再以其为基地进一步侵略中国。“查双城子西、三岔口东，有高丽民四五百家，共数千人，在彼耕种为业。前因岁饥，曾食俄人官粮。本年五月，俄人欲重征还，逐出境外，否则改装。此辈呼吁无门，竟改俄装。俄人于奇勒尔、俄伦春、回部归顺之人，则徙于伯利、海参崴等处为兵，于黑河改装高丽则析而四散。今欲于此辈仍用此智，其防患未然之术欤?”② 沙俄的行为逐渐打破了东北地区的沉寂。与此同时，清政府出于多种原因，逐渐开始放弃封禁政策，并在内地招募农民进入东北垦荒，河北、山东等地破产农民受号召不断移民东北地区，他们为开发东北的广袤土地做出了贡献。沙俄发现东北人口不断增多，担心会对其进一步侵占中国领土带来阻碍，所以沙俄为巩固对新占地的统治，并掠夺财富，直接抢夺华人土地和财产，将居住于海参崴东北秦孟河、苏城沟等地的华民尽行驱逐，“火其芦舍，收其田里，迁俄民安受其成”③，坐享其成的占有华民新开发的土地。曹廷杰探访俄境时发现，沙俄不仅武力驱赶由内地迁入东北的流民，还逼令世居于此的奇勒尔、鄂伦春等少数民族改换服装，强迫他们参加俄军。④ 对居住在黑龙江东岸的朝鲜人或是逐出境外，或是掳走成为俄人的奴隶，“查黑龙江东岸旧有高丽二百余家，共三千余人，在彼垦地至富。前数年，俄人欲逐出境外，高丽无所归往，隐忍改装，俄人恐其为患，又勒令散处俄屯，今高丽人犹有不愿者”⑤。这些朝鲜人无法回国，散处俄屯，不断发生反抗斗争。更有甚者，沙俄不断压榨和驱赶流民，使其开始沦为盗匪，在边疆地区寇抄劫掠，并且使迁入东北的农民好不容易得到的生计受到了威胁，东北地区治安渐趋混乱。1873年，同治帝向东北发布上谕指出：“盛京为根本重地，吉林、黑龙江为陪都藩篱，自招垦荒地以来，藏奸匿匪，盗贼横行”，应“及时整顿，以重

① 丛佩远，赵鸣岐：《曹廷杰集》，北京：中华书局，1985年，第378页。

② 丛佩远，赵鸣岐：《曹廷杰集》，北京：中华书局，1985年，第378页。

③ 丛佩远，赵鸣岐：《曹廷杰集》，北京：中华书局，1985年，第378页。

④ 刘志奇：《曹廷杰边防思想研究》，河北师范大学硕士学位论文，2007年，第11页。

⑤ 丛佩远，赵鸣岐：《曹廷杰集》，北京：中华书局，1985年，第378页。

边防”[①]。沙俄对占领区控制的加强，对流民的驱赶以及对华人的压迫，直接导致了中国东北地方治安的混乱，严重威胁东北边防安全。曹廷杰意识到，首要稳定社会治安，打击犯罪分子，使边民的生命财产能够得到切实保障，其后始可言强边防俄。

（二）解决驻军问题

曹廷杰认为俄人对东北屡侵屡逞，皆因“无兵而为之备，无民而为之防耳”[②]。东北地区在19世纪80年代时，受各种因素影响，导致边防守备力量不断削弱，清朝在东北边防建设上出现很多问题，集中于边防经费问题突出和边防军事建设落后两个方面。

清政府在东北边防经费支出和使用上问题突出。19世纪80年代，完全依靠户部拨款的东北边防经费，因清政府财政困难的日益加剧，东北边防的财政日趋紧张，这对清政府的边防建设产生很大影响。首先表现为“额兵不裁”。清朝初年，东北地区原有额兵、练军、防军、客军多种，兵数不下十万，本可以“御强邻而壮声威”，但这一时期，清廷为了平灭关内的发捻农民起义军，重金招募大量勇兵，“步队每人月至四两或五六两，马队每人月至七八两”[③]，虽然成功地平灭了起义军，实现了中兴大业，但清朝兵制之外的募勇一直未裁撤，导致了“竭天下之财赋养兵犹若不足”[④] 的严重局面，东北地区的边防部队深受其害。其次，将领多吃空饷。清军中，一些骄傲贪鄙的将领，欺蒙上级，对上报备步队五百人，实则只有二三百人，马队二百五十人，实则只有百余人，只为中饱私囊，不顾国家利害。在这种浮躁之风的影响下，清军从一支精干的军队转而变为“向所谓一勇可当十兵之用者，遂至十勇转无五兵之实”[⑤]。东北边疆地区的旗营练军是按照勇制建立起来的，在沾染腐败习气的同时，还存在身为额兵而兼充练军，以达到“一兵冒两饷”的目的。可见东北边防的经费成为一个突出问题。清政府采取了“就

---

① 长顺修，李桂林纂，李澍田点校：《吉林通志》第四卷，吉林：吉林文史出版社，1956年，第69页。

② 丛佩远，赵鸣岐：《曹廷杰集》，北京：中华书局，1985年，第378页。

③ 丛佩远，赵鸣岐：《曹廷杰集》，北京：中华书局，1985年，第377页。

④ 丛佩远，赵鸣岐：《曹廷杰集》，北京：中华书局，1985年，第377页。

⑤ 丛佩远，赵鸣岐：《曹廷杰集》，北京：中华书局，1985年，第377页。

地筹饷”“裁兵节饷”[①] 等解决办法，但收效甚微。[②]

东北地区地广人稀，加强边防力量，需要大量的兵源和经费，但在晚清的危局下，清政府根本无心也没有能力建设东北边防。吉林将军景淳奏称："虽令各该处挑选闲散团练乡勇，究之为数无几；到城戍守，坐资行费，无款可筹，既无粮而兵又少”[③]。第一次鸦片战争后，为镇压内地农民起义及应对第二次鸦片战争，清政府不得不改变对俄的防御政策，不断从东北抽调部队入关，这使得东北边疆原本就稀少的戍卫士兵数量不断减少。自 1853 年初至 1856 年初，清政府先后从黑龙江省的瑷珲、呼伦贝尔、布哈特等处抽调入关的边防军多达七千余名，美国人查尔斯在东北旅行时，记载了瑷珲的边防营地有“构造牢固的兵营，住得下几千名士兵，可是一个兵也看不见，连岗亭也是空的”[④] 的现象。边陲辽阔的黑龙江因“军营屡次提调官兵，库存军器短细，一切掣肘”，边疆地区出现“各路无防”[⑤] 的严峻局面。吉林边防也出现“乏御侮之力”的情况。吉林原有守军一万零一百名，至 1856 年初四次征调入关七千名，[⑥] 地处边防要冲的三姓、珲春、宁古塔三处仅剩老弱兵丁八百余名，大多数士兵留在关内戍守，返回东北原驻防地者不及八百人，边防兵力无法得到及时补充，可见边防驻军兵员缺损之严重。这表明由于经费的短缺，导致吉林边防的补给和兵源都出了问题。

与兵源匮乏相对应的，是清军边防军队中陈旧落后的武器装备。第二次鸦片战争前，东北边防重镇瑷珲，“守军只有一千人左右，装备极差，他们大部分拿一根顶端涂黑了的杆子以表示长矛，少数人持有火绳枪，绝大部分人肩上挂着弓和箭筒，还有几门大炮装在做工很粗糙、样子又难看的大车上”[⑦]，与

① 《清实录》(德宗景皇帝实录三)，北京：中华书局，1987 年，第 704 页。

② 刘志奇:《曹廷杰边防思想研究》，河北师范大学硕士学位论文，2007 年，第 14 页。

③ 《筹办夷务始末》(咸丰朝)(二)，北京：中华书局，1979 年，第 445 页。

④ 查尔斯·佛维尔著. 斯斌译:《西伯利亚之行》，上海：上海人民出版社，1974 年，第 212 页。

⑤ 《筹办夷务始末》(咸丰朝)(二)，北京：中华书局，1979 年，第 438 页。

⑥ 中国社会科学院近代史研究所编:《沙俄侵华史》第二卷，北京：人民出版社，第 115 页。

⑦ 费正清:《剑桥中国晚清史》(1800—1911) 上卷，北京：中国社会科学出版社，1985 年，第 369 页。

训练有素、装备精良的沙俄军队相比，差距很大。清政府曾有意为改善东北边防空虚状况，采取一些补救措施，专门下令东北地方设立机器局，生产新式武器，以改善边防军装备。但吉林机器局因经费不足，生产逐渐减缓，“本省运用尚觉不敷”①，对边防部队的正常武器供应无法维持长久，② 最终不了了之。对此，曹廷杰主张加强边防力量，“急练精兵，预选战将”，通过革除“浮冒之弊”、“欺蒙之弊”等手段以足兵额，“筹久远”③ 以裕兵饷，这体现出他重视边防军事建设的思想。

（三）提出联络朝鲜共同防俄

曹廷杰在方志中，首先提出在东北地区沙俄将是清廷的主要对手的论断。“设使任其（沙俄）所欲，则东三省之地不能一朝居，即旅顺、烟台、大沽各口亦难以长策胜，朝廷大局曷堪设想！”④ 他从具有战略意义的东北主要城市的角度，叙述沙俄对中国的侵略野心。他还专门对防御沙俄，提出应对的军事力量及战略意图进行专门考察的建议，为将来反侵略战争做足够的准备。曹廷杰认为，防御沙俄应“征东海以定根本，征索伦以固藩篱”⑤。他回顾了清初反击沙俄侵略的尼布楚之战，“嗣俄罗斯窃据尼布楚城，恃为巢穴，逐渐侵扰。顺治时屡烦偏师，至圣祖仁皇帝独断致讨，罗刹乃平”⑥。又提出俄国入侵时惯用的伎俩，“每多取人之所不取，或图人之所不及防。即如成半时窥我东南多事，乘机窃发，两次进踞，”这种行径与清初顺治时乘清军入关无二，俄军趁东北边疆守备空虚之际，“因而窃据教智耳”⑦。在进入我国土之时，俄军常常“弛守备则蓦入，张声成则潜退”，简直如寇盗一般，“此则夷情之今犹古若者也”⑧。可见，曹廷杰远见卓识，为清末所罕有。

---

① 从佩远，赵鸣岐：《曹廷杰集》，北京：中华书局，1985 年，第 385 页。

② 刘志奇：《曹廷杰边防思想研究》，河北师范大学硕士学位论文，2007 年，第 18 页。

③ 从佩远，赵鸣岐：《曹廷杰集》，北京：中华书局，1985 年，第 385 页。

④ 从佩远，赵鸣岐：《曹廷杰集》，北京：中华书局，1985 年，第 374 页。

⑤ 从佩远，赵鸣岐：《曹廷杰集》，北京：中华书局，1985 年，第 30 页。

⑥ 从佩远，赵鸣岐：《曹廷杰集》，北京：中华书局，1985 年，第 30 页。

⑦ 从佩远，赵鸣岐：《曹廷杰集》，北京：中华书局，1985 年，第 32 页。

⑧ 从佩远，赵鸣岐：《曹廷杰集》，北京：中华书局，1985 年，第 32 页。

为达到知己知彼的目的，曹廷杰在《西伯利东偏纪要》中着重对俄国境内的一些军事据点和重镇做了详细且全面的调查记录。[①] 伯利“院后有大兵房十所，每所可容数百人，常驻兵千名，号四千。兵房东北隅有常川取用军械子药房二所”[②]。此外还有二所大库“尽储开花炮、后膛炮、哈乞开斯枪、炮车、子药箱车，极为宏富，昼夜常有一二人执枪梭巡，未尝少停”[③]。凡装粮的仓库、装子弹的药房、军用机械的房间、大官的衙署、大狱驻防大体一致。例如徐尔固地方，“俄人于此立镇”有一员统兵官统领，“带实数兵二百名，驻扎镇东二里江沿。其处大小官共二十四员。有巨炮二座，长九尺，口径三寸，在玉斯颇兰署前。粮房、军械房各一所，在署东北”[④]。若伯利发生不利情况，可立即调到实数兵三千名，应由官商服役诸人，平常的日子里虽然不与操练，但临事需听从调遣。在《西伯利东偏纪要》中《附二：希元奏派员侦探边情地势摘要密陈三十五条由》记载了光绪皇帝对曹廷杰所上递材料做的批示：“所见甚是，思患预防，必须为未雨绸缪之计，该将军大臣等，务当督率所属，于交涉事件，持平妥办，毋起衅端，平时整顿营伍，并边防情形地势，留心侦察，随时密陈，一面互相知照，设遇有警，候旨择宜进取。”[⑤] 可见，他的决策得到了清政府的重视。

朝鲜原是清廷在东北亚地区的一个重要属国，“本朝崇德初，列为外藩”，“绵亘渤海中，南北四千余里，东西宽或一千二百余里，狭亦五六百里，屏蔽海氛，拱卫畿甸，是天设之险”[⑥]，是清朝在东北方向的重要屏障，战略地位十分重要。然而，第一次鸦片战争后，遭遇内忧外患的清廷，逐渐丧失了对朝鲜的保护能力，朝鲜开始成为列强的争夺目标。曹廷杰认为朝鲜

---

① 黄为放：《〈西伯利东偏纪要〉解题》，于逢春，厉声主编：《中国边疆研究文库·初编》东北边疆卷二，《东北边防辑要西伯利东偏纪要东三省舆地图说（外五种）》，哈尔滨：黑龙江教育出版社，2014 年，第 450—600 页。

② 丛佩远，赵鸣岐：《曹廷杰集》，北京：中华书局，1985 年，第 67 页。

③ 丛佩远，赵鸣岐：《曹廷杰集》，北京：中华书局，1985 年，第 67 页。

④ 丛佩远，赵鸣岐：《曹廷杰集》，北京：中华书局，1985 年，第 64 页。

⑤ 《西伯利东偏纪要》，丛佩远，赵鸣岐：《曹廷杰集》，北京：中华书局，1985 年，第 139 页。

⑥ 丛佩远，赵鸣岐：《曹廷杰集》，北京：中华书局，1985 年，第 6 页。

对中国而言“有唇亡齿寒之虑”，面对朝鲜被侵略，中国应予以支援，并加强两国战略合作，并认为在列强的激烈竞争中，中国必须与朝鲜携手，互相帮助才能在远东的激战中立于不败，“及时一战，先发制俄，俄败而日人恐，日恐而高丽安焉”[①]。从当时朝鲜政府羸弱的状况来看，很明显他对当时中朝两国统治者的政治远见估计过高了。[②]

可见，曹廷杰通过实地考察，洞悉了东北边疆地区在治安、经济开发、边防力量等方面存在的诸多问题。他的实地踏查，真实地反映边疆实情，为之后采取的措施提供了参考。

三、曹廷杰建立东北边防的举措

鉴于东北边疆地区存在的问题，曹廷杰提出了相应的举措。从内容来看，他对东北边防建设有清晰的思路，有着强烈的抵御外侮的愿望，体现出他高尚的爱国情操。

他建议采取如下四点措施：

（一）移民实边，开垦荒地

曹廷杰强调“自来防边策莫善于屯垦”，特别是“吉江二省旷土甚多，宜分界屯垦，以实边御夷”。他严厉驳斥了“有碍风水”“易聚奸民”“根本之地不宜开垦”[③] 等反对屯垦的错误论调，指出屯垦的好处：一是土地可以养民，赋税可以富国；二是以兵民垦荒实边，则边围巩固而敌人不敢生心，可免俄人觊觎。否则，对于沿边的边围土地“我苟弃之而不顾，俄将取之而不辞”“我不介意，俄将垂涎”；三是可用垦荒所得“足食足兵”，租税可解决兵饷匮乏，垦民可用以防边。他回顾历史咸丰时沙俄两度侵犯，“皆因无兵以为之备，无民以为防”。现在，许多身处俄界的华民，因“俄人逐渐欺凌”，“实有朝不保夕之势”，若废除禁令，实行垦招，则可“使华人之在俄

① 从佩远，赵鸣岐：《曹廷杰集》，北京：中华书局，1985 年，第 374 页。

② 黄为放：《〈东三省舆地图说〉解题》，于逢春，厉声主编：《中国边疆研究文库·初编》东北边疆卷二，《东北边防辑要西伯利东偏纪要东三省舆地图说（外五种）》，哈尔滨：黑龙江教育出版社，2014 年，第 450—600 页。

③ 从佩远，赵鸣岐：《曹廷杰集》，中华书局，1985 年，第 14 页。

界者奋然思返，作边疆众志之城”[①]。因此极力主张在吉江二省大兴屯垦，以实边御夷。

曹廷杰的屯垦办法是：第一，“以旗地归旗，按口授田，责令耕种”，并将节余之原“赏乌绫”经费用以“迁贫苦旗丁于吉江二省，按给牛具籽种，责令垦地”。第二，旗地中“有余之地则以招募民兵前往开垦”，“数年后始征其应纳之赋，而不减饷，或量减其饷而不征其赋”。第三，“旗地之外有无承认，若三姓下至通江地千余里”的无边荒地，“则宜设官招民轻收荒价，按年升科”，或招俄界华民与贡貂各部“授以三姓闲荒，均令成熟升科”[②]。垦荒开疆政策是曹廷杰为加强东北边疆地区经济实力中极为重要的一项，对解决当时东北边疆的落后发展和边防空虚起到了关键作用。若清政府能够完全采纳且切实地执行，不仅可以增加政府的财政收入，而且可以解决东北边防的军饷问题，以此加强东北军事实力。

（二）振兴实业，开发矿产

边疆地区经济亟需开发，曹廷杰实地考察了边疆地区居民的主要经济状况，为缓解财政紧张提供借鉴。据曹廷杰的统计调查，“华人在俄界者，惟伯利、红土岩、双城子、海参崴、彦楚河五处”[③]，其中海参崴“约两万人（光绪九年稽数至二万八千余名）”[④]，双城子约两千人（光绪九年稽数至四千人），海兰泡千人，徐尔固约百余人，松花、乌苏里两江者进行贸易的大约千余人，居住在乌苏里江岸及南滨海沿一带者，共两万多人。这些俄境华人多以商贩买卖为业，“共计大小肆店三百余家，各立门市坐贾营生。”大约有二百多家来自于三姓的百姓贩卖货物，松花江到东北海口，行至乌苏里江至东北海口，行乌苏里江至穆陵河口以上者。为了解当地的详细情况，他亲自拜访了海参崴、双城子、红土岩三地的头面人物文殿奎、孙福、崔明善等以及伯利巨商纪凤台、彦楚河商人刘福等，并详细地记录了当时俄境华人的经营发展情况。在当时的生产力发展水平下，当地主要的经济源头为渔猎

① 从佩远，赵鸣岐：《曹廷杰集》，北京：中华书局，1985年，第379页。
② 从佩远，赵鸣岐：《曹廷杰集》，北京：中华书局，1985年，第378—379页。
③ 从佩远，赵鸣岐：《曹廷杰集》，北京：中华书局，1985年，第125页。
④ 从佩远，赵鸣岐：《曹廷杰集》，北京：中华书局，1985年，第125页。

业，赫哲族和鄂伦春族是以捕鱼为生的民族，“此三项鱼到时，济勒弥及黑斤人等，于江边水深数尺处，多植木桩横截江流，江沿一面无桩者，名曰闷杠，平水面下系以袋网，次日乘小舟取之，每一闷杠可得数千斤。又或以围网，或以撒网，一举可得百数斤、数十斤，均以小舟载回”①。所捕之鱼，除了食用外，其鱼皮常用来做衣服和鞋子，可见捕鱼在当地民族生活中所占之重要地位。曹廷杰除了记录当地农业的主要经济来源和农业生产外，还详细地记录了海参崴、双城子、红土岩、摩阔崴、海兰泡等城镇商业贸易情况，鄂伦春人“常夏乘小舟，至海岛及各处河汊，冬乘爬犁至索伦河以南俄伦春、奇勒尔诸地贸易”②。曹廷杰主张在松花江上“试造轮船”，以通行黑龙江、松花江和乌苏里江。这样，“无事可以利商利民并可利国，有事则征兵转饷无误事机”。他还主张保护华商，免征赋税，因为这些在俄界贸易的商人于“俄情常通，似于边防尚有裨益”。况且世居俄界的贡貂诸部，“至今眷念中国，不改俄装，皆赖华商维持，则有事时亦尚堪使用”③。曹廷杰的考察，为清政府制订促进经济发展的规划，乃至税收政策，提供了直接的参考。

清末，沙俄进犯黑龙江重要的目的之一是占有金矿，清政府对此采取了相应的措施予以保护，曹廷杰来到黑龙江后，主要任务就是保护金矿的开采。在《西伯利东偏纪要》七十八至八十七条中，曹廷杰详细记载了俄人大肆开采金矿的情况：“查由伯利东北行俄里二百七十里，至松花江南岸俄屯麻宜美斯克地方，其处有山，华人称金山。俄人尝于此采金。”④ 统计了黑龙江沿岸的金矿、乌金矿的数量，“查黑龙江东牛满河上游，有俄人金厂二（俄呼金厂为布利斯克）：一名泥满斯克，一名布金布利斯克，此二厂俱同治中年出”，以及俄人每年采金的规模，“泥满厂每年可得金七十余甫特，布金厂每年可得金三十余甫特”⑤，可见产量之大，希望能够由此引起国人的警惕。

---

① 从佩远，赵鸣岐：《曹廷杰集》，北京：中华书局，1985年，第117页。

② 从佩远，赵鸣岐：《曹廷杰集》，北京：中华书局，1985年，第122页。

③ 从佩远，赵鸣岐：《曹廷杰集》，北京：中华书局，1985年，第378页。

④ 从佩远，赵鸣岐：《曹廷杰集》，北京：中华书局，1985年，第106页。

⑤ 从佩远，赵鸣岐：《曹廷杰集》，北京：中华书局，1985年，第106—107页。

曹廷杰认为“吉江二省金矿甚多，宜设法开采，贱入贵出，以富国强兵也”①。他不赞成把私挖金矿之人统称为“金匪”，他认为开采的金子既可以作为军饷，开矿的工人也可以成为抗俄的队伍。清政府采纳了他的建议，任命他负责开采都鲁河金矿。

（三）整顿军队，巩固边防

整顿军队是进行边防建设的重点内容，曹廷杰对此提出了不少具体措施。太平天国起义时，八旗兵长期“不经战阵之事”，“筋力口懈”，而绿营兵“无事则游手态唯，有事则雇无赖之人代充；见贼则望风奔溃，贼去则杀民以邀功”②，均不堪重用，不得已采纳曾国藩建议，改募勇营，逐渐成为清军主力，完成对起义军的镇压。此后，清政府即令地方仿效此法，吉林、黑龙江分别于1877年、1880年编练新式马、步、洋枪队，组建专门的边防部队。但是曹廷杰发现，练兵过程中积弊丛生、漏洞百出。为革除积弊，曹廷杰认真整理各营士兵档案，以额兵充练军者只给练饷，以练军归额兵者则只给额饷；随时以档案名单查验士兵在营与否，“有不请假私自回家，或请而假期满不到者，立即革除”③。另外，消除士兵冒名顶替、闲散于家的可能条件；各营士兵名单确定之后，无论其官阶高低，坚持信赏必罚原则；将官要以身作则，情面不徇，保举不滥，与士兵甘苦与共；甘愿以身试法者则以军法从事。曹廷杰的建议，为后来清政府整顿东北练军提供了有力参考。

（四）关于对沙俄的作战方案

曹廷杰通过认真调查、全面的分析，在《西伯利东偏纪要》一一八条中大胆地提出三个“规复旧境”的抗击沙俄侵略作战的方法：（1）水陆旱路并行出击，在黑龙江的呼玛尔河等几处，“令人伐木塞江，以断俄人水道”，“旱路则以奇兵出赵老背，深沟高垒，扼其咽喉，令南北不相接济，先将各处铁线约期截断”④。（2）“以江吉二省额兵固守各城要隘，各路冲锋出奇，

① 丛佩远，赵鸣岐：《曹廷杰集》，北京：中华书局，1985年，第378页。

② 曾国藩：《议汰兵疏》，《曾国藩全集·奏稿一》，长沙：岳麓书社，1987年，第19页。

③ 丛佩远，赵鸣岐：《曹廷杰集》，北京：中华书局，1985年，第377页。

④ 丛佩远，赵鸣岐：《曹廷杰集》，北京：中华书局，1985年，第130—131页。

须五六万人，可以一鼓而下”，“然后由乌苏里江至松花江规复旧境”[①]。这个方案被曹廷杰称其为“万全之策”和“出奇制胜之方案”[②]。(3) 由卜魁、宁古塔、珲春三路出兵，分别夺取海兰泡、海参崴和伯力，彻底摧毁沙俄的防线。曹廷杰考虑到借助地形上的便利条件，依据沙俄防御体系的分散、无法充分发挥水战的弱点，凭借要塞坚固，并发挥清兵陆战的优势，主动发动进攻，争取在陆战上的胜利，对其主要据点予以各个击破。一旦不成就凭借要塞据守，这本质上仍属于冷兵器时代的作战思维，但展现了曹廷杰在军事防御上的洞察力，以及深深的爱国之情。这些构想由于实践起来有很大的困难，没有被朝廷所采纳。

综上，曹廷杰对解决东北边防空虚状况，并给予具体建议及防俄、抗俄方略进行系统阐述，大体可以概括为：文武并举，内外兼顾，即稳定地方政治，发展地方经济，整顿军队，加强边防军事力量，主动联系朝鲜，共同防御沙俄，并且时刻准备进行反击，收复失地。面对沙俄的侵逼，曹廷杰未屈服于强权，而是积极主动地研究中俄边界的形势发展，并对俄国的防御和国家边防建设提出“有俾实用”的对策和建议，为巩固边防提供了不少很有价值的参考资料，显示出自强不息的奋斗精神，为后世从事边防建设树立了典范。

---

① 丛佩远，赵鸣岐：《曹廷杰集》，北京：中华书局，1985 年，第 130—131 页。

② 丛佩远，赵鸣岐：《曹廷杰集》，北京：中华书局，1985 年，第 130 页。

第十章 《吉林通志》国内研究综述

《吉林通志》是第一部比较完备系统的吉林官修地方志，成书于光绪二十二年（1896），由长顺、讷钦监修，李桂林、顾云等编纂，共一百二十二卷。《吉林通志》体例完备，内容翔实，是吉林历史上有代表性的地方志，学界对其从整体和局部问题等不同角度进行了研究，并对其贡献做了探讨，同时指出其不足之处。对《吉林通志》相关研究进行综述可了解学界的研究概况，并对继续深入研究提供参考。

一、《吉林通志》的成书

《吉林通志》的编纂和成书，曾两任吉林将军的长顺起了关键作用。长顺（1837—1904）初名常顺，字鹤订，姓郭贝尔氏，其家世居布特哈（现黑龙江省讷河市），隶满洲正白旗。长顺初任蓝翔侍卫，咸丰时在东北围剿"马贼"而升为二等侍卫，同治元年（1862）长顺随西安将军穆腾阿入陕，参加征剿西北回民起义的战争，并立下奇功。史家对其多加赞颂，称他是"战常陷坚。每当兵溃时，或抄袭其后，或横阻其前，俾溃者得整列，以是常转败为胜"①，认为长顺"在军中咸以常遇春有拟"②。因此，同治帝对长顺尤为垂爱，亲赏其玉柄小刀一把，大小荷包一对。光绪三年（1877）冬，左宗棠进军新疆，以图恢复清政府在新疆的统治。长顺此前因助剿回民起义，表现骁勇，从而得到了左宗棠的赏识，得以随军入疆参加平定阿古柏叛

① 赵尔巽：《清史稿》卷四六一《长顺传》，北京：中华书局，1998年，第9722页。

② 金毓黻：《辽海丛书》第七辑《布特哈志略·长顺传》，沈阳：辽海出版社，2009年，第33页。

军的战争。光绪八年（1881）中俄签订《伊犁条约》，长顺奉命勘定中俄中路分界线。在勘界过程中，长顺以《高宗平准夷铭勋碑》为据，驳回沙俄代表的无理要求，迫使俄方放弃乌家岛山，归入清朝版图，以此挫败了沙俄阴谋强占我国西北边疆的企图。① 此后，长顺官运亨通，先后官至巴里坤领队大臣、哈密帮办大臣、乌鲁木齐都统、正白旗汉军都统、头品顶戴督办边务事宜、镇守吉林等处地方将军（吉林将军）、兼理打牲乌拉拣选官员等职，并进内大臣班。长顺一生曾两度出任吉林将军，第一次是光绪十四年（l888）至光绪二十年（1894），后因海城抗日失利而被免职，第二次自光绪二十五年（1899），迄光绪三十年（1904），卒于任内。前后两任历时十余年，为历任吉林将军中供职时间最长的一位。死后赠太子少保等轻车都尉，谥忠靖，入祀贤良祠。

在《吉林通志》之前，已有《吉林外纪》《吉林志略》和《打牲乌拉志典全书》三本吉林方志问世。《吉林外纪》成书于道光年间，是吉林第一部方志，作者萨英额，满洲正黄旗人，生员出身，清道光七年（1827）著该书，初刊于光绪二十一年（1895）。《吉林外纪》内容芜杂，叙述简单，是吉林地方志的雏形。《吉林志略》是袁太常撰，② 有光绪八年（1882）稿本和1984年影印本（名《吉林省志略》），该书无序无跋，无卷次无目次，正文无标题，内容多属资料堆砌，是专项记载的地方志。《打牲乌拉志典全书》成书于光绪十年（1884），作者为时任打牲乌拉的总管云生、左翼委属翼领英喜，该书大量地收入了清朝历代皇帝对打牲乌拉的谕旨、敕诏、朱批、言论等档案，是打牲乌拉地区的第一部方志。③ 三部方志作为吉林地方志均尚显粗略。《吉林通志》内容丰富、规模宏大、项目齐全，全书共122卷，100多万字，内分《圣训志》《天章志》《大事志》《沿革志》《舆地志》《食货志》《经制志》《学校志》《武备志》《职官制》《人物志》《金石志》等。④ 这部志书中记载了吉林地区社会生活的各方面情况，反映了吉林将军辖区的历史进程，特别鉴于俄、日两个帝国主义国家对中国的侵略野心，志书里不但记载

① 郑毅：《清代吉林将军长顺简评》，《吉林师范学院学报》，1984年第2期。

② 范秀传：《中国边疆古籍题解》，乌鲁木齐：新疆人民出版社，1995年，第104页。

③ 金恩晖：《吉林省地方志考略》，《文献》，1979年第1期。

④ 李天林主编：《吉林水师营·中部》，长春：吉林人民出版社，2012年，第122页。

了军事边防的沿革，而且在《武备志》中专门记述了沙俄的侵略行径，保存了沙俄多次入侵和强行割占我国黑龙江以北、乌苏里江以东大片国土的有关资料。此外，书中还记载了爱国将领坚持同侵略者斗争的英雄业绩。

二、学界的整体研究情况

金恩晖《吉林省地方志考略》[①] 一文是可见的学界最早的研究成果，该文对《吉林通志》的编纂作者、缘由、体例、内容和方志的意义等作了论述，认为《吉林通志》是体例比较完备、内容比较丰富的一部吉林省地方志；李澍田主编的《东北史志文献要略》[②] 和《长白丛书》[③] 都有《吉林通志》的相关内容，前者是东三省方志研究的一部工具书，从阶级斗争角度对《吉林通志》的编纂作者、版本流传、成书缘起历程、编修凡例、目录及内容等情况做了总体介绍，认为《吉林通志》是体例比较完备、内容比较丰富的吉林省地方通志。郝瑶甫编著的《东北地方志考略》[④] 与之相似。后者是对东北亚文献的整理研究，《吉林通志》全文被收录，这为学界进一步研究提供了方便；曹殿举主编的《吉林方志大全》[⑤] 是对吉林方志专项介绍的汇总，也提及了《吉林通志》，主要介绍了纂修者的生平，参与编写人员、编修时间、过程、内容、价值及版本等，并通过对《吉林通志》的内容分析，引用金毓黻的观点，认为该志有搜罗完备、语皆有据、证义精确三个优点，是难得的东北地方大型志书，但指出《吉林通志》的编纂存在对当时吉林省的社会现状和历史的研究内容、古代文献资料的搜集不够全面，抑或对吴大澂等人在吉林提出的边防措施缺乏必要的论述等问题；宋抵、柳成栋主编的《东北地方志序跋辑录》[⑥] 收录了长顺为创修《吉林通志》所上的奏折，是作

---

① 金恩晖：《吉林省地方志考略》，《文献》1979 年第 1 期。

② 李澍田主编：《东北史志文献要略》，吉林：吉林师范学院，1983 年。

③ 李澍田主编：《长白丛书》，长春：吉林文史出版社，1989 年。

④ 郝瑶甫编：《东北地方志考略》，沈阳：辽宁人民出版社，1984 年。

⑤ 曹殿举主编：《吉林方志大全》，长春：吉林文史出版社，1989 年。

⑥ 宋抵，柳成栋主编：《东北地方志序跋辑录》，哈尔滨：哈尔滨工业大学出版社，1993 年。

为《吉林通志》的序言而收录的，但缺少深入考察；金恩晖、胡述兆主编的《中国地方志总目提要》① 中的《吉林省地方志总目提要》记载了《吉林通志》的编纂作者、纂修原因，同时指出该志的不足。韩爱平的硕士学位论文《吉林地方志文献研究》② 在总结前人研究的基础上，通过史书记载对《吉林通志》的作者、志体写法、编纂时间、对后世的影响和价值进行了系统介绍，并对志书的版本进行补充。李天林主编的《吉林水师营》中有《长顺将军与〈吉林通志〉》③ 一文，主要叙述了长顺一生的主要履历，对《吉林通志》的编纂时间、成书背景、内容和价值等做了简要概括，认为该志书的编纂，相较于后成书的《吉林乡土志》《永吉县志》等内容更为全面，为研究吉林历史上的人文、地志提供了宝贵的资料。作为清朝的高级官员，管辖和掌握吉林广大疆域军事、政治的将军，长顺能将沙俄的侵略行径和爱国志士的斗争都记载于《吉林通志》之中，致力于编修地方志巨著，实为难能可贵之举。王放《婉容的曾祖父与〈吉林通志〉》④ 与之类似。

三、学界的具体问题研究情况

对《吉林通志》进行整体研究的同时，有学者对其纂修、语言及《人物志》等具体问题展开研究。首先学界集中于对纂修过程的研究。郭君《吉林通志纂修考》⑤，对《吉林通志》的序言、吉林地方咨册档案与《吉林通志》的关系以及纂修刊印版本等几个方面内容做了考证；宋抵《修〈吉林通志〉的准备与吉林志书局》⑥，在郭的基础上，详细考证了《通志》纂修的前期准备，认为《吉林通志》的纂修有一个过程，最早应是始于光绪十三年（1887），在光绪十五年（1889）成立“吉林志书局”，才开始编纂工作，文

① 金恩晖，胡述兆主编：《中国地方志总目提要》，台北：汉美图书有限公司，1996 年。

② 韩爱平：《吉林地方志文献研究》，东北师范大学硕士学位论文，2009 年。

③ 李天林主编：《吉林水师营·中部》，长春：吉林人民出版社，2012 年，第 122 页。

④ 王放：《婉容的曾祖父与〈吉林通志〉》，见房俐主编：《档案吉林 省档案馆卷》（上），长春：吉林出版集团有限责任公司，2014 年，第 100 页。

⑤ 郭君：《吉林通志纂修考》，《图书馆学研究》1984 年第 6 期。

⑥ 宋抵：《修〈吉林通志〉的准备与吉林志书局》，《图书馆学研究》1986 年第 3 期。

中还附有《〈吉林通志〉成书年考》文一篇；陶玉坤《从光绪朱批奏折看〈吉林通志〉的创修》①，通过《光绪朝朱批奏折》中吉林将军长顺有关创修《吉林通志》的奏折，分析了《吉林通志》创修的条件、《吉林通志》的史料、长顺和李桂林与《吉林通志》的创修，以及《吉林通志》的修成时间等问题；余秀杰《档案考证〈吉林通志〉修纂始末》② 在总结前人研究的基础上，对《吉林通志》的编纂起始时间进行了考证，通过对修纂通志前公文的考察，认为始修时间在光绪十三年（1887），其中时任吉林将军的希元对方志的准备工作功不可没。关于《吉林通志》在编纂之外，也对其他内容进行了具体问题的研究。黄锡惠《〈吉林通志〉中与植物有关之满语水体名称考释》③ 从满语研究出发，对《吉林通志·舆地志》中记载的满语草本植物、木本植物等与植物有关的水体进行了考察，认为将这些满语地名汇集考索，不仅对满语语言研究，而且对东北历史、地理、人文研究皆甚有益。薛刚《〈吉林通志〉珲春佐领相关记载补正》④ 依据《吉林通志》之后修撰的《珲春县志》《珲春乡土志》中有关珲春佐领的内容进行了补正，并对下五旗设置时间的错误、镶黄旗佐领的错误及佐领漏载等问题进行了考察和纠正，在文中还列有珲春上三旗和下五旗两个佐领表，以对《吉林通志》的修改进行详细展示。顾文杰的硕士学位论文《〈吉林通志·人物志〉研究》⑤ 通过史书记载，综合运用文献研究法、比较法、归纳法、综合分析等方法，对《吉林通志》中的《人物志》内容和编纂进行了专项研究，并对《人物志》在保存史料、保存清代重要人物的资料、为研究正史中未记载史事提供资料等方面的价值进行了考察，总结认为《人物志》在阶级立场和编纂上存在一定的局限性。李云鹤、常京锁《清朝对吉林的文化封禁政策及其特征——基于〈吉

---

① 陶玉坤：《从光绪朱批奏折看〈吉林通志〉的创修》，《北方文物》2003 年第 4 期。

② 余秀杰：《档案考证〈吉林通志〉修纂始末》，《兰台内外》2015 年第 6 期。

③ 黄锡惠：《〈吉林通志〉中与植物有关之满语水体名称考释》，《满语研究》1987 年第 1 期。

④ 薛刚：《〈吉林通志〉珲春佐领相关记载补正》，见姜维东主编：《东北亚研究论丛》5，2012 年，第 227 页。

⑤ 顾文杰：《〈吉林通志·人物志〉研究》，华中师范大学硕士学位论文，2015 年。

林通志〉的记载》[①] 从文化角度对《吉林通志》的内容进行了考察，认为所记载的部分史实，本质上反映了清政府对吉林地区的文化封禁政策，看似是为保护满族风俗的淳朴，实质是为了阻断汉文化在吉林的传播和影响，是出于政治上的考虑。由于封禁政策违背人类社会发展规律，被历史的潮流冲垮。李申《〈吉林通志〉的历史贡献》[②] 通过对《吉林通志》编纂缘起、体例和内容的考察，对其历史贡献做了专门总结，认为《吉林通志》开创东三省省志一代先河，是东北地区少数民族重要历史文献，详记中俄、中朝（日）勘界事宜，这为日后中外疆界之争提供了可靠的文献资料。

综上，学界对《吉林通志》的探讨由整体考察逐渐深入，对其编纂时间、具体内容、记载语言、版本种类及历史贡献等具体问题做专项考察，并对其记述的不足予以补正。《吉林通志》作为吉林乃至东北地区历史上有代表性的方志，其价值与功用正在被学界所认知，其研究会更加深入，并为推动对吉林地区的历史研究提供宝贵的材料。

---

① 李云鹤，常京锁：《清朝对吉林的文化封禁政策及其特征——基于〈吉林通志〉的记载》，《学问》2016 年第 5 期。

② 李申：《〈吉林通志〉的历史贡献》，《兰台内外》2017 年第 1 期。

第十一章　《皇华纪程》所见吴大澂的中俄边界勘察

《皇华纪程》是清末吴大澂出使期间所写的日记，其内容记述了他前往吉林珲春途中的见闻与立约情况，对研究清末东北地区的经济、政治、地理、居住人民、风俗人情、中俄外交史等有重要作用，也为1886年的勘界和研究领土变化提供了史料价值，成为后人研究吴大澂历史功过的主要文献依据。

一、《皇华纪程》编纂的历史背景

1879年崇厚在没有取得清政府的同意下，非自愿情况下与沙俄政府签订了《中俄交收伊犁条约》。由此清政府与沙俄关系日益恶化，东北边疆问题一触即发。为了稳定东北地区，清政府调任吴大澂前往吉林珲春处理东北事务，并重新勘测中俄边界，目的是为了维护国家主权完整和巩固清政府的统治。吴大澂奉命出使珲春地区进行实地考察，他对珲春地区的山川河流、历史沿革与行政设置、珲春地区的边界形势、关于珲春勘界的主张等做了详细的叙述，并取得了重立界碑、收复黑顶子、恢复中国图们江出海权三大筹边成就，有效地打压了沙俄侵占东北边境土地的企图。《皇华纪程》对于研究清末东北地区的自然地理、移民、风俗人情、中俄关系史有着重要的作用，也为光绪十二年（1886）以后的勘界和疆土变化提供了重要的资料。

二、学界研究综述

柳成栋《吴大澂在督办吉林边务中的历史贡献》① 一文介绍了吴大澂的

① 柳成栋：《吴大澂在督办吉林边务中的历史贡献》，《黑龙江史志》2013年第2期。

生平经历，重点对其在吉林处理边务的措施进行了详细叙述，赞颂吴大澂的爱国精神，为巩固边防做出了贡献。于逢春《吴大澂恢复中国图们江出海权再探讨》① 一文交代了图们江出海权问题的时代背景，以及吴大澂前往吉林的过程，详细叙述了他力排众议使中国取得了图们江东出日本海的权利。陈可畏《吴大澂与晚清东北边务》② 一文中别开生面地介绍了吴大澂前往吉林前在河南河北的政绩，以及东北事务问题的复杂程度，侧面衬托了他为解决东北事务做出的努力，为维护国家领土做出了突出的贡献。孙睿咛《清末吴大澂东北移民实边政策探析》③ 一文中对东北边防危机的演变进行了概述，详细分析了吴大澂东北移民实边政策，不仅可以解决民生问题，还可以增加国家的财政收入。赵晓宇《吴大澂东北筹边及其当代启示研究》④ 详细介绍了吴大澂在前往珲春处理东北事宜的背景，以及筹边措施，从而探讨东北筹边的意义与对当代东北治理的建议。

现今学者对吴大澂《皇华纪程》中俄边界勘察的著作研究，以及论文研究屈指可数。究其原因，第一，关于吴大澂的研究多基于甲午战争这个大背景下，对于人物的评价有失偏颇。其二，目前学界对吴大澂的个人生平、政治生涯以及东北筹边的措施与贡献有一定的研究，但仅停留在表面，部分细节内容并未深入研究。其三，众多研究肯定了吴大澂对中俄勘界过程中所做出的贡献，但忽视了其实际效果。其四，对于《皇华纪程》中诗词所描绘的景象有所忽略，如珲春的山川河流，这是遗憾的，但也为本文的研究提供了空间。

三、《皇华纪程》的作者、成书和体例

《皇华纪程》是清光绪年间吴大澂前往珲春进行勘察时所作的日记体史

---

① 于逢春：《吴大澂恢复中国图们江出海权再探讨》，《东北史地》2014 年第 6 期。

② 陈可畏：《吴大澂与晚清东北边务》，《清华大学学报（哲学社会科学版）》2018 年第 5 期。

③ 孙睿咛：《清末吴大澂东北移民实边政策探析》，《开封文化艺术职业学院学报》2020 年第 1 期。

④ 赵晓宇：《吴大澂东北筹边及其当代启示研究》，辽宁师范大学硕士学位论文，2022 年。

书，真实记录了他在珲春勘界的前因后果，以及他所提出的观点、中俄会谈达成一致的协定等内容，为研究东北边疆史、清朝外交史，留下了重要的资料。基于其作为日记体史书的特殊性，应对《皇华纪程》的成书背景、作者、版本和体例等内容进行着重探讨。

（一）吴大澂生平

吴大澂，原名吴大淳，后来因为要避清穆宗（爱新觉罗·载淳）的名讳而改名，[①] 字止敬，号白云病叟，晚号窓斋，江苏苏州人。吴大澂不仅在处理政务上有所建树，同时也是一名金石学家、书画家、诗人、收藏家。[②] 吴大澂善于绘画，他的山水画、花卉画堪称一绝。再有，其书法上善写篆书，留存著作有《皇华纪程》《吉林勘界记》《客斋集古录》等。

同治六年（1867）吴大澂中进士，授职为编修，后驶离京城，任职于陕甘学政。光绪三年（1877）吴大澂前往山西、陕西等地，负责办理赈济灾民等事务。在面对重重困难的条件下，吴大澂不辞劳苦，以身作则前往灾区赈灾，受到了左宗棠、曾国荃等人的推荐，第二年被提拔为河北道。光绪六年（1880），吴大澂被授予三品卿衔，和吉林将军铭安共同负责宁古塔、三姓、珲春等中国东部边境的事宜。他经过长途跋涉于六月到达吉林，立刻与吉林将军铭安商议边防事宜。吴大澂在整顿军吏、筹边建设上多有心得。光绪十二年（1886）十月，吴大澂正式与沙俄政府签订《中俄珲春东界约》和《中俄查勘两国交界道路记》[③]，内容涉及补设“土”字界牌，增设“啦”、“萨”、“玛”字界牌的数字记号；收复黑顶子；取得图们江口通航权等成就，捍卫了祖国边境不被侵犯。

光绪十三年（1887），吴大澂任广东巡抚，葡萄牙试图侵略我国澳门及香山地区，吴大澂不畏葡萄牙的威胁，与其抗争。光绪十四年（1888）五月，口门埽占失事，节节败退，李鹤年等人遭革职查办。同年七月，天子命吴大澂任河南山东河道总督，接手堵口大工事务。吴大澂孤身一人身穿常

---

① 赵丽：《〈皇华纪程〉解题》，姜维公，刘立强主编：《中国边疆研究文库初编·东北边疆卷》，哈尔滨：黑龙江教育出版社，2014年，第257页。

② 王元宏：《清·吴大澂汪渊若书画扇屏》，《大众文艺》2012年第17期。

③ 赵丽：《〈皇华纪程〉解题》，姜维公，刘立强主编：《中国边疆研究文库初编·东北边疆卷》，哈尔滨：黑龙江教育出版社，2014年，第258页。

服，混入送料民工之中，一起运送秸料，进行私访。结果发现了材料短缺、克扣民工工钱、贪污腐败等问题。吴大澂立刻惩办了贪官污吏，[①] 并对堵口工程制定了详细的计划，在工的官吏分工明确，严限完成。吴大澂成功地治理了河患，被授河道总督一职，赏头品顶戴。

光绪二十年（1894），甲午中日战争爆发，身为湖南巡抚的吴大澂，上书请求随军出征。得到光绪帝的准许后，吴大澂与黑龙江将军长顺及宋庆等兵力集合于一处，准备进行第四次反攻。原本兵力有一定优势，但由于是来自不同势力的联军，没有统一的领导，没有明确的指挥权。[②] 吴大澂名义上是帮助办理军务，实际上无法指挥全军，加之小觑了敌人的力量，有轻敌之心，未认真部署兵力。[③] 吴大澂调遣兵力，准备进攻海城时，日军利用联军的弱点，采取“佯攻辽阳，实取牛庄”声东击西的战术，牛庄防务空虚，不到一日被日军攻破。兵败后，吴大澂退守石山站；宋庆当机立断，将守营口的主力撤往田庄台，而导致营口兵力空虚，3 月 7 日日军对营口发动战争，轻而易举的夺取了营口，田庄台随后也被攻陷。[④] 光绪二十四年（1898）吴大澂因为海城兵败被革职，不再录用。1902 年，68 岁的吴大澂与世长辞。

（二）《皇华纪程》成书背景

咸丰十年（1860），沙俄凭借武力逼迫清政府签订了不平等条约——《北京条约》，条约规定乌苏里江以东，约四十万平方公里的领土，归沙俄所有。次年，清政府与沙俄政府派遣的使者，依据《北京条约》规定对东北边疆进行勘察，在沙俄的主导下，设立了八处界牌，并签署了《中俄勘分东界约记》《中俄乌苏里江至海交界记文》等条约。[⑤] 勘界结束后，沙俄对条约划

---

① 陈可畏：《吴大澂与晚清东北边务》，《清华大学学报（哲学社会科学版）》2018 年第 5 期。

② 曹立前：《吴大澂评述》，《山东师范大学学报（人文社会科学版）》2004 年第 2 期。

③ 谢俊美：《师出无功不行其志的吴大澂——读吴大澂未刊函稿》，《档案与史学》2003 年第 2 期。

④ 韩行方：《旅顺博物馆藏〈宝箴堂秘籍〉述要》，《历史档案》1996 年第 4 期。

⑤ 赵丽：《〈皇华纪程〉解题》，姜维公，刘立强主编：《中国边疆研究文库初编·东北边疆卷》，哈尔滨：黑龙江教育出版社，2014 年，第 257 页。

分不满，继续蚕食东北土地，最终无视条约内容，直接占为己有。① 为了解决沙俄强占土地问题，光绪十二年（1886）清政府派遣北洋事务大臣都察院左副都御史吴大澂、吉林防务大臣珲春副都统依克唐阿前往珲春、岩杵河与沙俄代表进行勘界谈判。吴大澂实地考察，依照咸丰十一年（1861）清政府与沙俄签署文件和附图，与沙俄代表周旋，重新建立“土”“哪”等字的界牌，收回了被沙俄占领的黑顶子等地。又根据勘察结果，认为部分界牌与咸丰十一年条约所记载的不符，吴大澂将“倭”字界碑设立到了瑚布图河的高地上。光绪十二年（1886）珲春副都统依克唐阿与俄国签订《中俄珲春东界约》，并在黑顶子的山顶上设立了一个大铜柱，高约四米，刻上了吴大澂亲手书写的篆书，内容为“疆域有表国有维，此柱可立不可移”②，作为这次立界的标志。但这终归只是吴大澂个人的愿望，铜柱后来也被俄国侵略军劈成两段，运输到俄国东部的一个博物馆中。③ 此次清政府与沙俄进行勘界筹边，吴大澂成功收回了黑顶子，使中国船只可以自由出入图们江，这是一项无法比拟的贡献。吴大澂凭借擅长处理边疆事务、善于谈判的能力，在清朝内外交困的情况下取得了显著成绩，是不可多得的人才。

（三）《皇华纪程》出版版本与体例

《皇华纪程》是吴大澂领命前往珲春时，路途上记录写下的内容，之后并未发行。据《顾廷龙文集》记载：“《皇华纪程》墨迹臧秀水王韶九家，倩人转乞罗叔言题跋，罗即录副刊之《殷礼在斯堂丛书》中。旋由王君九、许湖、伊从臾、张厚现单印以广流传。十九年春，先在坊间得见丛书本，不能单售，因借迄录携归。”④ 可知，《皇华纪程》现存的版本有四：罗振玉主编的“殷礼在斯堂丛书”民国十七年（1928）铅字本，张厚民国十九年（1930）的铅印本，李澍田主编的“长白丛书初集”本，“丛书集成续编”

---

① 赵晓宇：《吴大澂东北筹边及其当代启示研究》，辽宁师范大学硕士学位论文，2022 年。

② 王世选，梅文昭：《宁安县志：第一卷》，哈尔滨：黑龙江人民出版社，1924 年，第 40 页。

③ 赵晓宇：《吴大澂东北筹边及其当代启示研究》，辽宁师范大学硕士学位论文，2022 年。

④ 顾廷龙著：《顾廷龙文集》，上海，上海科学技术文献出版社，2002 年。

（第44册）本，以及2005年“黑水丛书”的版本。

《皇华纪程》“皇华”两字作为书名，出自《诗经·小雅·皇皇者华》“君遣使臣也，送之以礼乐，言远而有光华”①，比喻出使的大臣弘扬统治者的美德，四海八方知道其美誉，没有辜负对方的嘱托。

《皇华纪程》作为一本日记体史书，既有日记体史书共有的特点，如记录日常事务、沿途见闻，又有许多诗篇。同时它作为吴大澂出使活动的日记，记载日期从1886年（光绪十二年）正月十七开始，到1886年9月15日结束，届时八个月，共238天。② 日记内容不仅记叙了吴大澂去吉林珲春的所闻所见和勘察土地、与沙俄修约的情况，而且收录了相关的学术著作和文学艺术作品。例如，钟鼎铭文的考释、《字说》中的部分条目，诗歌、字画和条幅碑文等文物。

四、《皇华纪程》中的出行路线和珲春的自然地理

《皇华纪程》内容记载了清代珲春地区的自然风貌和物产，是该书重点考察内容之一。吴大澂前往珲春途中的见闻对了解东北地区的历史有着重要作用。基于此，应该着重考察书中关于珲春地区的内容。

（一）吴大澂的出行路线

吴大澂奉命前往珲春地区，同俄方官员处理“查勘边界牌博、换立石碑”③ 的事务。他正月十七从天津启程，二十日至乐亭县城（今隶属河北省唐山市），二十三日过红花店向东走至山海关，二十五日向东北方向行进至宁远州城外（在今辽宁兴城市）留宿，第二日翻过连山“入锦州界矣”④。二十七日过松山、杏山，二十八日渡大凌河至闾阳驿。二十九日过广宁驿、孤

① 周振甫：《诗经译注》．北京：中华书局，2013年，第228—229页。

② 赵丽：《〈皇华纪程〉解题》，姜维公，刘立强主编：《中国边疆研究文库初编·东北边疆卷》，哈尔滨：黑龙江教育出版社，2014年，第259页。

③ 赵丽：《〈皇华纪程〉解题》，姜维公，刘立强主编：《中国边疆研究文库初编·东北边疆卷》，哈尔滨：黑龙江教育出版社，2014年，第265页。

④ 赵丽：《〈皇华纪程〉解题》，姜维公，刘立强主编：《中国边疆研究文库初编·东北边疆卷》，哈尔滨：黑龙江教育出版社，2014年，第266页。

家子、二台子至洋岔河。三十日至小黑山站，在半拉门留宿。二月初一日至白旗堡（清属广宁县，今辽宁新民市），初二日过巨流河、大荒身、大石桥后向东前进，初三日至奉天省西门的东实胜寺。初五日路过懿路站至铁岭县城外。初六过清河至九社留宿。初七过威远堡门至叶赫站，初八向东行进至赫尔苏站，初九再向东前进至大孤山站，行35里至伊通州（今吉林省伊通满族自治县）。初十到达伊巴丹站，在双杨河苏瓦延站住宿一晚。十一日至伊拉门站，过岔路河至依拉奇。十二日至搜登站，后至大绥河。处理政务后，十六日起程至江蜜蜂，后向西行，十七日至额赫穆站，过老爷岭至拉法站。十八日越鄂勒河至乌棘口刘家店。十九日至额赫穆索罗站，二十日至塔拉站，二十一日向东至必尔罕站。二十二日过三道岭至沙兰站。二十三日过蓝旗沟至宁古塔城。① 二十五日渡江南下，二十六日至窝棘口徐家店，二十七日过老松岭站至骆驼磊子萨奇库站，二十八日至哈密达。三月初一至德通，初二日至密占，初三日抵达珲春处理政务。

吴大澂此次出行耗费了近两个月抵达珲春，从天津出发往东北方向，经过辽宁到达吉林东部珲春地区。

（二）珲春地区的自然地理条件

古诗中曾这样描写珲春的自然风光："雁鸣闻三国，虎啸惊三疆；花开香三邻，笑语传三邦。"② 被誉为"虎豹之乡"的珲春坐落于吉林的东北部，地理位置特殊，是中国、俄罗斯、朝鲜三国交界处。正因处于三国交界处，珲春在东北亚地区有举足轻重的作用，也是我国与东北亚地区沟通的一面窗户。

位于图们江下游的珲春，东南方向与俄罗斯以分水岭为界线，遥遥相望，西部与朝鲜共和国为邻；西北方向的磨盘山顺着老爷岭山脉和诸峰分水岭为界，与汪清县与黑龙江省东宁县连接。珲春的地势呈马鞍形状，东、南、北三面被群山环绕。珲春地区多山地，山地约占总面积的八成以上。吴大澂在《皇华纪程》中，对珲春的地形也有形象的描述，"凡石皆直性，滋

① 赵丽：《〈皇华纪程〉解题》，姜维公，刘立强主编：《中国边疆研究文库初编·东北边疆卷》，哈尔滨：黑龙江教育出版社，2014年，第276页。

② 王栋，陈海英：《三疆美景惹人醉》，《图们江报》2010年12月7日。

山独横理。高砌宛成台，平铺略如底。”① 再如描写珲春地势起伏大，地势高的诗句：“绕郭峰峦多不平，过江山势更纵横。空潭云气随龙去，剩有流泉赴壑声”。② 珲春的最高峰是老爷岭，其主峰是森林山，西侧为珲春河冲积平原，珲春区域内还有部分小型平原和盆地，如敬信平原和春花盆地，印证了地势崎岖。《皇华纪程》中记载了老爷岭的起源，“远脉原从长白来，蜿蜒下饮松江水”③。老爷岭为长白山的支脉，为西南——东北走向，位于黑龙江省东南部和吉林省东部。④ 主峰森林山雄踞汪清与珲春两县接壤处，海拔1477米，东南至西北走向，山势浑圆险要，苍翠挺拔，是中国大陆的第一缕曙光首照地。

珲春市河流主要发源于长白山主峰的图们江，流经凉水庆荣村后最后进入防川“土”字牌，再经过中国、朝鲜、俄罗斯三国后注入日本海。其中图们江在珲春境内主要流经凉水、密江、英安、三家子、板石、敬信镇等，汇入的支流有北大河、珲春河、圈河等河流。此外，流淌在珲春的库克纳河，在清光绪年间，曾被珲春副都统依克唐阿引为珲春古城的护城河。其位于珲春市区中部，其上游为车大人沟河，经三家子村河南屯以西，注入珲春河。库克纳河，又称阔库纳河。“库克纳河”是满语“围网”之意，即可撒拉网捕鱼之河。吴大澂耗时两个月的时间抵达珲春，将沿途的见闻和珲春的地理风貌记录于《皇华纪程》中，保留了清末珲春当地的珍贵自然地理资料。

五、《皇华纪程》与吴大澂勘界

珲春地处东北边疆，具有重要的历史和地缘价值。《皇华纪程》记述了吴大澂到达珲春后，与俄国官员查勘边界牌、换立石碑等事件。我们要对吴

① 赵丽：《〈皇华纪程〉解题》，姜维公，刘立强主编：《中国边疆研究文库初编·东北边疆卷》，哈尔滨：黑龙江教育出版社，2014年，第275页。

② 赵丽：《〈皇华纪程〉解题》，姜维公，刘立强主编：《中国边疆研究文库初编·东北边疆卷》，哈尔滨：黑龙江教育出版社，2014年，第273页。

③ 赵丽：《〈皇华纪程〉解题》，姜维公，刘立强主编：《中国边疆研究文库初编·东北边疆卷》，哈尔滨：黑龙江教育出版社，2014年，第274页。

④ 刘柱，孙霞：《浅述珲春市水文地质现状的研究进展》，《科学技术创新》2020年第22期。

大激的勘界活动清晰明了，可从历史沿革与行政设置两个角度入手。基于此，本文特从以下进行阐述。

（一）珲春地区历史沿革与行政设置

珲春地区历史悠久，最早可以追溯到新石器时代。① 珲春地区民族众多，女真族、满族、沃沮、靺鞨等祖先都曾在珲春这片土地生活过，给珲春留下了文明遗迹。

珲春地区自古以来就纳入中原王朝的行政管辖之下，具有自身的行政设置。战国至两汉时期，珲春河、图们江流域是北沃沮人的主要聚居区，西汉时期，珲春归乐浪郡东部都尉管辖。② 唐朝时期，珲春在渤海国的治下逐渐兴盛。唐睿宗“遣郎将崔䜣往册拜祚荣为左骁卫员外大将军、渤海郡王”③，承认其建立政权。在珲春发现了大量渤海国的遗址，如著名的平原城——八连城。八连城曾经是渤海国东京龙原府的管辖范围，又名半拉城，④ 今位于珲春河冲积平原的西部，管辖下属的四个州、十八个县城。八连城的建筑风格，模仿了唐朝长安城的建筑特点，是渤海国的政治经济文化中心，侧面促进了珲春的发展，成为闻名于东南亚的贸易城市，开辟了“日本道”作为海上交通，被誉为“东北亚海上丝绸之路”⑤，可见珲春地区已经成为唐朝渤海国重要的交通枢纽。此后契丹民族、女真族先后建立了辽金等民族政权，并攻灭渤海国，而渤海国在珲春遗址大多数得到了保留。辽代珲春先归东丹国，后归东京道率宾府管辖。金代归上京曷懒路管辖。金末，珲春属蒲鲜万奴建立的东夏国率宾路辖区。明代珲春归奴儿干都指挥使司管辖。其中，具有特色的斐优城，位于珲春河的下游城，与温特赫部城只隔了一堵墙，⑥ 此处出土的瓦片、印章等文物，证明了是辽金时期珲春的一个重点城镇。珲春斐优城中奚关总管府，是元朝统治者建立的政治机构，管辖主要范围在图们

---

① 赵宾福：《图们江流域的青铜时代文化研究》，《考古》2008 年第 6 期。

② 魏存成：《东北古代民族源流述略》，《中国边疆史地研究》2017 年第 4 期。

③ 刘昫：《旧唐书》卷一九九下《靺鞨传》，北京：中华书局，1975 年，第 5360 页。

④ 魏存成：《关于渤海都城的几个问题》，《史学集刊》1983 年第 3 期。

⑤ 安龙祯：《关于毛口崴渤海盐州的历史地位与作用》，《东北史地》2004 年第 3 期。

⑥ 孙进己，冯永谦：《东亚文库中国考古集成东北卷两晋至隋唐 3》，北京：北京出版社，1997 年，第 458 页。

江流域、珲春东部沿海地区和沙俄南部海滨地区。明朝奴尔干都指挥使司管辖下的密拉卫、乌尔珲山卫、童宽山卫等，都设在珲春区域。

元末明初时期，建州女真部族—斡朵里部头领、建州左卫第一任指挥使、清太祖努尔哈赤六世祖猛哥帖木儿降生于珲春，因为他对建州女真部族的发展做出了巨大的贡献，被后世清政府尊称为“大清肇祖原皇帝”[①]。康熙五十三年（1714）在珲春设立协领，宁古塔副都统管理，这是“珲春”名称第一次在官方文件上出现。同治九年（1870），珲春被提高了管理级别，为副都统衔。光绪七年（1881），珲春正式提升为珲春副都统，管理范围进一步扩大，已经延伸到今延边地区。直到宣统元年（1909）珲春副都统职位才被撤销。

（二）晚清珲春地区的边界形势

1869 年至 1875 年，朝鲜国内频发战乱，朝鲜人民因为粮食短缺等问题，被迫越过图们江，来到中国境内以求谋生，这便是珲春朝鲜族的来源。[②] 随着移民人数的增加，珲春境内各种族群交融，形成了特殊的中俄边界族群。包括了原珲春的原住民、越过图们江的流民、跨国行商者、跨国盗匪、原珲春罪犯、原驻扎的旗兵等。以上族群常常因为利益冲突、土地冲突等发生摩擦，且沙俄对我国东北觊觎已久，不容边境有所松懈。为了解决这些问题，在光绪七年（1881），清统治者任命依克唐阿为珲春副都统，管理东北延边大部分地区，设立了专门管理边境事务的吉林边务督办和珲春招垦局，集中处理珲春的边界事务。[③] 光绪十二年（1886）七月，收到调任的吴大澂，即刻前往珲春处理中俄勘界事务，最终与沙俄签署《中俄珲春东界约》，重新划分了中俄边境的界线，获得了图们江出海权，中俄边境紧张的形势有所缓解。清宣统元年（1909），统治者为了更好地发展珲春，提高了行政等级，设立珲春厅，招募民人积极开垦荒地、派遣兵力前往驻扎、设置炮台防止俄军进攻、修路方便通行、设置驿站给路过官员提供食宿，珲春进入了建设时期。

---

① 《清太祖实录》卷四，壬子年十月辛酉条，北京：中华书局，1986 年。

② 王亚民，杨柳：《晚清中俄边界族群与珲春边疆的治理——以〈珲春档〉及〈珲牍偶存〉为解析中心》，《延边大学学报（社会科学版）》2023 年第 1 期。

③ 孙睿咛：《清末吴大澂东北移民实边政策探析》，《开封文化艺术职业学院学报》2020 年第 1 期。

尽管清廷做了一系列的防范，沙俄仍未放弃侵占珲春。沙俄受到资本主义的冲击后，开始改革本土落后的政治制度。1861年在沙皇亚历山大二世的支持下，沙俄进行了农奴制改革，并取得一定的成就，加快了资本主义的发展。[①] 为了获取更多的原料、土地、市场，沙俄将目光锁向了我国东北，加速了对中国侵略进度。鸦片战争虽然被迫打开了国门，但清政府的统治阶级仍然故步自封，做着天朝上国的美梦，内部腐败不堪。第二次鸦片战争后，日本在明治维新后迅速发展，很快摆脱了被侵略国的地位，加入了与俄国争夺东北的战争中。珲春独特的地理位置，使得珲春的战略地位日益上升，珲春区域演变为东北亚的枢纽之地。俄国如果拥有了珲春的控制权，便可以从珲春长驱直入，直接占领与其土地接壤的朝鲜，整片海域都将落入沙俄的势力范围中。

可见，晚清珲春地区的边境形势极不稳定，国家之间冲突不断，尤其是在中、俄、日、朝四国之间。冲突与应对是这一历史时期的主流关系，从某种程度来说，这加速了中国境内朝鲜族的形成，也是晚清珲春边疆族群之间良性互动的表现与结果。

（三）吴大澂关于珲春勘界的主张

吴大澂对于中俄勘界问题一直十分关注，《皇华纪程》吴大澂记述“中原无事鲸波息，坛坫何妨效折冲。防患尤宜策未然，强邻渐与外藩连”[②]。他在处理吉林政务中，发现沙俄多次越界，侵占我国珲春地区，且理所当然地将图们江流域当作自己的管辖范围，意欲窃取黑顶子等地。面对祖国疆土被侵扰的问题，吴大澂多次上书清帝，请求依照地图和条约重新划清界限，限令沙俄归还我国被侵占的土地，以收复失地；并派遣军队前往驻守，以威慑沙俄，维护边疆地区安全。清政府开始重视东陲土地问题，吴大澂得偿所愿，奔赴珲春重新勘界。勘界过程中，吴大澂主张先与沙俄谈判，按照界线重新划分边界。[③] 吴大澂在中俄勘界会议中，态度强硬，据理力争，不畏沙

---

① 姜毅：《中俄边界问题的由来及其解决的重大意义》，《欧洲研究》2006年第2期。

② 赵丽：《〈皇华纪程〉解题》，姜维公，刘立强主编：《中国边疆研究文库初编·东北边疆卷》，哈尔滨：黑龙江教育出版社，2014年，第265页。

③ 初丛雪：《吴大澂“吉林堪界”叙论》，《白城师范高等专科学校学报》1999年第3期。

俄的威胁和巧言的欺骗，决心收复国土。

重立界碑后，吴大澂深知，与沙俄签订协议，并无法保证珲春地区的稳定，以沙俄的野心定会卷土重来，越界蚕食东北。吴大澂在“俄人经营防垦专意于沿边地方，竭力布置空旷无人之地，犬牙相错，不免暗中侵占；中国招垦多就腹地推广，而置边圉于不问。以民为界，并积极屯兵，不给沙俄有可乘之机”①。据此提出了移民至边界处，鼓励开垦荒地的建议。

可见，清末珲春地区俨然成为沙俄等外国势力的侵略对象，边界问题日益严重。吴大澂对沙俄的谈判中据理力争，取得重立界碑等重要成果，为之后的边疆巩固奠定了基础。

六、吴大澂的筹边举措

吴大澂筹边时，见识了俄国人的狡猾多变，深知与沙俄进行勘界和谈不能只依靠口舌，还需要一定的武力威胁。为此形成了以战求和的积极谈判思路，不畏沙俄强横态度，防止沙俄如无赖一般不断求索，同时不给沙俄拖延的借口，力求速战速决，吴大澂采取了以下措施。

（一）吴大澂的珲春筹边措施

（1）提升珲春地方行政机构地位

吴大澂到达吉林珲春后，为了让沙俄相信中央对此次勘界的重视程度，他奏请清政府提高珲春地方行政机构的等级，改革过去旧制。地方获得了更大的权限，也为吴大澂之后筹边措施的推进取得了很大的便利。

最初珲春属于宁古塔管辖范围内，是清政府颁布的封禁区。吴大澂为中俄勘界请求解除禁地，珲春地区得到对外交流的机会，促进了经济发展。②康熙五十三年（1714）清政府设立珲春协领，允许在珲春河附近建城，珲春逐渐作为单独的行政机构脱离宁古塔范围。此后，珲春协领衙门被提升为副都统衙门，获得更多的储备军驻守。光绪七年（1881），清政府撤销了珲春协领，改为副都统（二品武职），第一任副都统由依克唐阿出任，属吉林将

① 吴大澂《手书信稿》，光绪六年（1880）六月十三日“复张振轩制军书”。

② 珲春市人民政府：《珲春概况》［EB/OL］（2022—11—12）。

军直接管辖。直到宣统元年（1909）珲春副都统被清廷取消，据统计珲春行政机构存在了28年之久。

（2）在吉林驻军

1880年前，吉林边境仅有少量的八旗军和练军，兵力薄弱。面对将军统领人才少、边防形同虚设的局面，光绪六年（1880），吴大澂提出设立专门的边防军驻守珲春。据载“驻珲春之烟集冈，后路三营，仍驻三姓。靖边亲军三营三哨，分别驻在省城、宁古塔、珲春”①。他向上谏言，将世袭的八旗军军队，整改为招募，积极招收本土青壮年，以民为兵，解决兵力不足的问题。军队采用了最新的训练方法和严格的训练方式，使边防军的战力迅速增强，后称靖边军。吴大澂意识到有了兵，但兵饷问题悬而未决，兵饷拖欠会让军心涣散，影响军队战力的提升。吴大澂指责宁古塔副都统，在其位未谋其职，未能按时发放饷银，应该按例处罚。中央派博奇巴图鲁协领，亲自点兵发放军饷，鼓舞了士气。

不仅如此，吴大澂注意到珲春海防问题，俄军善水战，不可不防。吴大澂在沿海地区增加五千兵力前往练军，在旗军和西丹招收民众，约五百余人前往沿边驻扎，以防沙俄突袭。

（3）自制火器与增设卡伦

只有军队的力量是远远不够的，过去的长枪短剑，远远比不上热武器的杀伤力。吴大澂为了提高军队的作战能力，把目光放向了边防军武器设备，依靠传统武器是无法抵御沙俄的侵略。在处理吉林事务的两年多时间里，吴大澂先后从国内、国外购买了西方多种新型武器，提供给吉林边防军。② 花费巨大购置“洋枪洋炮”，刺激了吴大澂，觉得应该自己学习技术制造武器。光绪九年（1883），清政府同意在吉林城设立吉林机器局、吉林火药厂，为改革后的靖边军提供了新式的自制火器。这些军队与火器，是吴大澂与沙俄谈判的底气，避免受到沙俄的掣肘而卑躬屈膝的妥协，也是清军在珲春地区的主要军力保障。

---

① 长顺：《吉林通志》，长春：吉林文史出版社，1986年。

② 吕漫：《1886年中俄珲春勘界再探——论吴大澂的“进”与“退”》，《中国国家博物馆馆刊》2021年第11期。

卡伦是清朝重点要塞处的特殊设置，主要用于查验监督军队、征收税收等，是驻守军队的一个据点，带有军队性质。吴大澂收回失地后，在复杂、多战乱地区设置卡伦，维护地区稳定与发展，更是为了防止沙俄侵占无人的边境区。

（4）移民开垦

吴大澂采取吉林移民以实边，来抗俄拒俄。他认为沙俄为了获得边境土地，用尽全力在边界无人之地活动，久而久之土地就会被俄人暗中占领。边界易被俄人侵占，在于边界人烟稀少，且珲春的地形多山地和河流，不好判别分界线。于是他将宁古塔至珲春，与俄国接壤处作为移民重点，下令迁往边境地区的华民，可在开垦区内认领一块荒地种植，并提供牛马等牲畜，帮助内迁华民垦地。吴大澂还注意到朝鲜流民，对其采用同样的方式，使朝鲜人也前往吉林边境发展农业，导致招垦人数众多，影响之大。除此之外，招垦形式种类多样，不仅仅是个人可以领取荒地进行开垦，更主要的是“起盖官房，招商招垦，并发千金为积谷之资”①，并给予开垦的民众一定的农具、牛、种子等必需品。吴大澂推行的移民招垦政策，大大地提高民众的生产积极性，解决朝鲜流民和本土人民的温饱问题，促进了边疆土地开发。边疆人数迅速增长有利于固守边疆，还增加了政府的财政收入。正如吴大澂所说的“不然年间，农工商贾各有欣欣向荣之意”②。他的政策为发展珲春的社会经济做出巨大贡献。

（二）吴大澂取得的成就

清政府与俄国签订《北京条约》和《瑷珲条约》后，1861年清俄双方在图们江流域勘定边界，由于当时的清朝官员失职，加之沙俄的狡诈，俄国将部分界碑向中国境内大量偏移，私自占据珲春的黑顶子地区，使我国损失数百平方公里土地。图们江口最重要的乌字碑也未设立，从而剥夺了中国图们江的出海权。

---

① 吴大澂：《皇华纪程》，姜维公，刘立强主编：《中国边疆研究文库初编·东北边疆卷》，哈尔滨：黑龙江教育出版社，2014年，第291页。

② 吴大澂：《皇华纪程》，姜维公，刘立强主编：《中国边疆研究文库初编·东北边疆卷》，哈尔滨：黑龙江教育出版社，2014年，第291页。

（1）重立界碑

吴大澂到达吉林后，便即刻着手安排中俄勘界立牌事宜。1886年中俄双方在兴凯湖勘界的时候，沙俄方将“土”字界牌私自偷偷地转移至距离图们江口四十里的右岸。《皇华纪程》有所记载“及论图们江口补立“土”字界牌”①。于是吴大澂在第一次勘界会议上，提出补立“土”字界牌应提上日程。“土”字界牌位于中俄边界最南端，是划分我国与俄国陆路边界的关键位置。可俄使巴拉诺夫想贪婪地去除“土”字牌，以获取更多的土地，他提出应依据过去签订条约中的旧地图划分边界线，并狡诈地拿旧图争论说：“海口二十里，海水灌入之地，当谓之海河，除去海河二十里，才算图们江口”②，并说明这是按照清政府规定的计算方式所得出的。吴大澂并不同意俄使要求，致电李鸿章请示如何处理。李鸿章表示若俄使拒不退让，可适当满足沙俄要求，可见谈判之艰难、自信心不足。吴大澂与俄国使者多次的谈判，并借用过去布达果斯基与清政府签订的《中俄乌苏里江至海交界记文》，反驳沙俄无理要求，最终将“土”字界牌立在图们江三十华里处，但仍然损失了近十里的土地，足以见得吴大澂维护国家疆土不被侵犯的决心。

（2）收复黑顶子

黑顶子地区位于图们江口以北、沿图们江有一百三十多里长，宽十至四十里不等，吴大澂勘察边界时，发现俄国私自移动界碑，侵占我国领土黑顶子。他随即在黑顶子设立监管机构，立刻前往珲春要塞勘察界址。黑顶子地理位置独特，位于图们江的下游，距珲春城仅有八十里，是三国交通的必经之处，若被沙俄占领，后果不堪设想，图们江附近一百余里都将归于沙俄。③吴大澂认为收复黑顶子刻不容缓，向清政府上奏，与沙俄和谈。可沙俄方多次借口推脱，不与和谈，甚至派遣军队对在黑顶子驻扎的士兵进行驱逐，黑

① 吴大澂：《皇华纪程》，姜维公，刘立强主编：《中国边疆研究文库初编·东北边疆卷》，哈尔滨：黑龙江教育出版社，2014年，第285页。

② 吴大澂：《皇华纪程》，姜维公，刘立强主编：《中国边疆研究文库初编·东北边疆卷》，哈尔滨：黑龙江教育出版社，2014年，第285页。

③ 赵晓宇：《吴大澂东北筹边及其当代启示研究》，辽宁师范大学硕士学位论文，2022年。

顶子问题无法妥善解决。直至岩杵河勘界会议上，吴大澂正面要求沙俄方，将黑顶子归还中国。《皇华纪程》中吴大澂说明了此次成果“专为图们江一带补立“土”字界牌，并收还黑顶子地方，但将此一段地方分好，绘图画押”①，最终，沙俄承受不住压力，被迫与吴大澂达成一致。吴大澂担心沙俄出尔反尔，为了防患于未然，派遣靖边军驻守黑顶子、增设卡伦、实行垦边，有效地巩固了此次谈判结果。

（3）恢复中国图们江出海权

图们江出海权的争论可追溯至日本海问题。中俄《北京条约》签订后，由于清廷统治者的懦弱无能，而丧失了日本海的统治权。此时统治者并不在意海域权，可吴大澂注意到出海口的重要性，在岩杵河勘界会议，向俄方索要图们江的出海口，要将图们江作为中俄两国共用的出海口。《皇华纪程》中记载“惟‘图们江口中国船只出入，俄国不得拦阻’一条，尚无复音”②。俄方态度强硬，我方的请求被拒绝，可见收复图们江困难重重。与中俄勘界取得突出进步后，俄国使者提出可以用松花江口通商，交换图们江出海口，吴大澂巧妙地拒绝了沙俄的无理要求，表示松花江属于商务，不在其管辖范围。他坚持将中俄勘界事务与通商事务分而治之，俄使无法反驳，经过与俄国周旋后，最终取得了中国图们的江出海权。此后，珲春本土的船只可以随意出入图们江，不受俄国的盘查。吴大澂对于此次勘界结果十分满意，也深知背后的艰辛，李鸿章对此次勘界赞不绝口。

通过对《皇华纪程》内容、研究背景、国内外研究现状、作者吴大澂的生平以及《皇华纪程》中记载的珲春山川河流和历史沿革以及吴大澂的珲春筹边措施与成就的梳理。③ 吴大澂出使珲春所写的纪程，向我们展现了清政府维护东北边疆所做出的努力，也从侧面反映了沙俄对我国东北的觊觎之心，更展现了作者吴大澂维护祖国领土的爱国之心。同时，书中对自然环

① 吴大澂：《皇华纪程》，姜维公，刘立强主编：《中国边疆研究文库初编·东北边疆卷》，哈尔滨：黑龙江教育出版社，2014 年，第 287 页。

② 吴大澂：《皇华纪程》，姜维公，刘立强主编：《中国边疆研究文库初编·东北边疆卷》，哈尔滨：黑龙江教育出版社，2014 年，第 290 页。

③ 张宗海，张临北：《吴大澂与〈中俄珲春东界约〉》，《俄罗斯学刊》2013 年第 6 期。

境、与俄国谈判事件、铜柱表文等都为研究东北边疆、中俄关系研究提供了珍贵的史料。对如今处理中俄关系也有一定的借鉴意义。

综上，《皇华纪程》对珲春地区的自然地理、历史沿革与行政设置进行了全方位的叙述，为研究东北提供了丰富的材料，极具有文献价值。吴大澂此次出使珲春进行勘界，一定程度上抵御了沙俄侵略我国东北的步伐。不同于其他官员畏惧沙俄强权，对其摇尾乞怜，相反他在东部勘界过程与殖民者周旋，寸土不让维护祖国的利益。沙俄本质上是企图霸占我国领土的强盗，不应该对其软弱，并给予信任。除此之外，在清末，东北地区处于不被关注的区域，尤其是吉林三姓、珲春、宁古塔等边疆地区，它们都远离政治中心、地势环境险恶，加之封禁政策的长期实行，使其交通闭塞、地广人稀，让沙俄有机可乘。吴大澂在吉林期间实行移民、屯田垦地的政策，使原本荒芜的地方开始发展，促进了地区的经济发展，维护了地区稳定。同时为了加强边防，他引入了大量的资金、人才、技术等社会资源去建设东北区域，解决了东北困境，让东北地区重新焕发生命力，这为现代东北边疆区域治理提供了可参考的宝贵经验。

参考文献

一、古籍部分

[1] 刘昫. 旧唐书 [M]. 北京：中华书局，1975.

[2] 贾桢等. 筹办夷务始末 [M]. 北京：中华书局，1979.

[3] 希福、鄂尔泰等. 清太祖实录 [M]. 北京：中华书局，1986.

[4] 曾国藩. 议汰兵疏 [M]. 长沙：岳麓书社，1987.

[5] 清实录 [M]. 北京：中华书局，1987.

[6] 赵尔巽. 清史稿 [M]. 北京：中华书局，1998.

二、著作部分

[1] 王世选，梅文昭. 宁安县志：第一卷 [M]. 哈尔滨：黑龙江人民出版社，1924.

[2] 张元俊修，车焕文纂. 抚松县志 [M]. 台湾：台湾成文出版社，民国十九年（1930）排印本.

[3] 李泰棻. 方志学 [M]. 上海：商务印书馆，1935.

[4] 长顺修，李桂林纂，李澍田点校. 吉林通志 [M]. 吉林：吉林文史出版社，1956.

[5] 张国淦. 中国古方志考 [M]. 北京：中华书局，1963.

[6] 查尔斯·佛维尔著，斯斌译. 西伯利亚之行 [M]. 上海：上海人民出版社，1974.

[7] 沈斌华. 内蒙古经济发展史札记 [M]. 呼和浩特：内蒙古人民出版社，1983.

[8] 李澍田. 东北史志文献要略 [M]. 吉林：吉林师范学院，1983.

[9] 郝瑶甫. 东北地方志考略 [M]. 沈阳：辽宁人民出版社，1984.

[10] 丛佩远，赵鸣岐. 曹廷杰集 [M]. 北京：中华书局，1985.

[11] 金毓黻. 静晤室日记. [M]. 沈阳：辽沈书社，1985.

[12] 费正清. 剑桥中国晚清史（1800—1911） [M]. 北京：中国社会科学出版社，1985.

[13] 李澍田. 宋小镰集 [M]. 长春：吉林文史出版社，1986.

[14] 长顺. 吉林通志 [M]. 长春：吉林文史出版社，1986.

[15] 李澍田主编. 长白丛书（初集）[M]. 长春：吉林文史出版社，1986.

[16] 李澍田主编. 长白丛书 [M]. 长春：吉林文史出版社，1987.

[17] 李澍田主编. 长白丛书（二集）[M]. 长春：吉林文史出版社，1988.

[18] 李澍田主编. 长白丛书 [M]. 长春：吉林文史出版社，1989.

[19] 王晓岩. 方志体例古今谈 [M]. 成都：巴蜀书社，1989.

[20] 曹殿举主编. 吉林方志大全 [M]. 长春：吉林文史出版社，1989.

[21] 李澍田主编. 长白丛书（四集）[M]. 长春：吉林文史出版社，1990.

[22] 齐齐哈尔铁路分局志编纂委员会. 齐齐哈尔铁路分局志 1896—1985 [M]. 北京：中国铁道出版社，1992.

[23] 李澍田主编. 长白丛书（五集）[M]. 长春：吉林文史出版社，1993.

[24] 宋抵，柳成栋主编. 东北地方志序跋辑录 [M]. 哈尔滨：哈尔滨工业大学出版社，1993.

[25] 范秀传. 中国边疆古籍题解 [M]. 乌鲁木齐：新疆人民出版社，1995.

[26] 金恩晖，胡述兆主编. 中国地方志总目提要 [M]. 台北：汉美图书有限公司，1996.

[27] 孙进己，冯永谦. 东亚文库中国考古集成东北卷两晋至隋唐 3 [M]. 北京：北京出版社，1997.

[28] 潘惠民主编. 吉林市文史资料 [M]. 1999.

[29] 顾廷龙. 顾廷龙文集 [M]. 上海，上海科学技术文献出版社，2002.

[30] 张书翰，马仲援修；赵述云，金毓黻纂；杨洪友校注. 长春县志.

中国地方志集成·吉林府县志辑［M］. 南京：凤凰出版社，2006.

［31］石绍廉编. 民国德惠乡土志. 凤凰出版社选编. 中国地方志集成·吉林府县志辑［M］. 南京：凤凰出版社，2006.

［32］王瑞之编. 民国辉南风土调查录. 凤凰出版社选编. 中国地方志集成·吉林府县志辑［M］. 南京：凤凰出版社，2006.

［33］姚祖训修，毛祝民纂. 民国磐石县乡土志. 凤凰出版社选编. 中国地方志集成·吉林府县志辑［M］. 南京：凤凰出版社，2006.

［34］吉人修，吴荣桂、陈永奉纂. 双阳县乡土志. 凤凰出版社选编. 中国地方志集成·吉林府县志辑［M］. 南京：凤凰出版社，2006.

［35］邢麟章、王瀛杰修，李耦纂. 民国东丰县志. 凤凰出版社选编. 中国地方志集成·吉林府县志辑［M］. 南京：凤凰出版社，2006.

［36］打牲乌拉总管衙门纂修. 打牲乌拉地方乡土志. 凤凰出版社选编. 中国地方志集成·吉林府县志辑［M］. 南京：凤凰出版社，2006.

［37］刘天成、苏显扬修，张拱垣、于云峰纂. 民国辑安县志. 凤凰出版社选编. 中国地方志集成·吉林府县志辑［M］. 南京：凤凰出版社，2006.

［38］吴录贞修，周维桢纂. 凤凰出版社选编. 中国地方志集成·吉林府县志辑［M］. 南京：凤凰出版社，2006.

［39］金毓黻. 辽海丛书［M］. 沈阳：辽海出版社，2009.

［40］白寿彝. 史学概论［M］. 北京：中国友谊出版公司，2012.

［41］李天林主编. 吉林水师营·中部［M］. 长春：吉林人民出版社，2012.

［42］薛刚.《吉林通志》珲春佐领相关记载补正［M］. 见姜维东主编：东北亚研究论丛 5，2012.

［43］周振甫. 诗经译注［M］. 北京：中华书局，2013.

［44］王放. 婉容的曾祖父与《吉林通志》. 见房俐主编. 档案吉林省档案馆卷［M］. 长春：吉林出版集团有限责任公司，2014.

［45］赵丽.《皇华纪程》解题. 姜维公，刘立强主编. 中国边疆研究文库初编·东北边疆卷. 哈尔滨：黑龙江教育出版社，2014.

［46］黄为放.《西伯利东偏纪要》解题. 于逢春，厉声主编. 中国边疆研究文库·初编［M］. 哈尔滨：黑龙江教育出版社，2014.

[47] 萨英额. 吉林外记. 姜维公，刘立强主编. 中国边疆研究文库初编·东北边疆卷 [M]. 哈尔滨：黑龙江教育出版社，2014.

[48] 吉林外记. 于逢春，厉声主编. 中国边疆研究文库·初编 [M]. 哈尔滨：黑龙江教育出版社，2014.

[49] 宋小濂. 巡阅东省铁路纪略. 姜维公，刘立强主编. 中国边疆研究文库·东北边疆卷二（下册）[M]. 哈尔滨：黑龙江教育出版社，2015.

[50] 万丽华、蓝旭译著. 孟子 [M]. 北京：中华书局，2016.

[51] 商务辞书国际编辑部. 现代汉语词典 [M]. 北京：商务印书馆国际有限公司，2018.

[52] 杨洪友. 长春县志 [M]. 长春：长春出版社，2019.

[53] 中国社会科学院近代史研究所编. 沙俄侵华史 [M]. 北京：人民出版社.

[54] 卞宗孟. 东北文化发展论 [M]. 边疆民族地区旧刊辑录·东北及北方.

[55] 金毓黻. 东北释名 [M]. 边疆民族地区旧刊辑录·东北及北方.

三、论文部分

[1] 章学诚. 州县请立志科议 [J]. 档案工作，1961，(05)：19—22.

[2] 金恩晖. 吉林省地方志考略 [J]. 文献，1979，(01).

[3] 丛佩远. 曹廷杰与《东北边防辑要》[J]. 黑龙江文物丛刊，1982.

[4] 魏存成. 关于渤海都城的几个问题 [J]. 史学集刊，1983.

[5] 郭君. 吉林通志纂修考 [J]. 图书馆学研究，1984.

[6] 郑毅. 清代吉林将军长顺简评 [J]. 吉林师范学院学报（哲学社会科学版），1984.

[7] 宋抵. 修《吉林通志》的准备与吉林志书局 [J]. 图书馆学研究，1986.

[8] 黄锡惠.《吉林通志》中与植物有关之满语水体名称考释 [J]. 满语研究，1987.

[9] 栗建中. 宋小濂纪略 [J]. 北方文物，1987.

[10] 韩行方. 旅顺博物馆藏《宝箴堂秘籍》述要 [J]. 历史档案，1996，(04).

[11] 初丛雪. 吴大澂“吉林堪界”叙论 [J]. 白城师范高等专科学校学报，1999，(03).

[12] 兴夫，德标. 爱国学者曹廷杰 [J]. 黑龙江史志，2001，(02).

[13] 陶玉坤. 从光绪朱批奏折看《吉林通志》的创修 [J]. 北方文物，2003.

[14] 谢俊美. 师出无功不行其志的吴大澂——读吴大澂未刊函稿 [J]. 档案与史学，2003 (02).

[15] 曹立前. 吴大澂评述 [J]. 山东师范大学学报（人文社会科学版），2004 (02).

[16] 安龙祯. 关于毛口崴渤海盐州的历史地位与作用 [J]. 东北史地，2004，(03).

[17] 施均显. 广西地方志与区域经济发展关系研究 [C]. 广西壮族自治区科学技术协会. 第三届广西青年学术年会论文集（社会科学篇）. 广西壮族自治区通志馆，2004.

[18] 姜毅. 中俄边界问题的由来及其解决的重大意义 [J]. 欧洲研究，2006.

[19] 刘志奇. 曹廷杰边防思想研究 [D]. 河北师范大学，2007.

[20] 张辅麟. 清代吉林文化撮要 [J]. 东北史地，2008.

[21] 赵宾福. 图们江流域的青铜时代文化研究 [J]. 考古，2008，(06).

[22] 韩爱平. 吉林地方志文献研究 [D]. 东北师范大学，2009.

[23] 李朋. 吉黑两省铁路交涉局的“嬗变”——1898—1917 年中东铁路附属地行政管理权研究 [J]. 中国边疆史地研究，2010.

[24] 王栋，陈海英. 三疆美景惹人醉 [N]. 图们江报，2010.

[25] 张玉雪. 清末民初宋小濂边政思想研究 [D]. 哈尔滨师范大学，2011.

[26] 马熙森. 曹廷杰与东北史地研究 [J]. 学理论，2012，(29).

[27] 王元宏. 清吴大澂汪渊若书画扇屏 [J]. 大众文艺，2012，(17).

[28] 柳成栋．吴大澂在督办吉林边务中的历史贡献 [J]．黑龙江史志，2013，(02)．

[29] 张宗海，张临北．吴大澂与〈中俄珲春东界约〉[J]．俄罗斯学刊，2013．

[30] 于逢春．吴大澂恢复中国图们江出海权再探讨 [J]．东北史地，2014．

[31] 余秀杰．档案考证《吉林通志》修纂始末 [J]．兰台内外，2015，(06)

[32] 顾文杰．《吉林通志·人物志》研究 [D]．华中师范大学，2015．

[33] 李云鹤，常京锁．清朝对吉林的文化封禁政策及其特征——基于《吉林通志》的记载 [J]．学问，2016，(05)．

[34] 李申．《吉林通志》的历史贡献 [J]．兰台内外，2017，(01)．

[35] 魏存成．东北古代民族源流述略 [J]．中国边疆史地研究，2017．

[36] 陈可畏．吴大澂与晚清东北边务 [J]．清华大学学报（哲学社会科学版），2018．

[37] 王爱荣．媒介融合业态下大型文献丛书影印出版的品牌生产线建设——以凤凰出版社《中国地方志集成》出版为中心 [J]．经济管理文摘，2019，(16)．

[38] 姜永军．宋小濂与呼伦贝尔 [J]．呼伦贝尔学院学报，2019，27(03)．

[39] 刘柱，孙霞．浅述珲春市水文地质现状的研究进展 [J]．科学技术创新，2020，(22)．

[40] 孙睿咛．清末吴大澂东北移民实边政策探析 [J]．开封文化艺术职业学院学报，2020．

[41] 李秋洪．地方志工作的哲学思辨 [J]．广西地方志，2021，(01)．

[42] 吕漫．1886 年中俄珲春勘界再探——论吴大澂的“进”与“退”[J]．中国国家博物馆馆刊，2021，(11)．

[43] 赵晓宇．吴大澂东北筹边及其当代启示研究 [D]．辽宁师范大学，2022．

[44] 王亚民，杨柳．晚清中俄边界族群与珲春边疆的治理——以《珲

春档》及《珲牍偶存》为解析中心［J］. 延边大学学报（社会科学版），2023，56（01）.

［45］段成荣，盛丹阳，巫锡炜，等. 人口迁移流动与全方位民族互嵌格局的发展演化逻辑［J］. 中华民族共同体研究，2024，(01).

后 记

第一次接触地方志是在2011年，当时我在长春师范大学攻读硕士研究生，有幸参与了“中国边疆研究文库·东北卷”的编写，并承担曹廷杰、宋小濂多篇方志的校勘工作。2018年，我又有幸参与了吉林省地方志编纂委员会牵头编纂的《吉林省历史图志》，并在编委会中担任结构设计与文字撰写工作。之后的几年，我频繁接触地方志委员会的领导和同仁，学习到很多新的知识。2022年，因家庭、身体等诸多原因，我的研究陷入谷底，在迷茫、自我怀疑与纠结中，地方志研究再次成为关注的焦点。2023年上半年，我承担了“中华民族交往交流交融史料汇编·吉林卷（上）”辽金部分的编写工作。在学习总书记“民族交往交流交融”的理论后，我产生了结合“三交”概念和旧方志中各族民众的社会生活和社会流动内容进行旧方志整理与研究的想法。2024年，我申报了“吉林省文化专项·古籍整理研究项目”，获批“‘三交’视域下《中国地方志集成》中吉林地区古代民族史料汇编”项目。经过近一年的努力，终于完成了对《吉林旧志中社会生活与社会流动史料整理与研究——以〈中国地方志集成·吉林府县志辑〉为中心》的编写。因时间仓促、本人学识有限，书中内容恐有纰漏，日后慢慢修正。很感谢有机会承担地方志项目并将其完成，在奋笔疾书中，信心也随之增加，在今后的几年中，地方志仍是我研究的主要方向。前路漫漫，我相信未来还是有希望的。

在编写书稿的过程中，对长春师范大学历史学院在读博士生周琦、在读硕士王金菊与陈茜、在读本科生李戈、周琦、李箫笛、于欣乐、程美琳等同学在搜集和影印吉林旧志时付出的努力表示感谢。同时，感谢毕业生周纯、乔小袁、黄思雨等同学对本书完成做出的贡献，也希望长春师范大学的地方志研究能够传承下去。